DE LA
RÉGLEMENTATION
DU
TRAVAIL DES ENFANTS
Employés dans l'Industrie

THÈSE POUR LE DOCTORAT

SOUTENUE PUBLIQUEMENT

DANS LA GRANDE SALLE DE LA FACULTÉ DE DROIT

Le Samedi 7 Juillet, à trois heures du soir

PAR

Georges THOMAS

FALAISE

IMPRIMERIE L. RÉGNAULT-TROLONGE

13, place Guillaume-le-Conquérant.

1900

UNIVERSITÉ DE CAEN

FACULTÉ DE DROIT

DE LA

RÉGLEMENTATION

DU

TRAVAIL DES ENFANTS

Employés dans l'Industrie

THÈSE POUR LE DOCTORAT

SOUTENUE PUBLIQUEMENT

DANS LA GRANDE SALLE DE LA FACULTÉ DE DROIT

Le Samedi 7 Juillet, à trois heures du soir

PAR

Georges THOMAS

FALAISE

IMPRIMERIE L. RÉGNAULT-TROLONGE

13, place Guillaume-le-Conquérant.

1900

UNIVERSITÉ DE CAEN

FACULTÉ DE DROIT

Année scolaire 1899-1900

DOYEN :

M. Edmond VILLEY (✳, I. ☯), correspondant de l'Institut, membre du Conseil supérieur de l'Instruction publique.

PROFESSEURS :

MM. TOUTAIN (✳, I. ☯), professeur de *Droit administratif*.

DANJON (I. ☯), assesseur du Doyen, professeur de *Droit commercial* et de *Droit maritime*.

Edmond VILLEY (✳, I. ☯), professeur d'*Économie politique*, chargé du cours de *Droit constitutionnel comparé*.

LAISNÉ DES HAYES (✳, A. ☯), professeur de *Droit romain*, chargé d'un cours de *Droit civil*.

GUILLOUARD (✳, I. ☯, C. ✠, G. O. ✠, C. I. C. ✠, O. ✠, L. ✠), professeur de *Droit civil*.

LEBRET (I. ☯), professeur de *Droit civil* (député du Calvados).

CABOUAT (I. ☯), professeur de *Droit international public* et *privé*, et de *Législation industrielle*.

BIVILLE (A. ☯), professeur de *Procédure civile*, et chargé du cours d'*Histoire générale du Droit français*.

BIBLIOGRAPHIE

ANDRÉ et GUIBOURG. — *Le Code ouvrier*. Paris 1895 (1re éd.)

BLONDEL. — *Le Travail des enfants et des femmes dans les manufactures*. Etude sur la loi du 19 mai-30 juin 1874. Paris 1874.

MICHEL BODEUX. — *Etudes sur le contrat de travail*. Paris 1896.

BOUQUET. — *Le travail des enfants, des filles mineures et des femmes dans l'industrie*. Paris 1893 (3e éd.)

BRY. — *Cours élémentaire de législation industrielle*. Paris 1894.

BELLOM. — *Tableaux comparatifs de législation étrangère* (dans le Bulletin de la Société de législation comparée. 1891.)

CAUWÈS. — *Cours d'économie politique*. (3e éd.) Paris 1893.

COHENDY. — *Recueil de lois industrielles, avec des notions de législation comparée*. (2e éd.) Paris 1898.

DUFOURMANTELLE. — *Code manuel de droit industriel*. I. Législation ouvrière en France et à l'étranger (2e éd.) Paris 1893.

DUVAL-ARNOULD — *Essai sur la législation française du travail des enfants* (Apprentis et jeunes ouvriers). Paris 1888.

DURKHEIM. — *De la division du travail social*. Paris 1893.

JAY. — *Du travail des enfants et des filles mineures dans l'industrie*. Paris 1880.

1

— Lagrésille. — *Commentaire théorique et pratique de la loi du 2 novembre 1892, sur le travail des enfants, des filles mineures et des femmes dans les établissements industriels.* Paris 1893.

Leroy-Beaulieu (Paul). — *L'Etat moderne et ses fonctions.* Paris.

— Mesnard. — *Du travail des enfants et des femmes dans l'industrie.* Paris 1894.

Nusse et Périn. — *Commentaire de la loi du 19 mai 1874 sur le travail des enfants dans l'industrie.* Paris 1884.

Pic. — *Traité élémentaire de législation industrielle.* Paris 1894.

Say et Chailley. — *Nouveau Dictionnaire d'Economie politique.* — V° Enfants (Travail des). Paris 1881-1892.

Tallon. — *Manuel pratique et commentaire de la loi du 19 mai 1874 sur le travail des enfants dans l'industrie.* Paris 1884.

Waddington (Richard). — *Rapport à la Chambre des Députés au nom de la commission chargée d'examiner le projet de loi sur le travail des enfants, des filles mineures et des femmes dans les établissements industriels.* (*Journal Officiel*, annexe n° 649, au procès verbal de la séance du 17 juin 1890. Documents parlementaires).

Waddington (Richard). — *Les difficultés d'application de la nouvelle loi sur la réorganisation du travail, appréciées par M. Richard Waddington* (dans la *Revue pratique de Droit industriel.* Paris 1893).

RECUEILS ET JOURNAUX

Annuaire de législation étrangère.

Bulletin de l'Inspection du travail (publication du ministère du Commerce et de l'Industrie.)

Bulletin de l'Office du travail (Ministère du Commerce et de l'Industrie.)

Bulletin de la Société de législation comparée.

Bulletin de la Société de protection des apprentis.

DALLOZ. — *Répertoire de législation, de doctrine et de jurisprudence, V° Industrie.*

DALLOZ. — *Supplément au Répertoire, V° Travail.*

DALLOZ. — *Recueil périodique de jurisprudence, de législation et de doctrine.*

Gazette du Palais.

Gazette des Tribunaux.

Journal Officiel.

Journal des Prud'hommes.

Lois nouvelles, analysées et expliquées.

Rapports sur l'application, pendant l'année 1896, des lois réglementant le travail. — (Rapport présenté à M. le Président de la République par MM. les Membres de la Commission supérieure du travail ; rapports des inspecteurs divisionnaires du travail ; rapports des ingénieurs en chef des mines). — Publication du Ministère du Commerce et de l'Industrie. Paris 1898.

Rapport sur l'application de la loi du 2 novembre 1892, pendant l'année 1898, présenté au Président de la République par les Membres de la Commission supérieure du travail dans l'industrie (dans le *Bulletin de l'Office du travail*).

Revue pratique de Droit industriel, publiée sous la direction de M. Michel Pelletier.

Recueil général des lois.

Recueils de rapports sur les conditions du travail dans les pays étrangers, adressés au ministère des Affaires Etrangères. Paris 1890-91.

DE LA RÉGLEMENTATION

DU

TRAVAIL DES ENFANTS

Employés dans l'Industrie

De tout temps, les enfants ont été employés comme ouvriers ou aides d'ouvriers, soit qu'on ait voulu, tout en se servant d'eux, leur inculquer les pratiques d'un métier, soit qu'on ait utilisé leur travail, comme moins onéreux, pour des besognes peu importantes.

De tout temps aussi, on a eu souci de les garantir contre les dangers ou les risques d'un travail trop souvent pénible pour leur âge, que la protection vînt de l'initiative privée, ou qu'elle vînt de l'Etat. C'est de cette dernière façon qu'elle s'est principalement manifestée de nos jours.

Nous nous proposons d'examiner, d'une façon détaillée, la législation protectrice de l'enfance ouvrière, en France et parmi les principales nations qui se sont préoccupées de la question ; mais, auparavant, il est nécessaire de nous demander quels motifs on a donnés pour justifier l'intervention de l'État dans la réglementation du travail des enfants, il est intéressant et utile de voir les origines des lois qui régissent actuellement cette matière. C'est ce que nous allons faire brièvement.

Justification et historique de la Réglementation du Travail

Les conditions du travail ont varié à travers les âges. Autrefois, l'industrie était entre les mains de travailleurs exerçant un métier, d'artisans comme l'on disait : ils avaient senti la nécessité de se grouper, de se donner des règles, d'indiquer dans quelles conditions le travail devait être exécuté, comment on pouvait et on devait apprendre la profession. Cette notion très ancienne du travail, qu'on retrouve dans l'antiquité hindoue et gréco-romaine, et qui s'est perpétuée à travers le moyen-âge jusqu'à nous, a, peu à peu, fait place à une autre manière de concevoir le travail : la grande industrie, chose nouvelle, est apparue et a créé une situation différente ; les artisans diminuent, les ouvriers augmentent ; ce n'est plus un *art*, un ensemble de pratiques manuelles que le travailleur est appelé à exercer, c'est une besogne, un *ouvrage* qu'il a à faire. « Le travail à la machine remplace celui de l'homme ; le travail à la manufacture, celui du petit atelier. L'ouvrier est enrégimenté, enlevé pour toute la journée à sa famille ; il vit toujours plus séparé de celui qui l'emploie. » (1)

(1) Durkheim, *De la division du travail social*, page 414.

L'industrie, telle que nous venons de la définir, s'est développée, au cours de ce siècle, d'une façon rapide et caractéristique. De nombreuses manufactures, vastes établissements occupant une multitude d'ouvriers, se sont élevées sur tous les points de l'Europe et bientôt de l'Amérique, et, en présence des découvertes, chaque jour plus merveilleuses de la science, presque aussitôt appliquées à l'industrie, il n'est pas possible de prévoir où et quand s'arrêtera ce mouvement. Tous les jours des inventions nouvelles font avancer l'humanité ; le progrès est incessant et marche à pas de géant.

Mais la nature même du progrès de l'industrie a déterminé l'entrée dans les usines d'enfants toujours plus nombreux.

La tendance à employer les enfants dans les manufactures est venue, en effet, des modifications apportées par l'introduction des machines dans l'industrie, qui a été, nous venons de le dire, si profondément modifiée au cours de ce siècle. La transformation de l'outillage des usines, qui a nécessité l'emploi de capitaux, a porté les patrons, pour se récupérer, à tirer de l'ouvrier tout ce qu'il était capable de rendre. La simplification du travail a fait des ouvriers de simples surveillants de machines. L'enfant peut suffire à cette tâche, et, là où un homme verrait une partie de sa force inutilisée, l'enfant aura sa place marquée. L'enfant est payé moins cher que l'ouvrier ; d'où bénéfice pour le patron, qui trouve son avantage à remplacer les ouvriers adultes par de plus jeunes qui, ayant moins de frais, ont besoin d'un salaire moindre. Les parents trouvent aussi leur bénéfice dans ce régime, qui apporte ainsi à la famille ouvrière un supplément de salaire.

Au point de vue du travail, production presque égale à celle des adultes ; au point de vue du salaire, diminution de paiement, double profit pour le patron : voilà les causes de l'augmentation, en proportion d'année en année plus notable, du nombre des enfants employés dans l'industrie.

Si ce régime a pu être, au début, favorisé par la famille qui y trouvait un accroissement de revenu, il n'a pas tardé à faire sentir ses effets néfastes : le père qui a facilité l'entrée de son fils à l'atelier, pour toucher un supplément de salaire, ne tarde pas à se trouver évincé par celui-ci, ou, tout au moins, à voir diminuer son propre salaire.

Quant à l'enfant, les effets sont plus nuisibles encore : outre les maladies que peut faire contracter telle ou telle industrie, outre les blessures nombreuses et terribles que peuvent occasionner les machines puissantes et dangereuses, au milieu desquelles vivent les travailleurs, l'excès de travail, chez des enfants non encore développés, peut entraîner une dégénérescence, dont aura à souffrir non seulement l'individu atteint, mais qui se répercutera, en quelque sorte, sur la race tout entière.

Nombreux sont les enfants chétifs ou rachitiques qui sont devenus tels parce que le travail leur a été imposé trop tôt ; même lorsqu'ils résistent à cet abâtardissement, ils contractent une faiblesse qui les prédispose, plus que tous autres, aux maladies et en fait des sujets tout prêts à recevoir les germes de ces « affections qui deviennnent héréditaires. »

Il faut ajouter les dangers moraux que font subir aux enfants le contact continu d'ouvriers plus âgés, plus libres, la promiscuité, enfin, « l'atrophie de l'intelligence, » l'abrutissement causé par le travail dans cette ruche bourdonnante qu'est une usine, l'attention excessive qu'exige la surveillance des machines. La culture intellectuelle de l'enfant, fatigué par le travail, est forcément négligée ; l'éducation de la famille lui fait défaut, puisque la famille est désorganisée, tous ses membres consacrant leur temps à la fabrique.

Et si l'on considère que la journée de travail tend continuellement à augmenter ; que, de plus en plus, le travail de nuit s'est introduit dans l'industrie, à tel point que dans la plupart des fabriques, il existe deux postes d'ouvriers : un de jour et l'autre de nuit ; que les patrons ont un double intérêt à ce mode de travail, car ils produisent ainsi davantage, n'augmentent pas le matériel, et, en outre, en usant plus rapidement les machines, peuvent remplacer plus tôt l'outillage qui se renouvelle sans cesse, on juge que tout le poids du travail porte sur l'ouvrier qui est comme écrasé par l'augmentation du labeur.

Une autre observation aussi, très importante, saute aux yeux, lorsqu'on lit les enquêtes et les mémoires des médecins et des économistes : le travail domestique, le travail dans la famille, dans le petit atelier, est encore beaucoup plus dur que le travail à l'usine. Là, aucune limite, aucune règle que la volonté du père de famille ou du chef d'atelier, trop souvent aiguillonné par l'appât du gain et peu enclin à la sensibilité. Aussi, voyait-on, au milieu du siècle, des enfants de six ans (1) travaillant douze à treize heures par jour ; des femmes assises au travail jusqu'à dix-neuf heures sur vingt-quatre. Les travaux les plus pénibles, les plus malsains, la durée excessive, la nourriture peu abondante et peu saine, souvent réduite au strict minimum, voilà ce que nous montrent ces enquêtes, sans compter les maladies nombreuses qu'engendre le travail accompli dans de telles conditions.

Tels sont les maux dont l'enfance ouvrière est accablée ; tels sont les motifs qu'on leur attribue ; tel est le mal auquel il est nécessaire de remédier immédiatement, si l'on ne veut pas voir la société dépérir : voilà quelles étaient les conclusions des auteurs du premier projet de réglementation du travail.

(1) Enquête de Villermé *(Tableau de l'état des ouvriers, 1840).*

Ce tableau, bien que renfermant beaucoup de vérités et d'exactitudes, était peut-être un peu trop poussé au noir.

En effet, si l'emploi des machines a ouvert l'entrée des usines aux enfants, au détriment des adultes, il leur a permis ainsi d'échapper à un certain nombre de tâches très dures auxquelles ils étaient jadis assujettis. Et si les hommes ont été chassés de certaines industries où l'on était accoutumé de les voir, ils ont trouvé leur place dans d'autres, complètement renouvelées et transformées par le machinisme : il y a eu ainsi interversion. (1)

Il est certain, en outre, que la condition actuelle de l'ouvrier constitue un progrès, si on la compare à celle du travailleur du début de l'industrie mécanique.

Mais, toutefois, si le patron, si les parents sont âpres au gain, l'enfant sera exploité. Il est vrai qu'il en est de même dans la petite industrie ; le travail y est tout aussi dur que dans la grande, mais celle-ci l'a rendu plus régulier et plus prolongé ; c'est en effet, le travail régulier et la trop longue durée du travail journalier dont a le plus à souffrir l'enfance ouvrière. Le travail dépasse trop souvent les forces de l'enfant, car plus la tâche est simple, plus on demande à l'ouvrier un long temps de travail ; si l'usine est malsaine, si le travail est trop considérable, l'enfant s'épuise, peut mourir ou s'atrophier, il devient ainsi à charge à la société ; il y a déperdition de force productive ; c'est alors qu'il est nécessaire de remédier à cette situation.

C'est alors que doit intervenir l'Etat, pour empêcher qu'on abuse de la faiblesse de l'enfant, lequel « rentre incontes- « tablement dans la catégorie des êtres faibles, qui ne « disposent pas librement d'eux-mêmes. » (2) « Des me- « sures protectrices sont indispensables. On les a demandées

(1) P. Leroy-Beaulieu, l'*Etat moderne et ses fonctions*, p. 328.
(2) P. Leroy-Beaulieu, *op. cit.*, p. 334.

« aux lois, ce qui valait mieux que de les attendre des
« associations ou corporations professionnelles. » (1)

Mais l'intervention même du législateur doit être modérée.
Il faut tenir compte de bien des considérations dans la
limitation du travail, car, si la durée excessive et l'âge trop
tendre sont fatals à l'enfant, un recul trop éloigné dans
l'âge d'admission peut « développer des habitudes de paresse
« et réduire, outre mesure, les ressources de la famille. » (2)

Si le travail est trop difficile à l'enfant, la famille s'en
ressent et il se produit un phénomène sur lequel on n'avait
pas compté : la diminution des familles nombreuses. Si les
enfants sont nombreux, que le père seul travaille, c'est la
misère ; il faut que les enfants aident à faire vivre la
famille ; il faut, pour cela, qu'on leur permette de travailler
à un âge où ils « commencent à consommer davantage »
et à devenir une source de ruine ; il faut leur permettre
d'être en mesure, à cet âge, non d'enrichir les leurs, mais
de gagner leur subsistance.

Il ne faut pas oublier, en effet, que « le travail étant la
« condition nécessaire de la satisfaction des besoins de
« l'homme, et, par suite, de son existence, la liberté du
« travail pourrait être définie le droit de vivre. » (3)

La liberté absolue, tel était, depuis le décret des 2-17
mars 1791, qui supprima les anciennes corporations privi-
légiées, le principe qui dominait la législation du travail :
chacun peut choisir, à sa guise, telle industrie, et traiter
avec l'employeur, librement, et sans être obligé de se soumettre à tels ou tels réglements ; voilà le principe au nom
duquel les économistes doctrinaires combattirent le principe
opposé de la réglementation. Suivant les individualistes, le
contrat passé entre l'employeur et l'employé est le résultat

(1) Cauwès. *Cours d'économie politique,* tome iii, nº 839.
(2) Leroy-Beaulieu, *op. cit.,* p. 340).
(3) Ed. Villey, *Principes d'économie politique,* p. 66.

de leurs volontés libres, par suite aucune volonté étrangère
(puissance publique ou simple particulier) n'a le droit de
s'interposer entre elles. Bien plus, si l'Etat intervenait, il ne
le pourrait faire que d'une manière générale, conséquem-
ment inapplicable à chaque cas particulier, donc son
intervention serait nuisible.

Cette thèse, qui semble d'une logique rigoureuse, n'est
pas absolument exacte. Il n'est pas vrai de dire que l'Etat
n'a pas le droit de s'ingérer entre le patron et l'ouvrier. Ce
que l'ouvrier cède au patron, c'est son travail, c'est-à-dire
ses forces, une partie de sa vie, en quelque sorte, et cela
non pas volontairement, mais nécessairement, pour assurer
cette même vie qu'il dépense par son travail. L'Etat ne doit
pas se désintéresser de savoir si cette dépense est excessive.
En effet, comme l'a dit un économiste, « l'Etat a un droit
« de tutelle dans un intérêt général d'humanité et un
« droit de police ayant pour objet la sécurité des personnes.
« Le travail n'est pas chose d'intérêt purement privé : c'est
« une fonction sociale, la source de la prospérité générale.
« Le droit de l'Etat a donc un fondement certain et nul
« que lui n'est en droit et en mesure d'exercer une efficace
« action tutélaire. » (1)

Le pouvoir de police de l'Etat sur les établissements
industriels n'a guère été contesté. Il y a un intérêt public à
vérifier si les mesures concernant la sécurité des personnes
ont été sérieusement prises. Il y a un intérêt moral et
humanitaire à interdire les conditions qui pourraient nuire
à la santé des ouvriers et spécialement des enfants, ou qui
seraient contraires à la morale et à la décence. Et pour cela
il est nécessaire que les agents de l'Etat puissent pénétrer
dans les ateliers ; la liberté individuelle, si respectable
d'ailleurs, doit s'incliner devant ce motif d'intérêt général.

(1) Cauwès, *op. cit.*, tome iii, n° 837.

C'est en vertu de ce princice qu'on a réglementé, d'abord le travail des enfants, dont nous avons seulement à nous occuper, mais aussi le travail des adultes, au double point de vue de l'hygiène et de la morale. (1)

Mais, si l'on est à peu près d'accord sur ce premier point, il n'en est pas de même en ce qui concerne la tutelle que l'Etat peut exercer sur les personnes. On a prétendu que, dès lors que l'Etat doit laisser les ouvriers libres quant à leur salaire, il ne peut raisonnablement réglementer la durée du travail. Puisque l'ouvrier peut accepter tel salaire qu'il lui plait, il doit pouvoir également travailler, chaque jour, tout le temps qu'il lui plait. Cet argument n'est pas sans réplique : le salaire lui-même devrait être réglementé si la liberté du travail n'était pas effective. Mais, si le salaire peut être librement débattu, l'ouvrier ne peut aliéner sa liberté individuelle, qui est imprescriptible (principes de 89); aussi, l'article 1780 du Code civil proclame-t-il « qu'on ne peut engager ses services qu'à temps ou pour un travail déterminé », et cependant la loi (2) qui l'a modifié, tout en confirmant cette disposition, reconnait aux parties la liberté du débat du prix.

Si la loi peut limiter la durée de l'engagement, elle peut aussi restreindre la durée du travail journalier.

L'Etat a donc un pouvoir de tutelle sur les personnes : il a un devoir de protection vis-à-vis des faibles et il est encore le seul qui puisse les protéger sérieusement. Mais les enfants ont des parents, dit-on, et ce sera faire échec à l'autorité paternelle que de lui substituer la tutelle de l'Etat. Il est vrai, mais, sans compter qu'un certain nombre d'enfants sont ou seuls ou abandonnés, il n'est que trop exact aussi que les parents ne les protégent pas comme ils le devraient, portés qu'ils sont, pour obtenir un salaire, à les faire travailler

(1) Loi du 12 juin 1893 sur l'hygiène.
(2) Loi du 27 décembre 1890.

trop ou trop longtemps. Leur santé peut en être altérée, leur instruction négligée, la promiscuité de l'atelier peut nuire à leur santé morale. Il y a donc un intérêt évident pour l'enfant, à ne pas laisser aux parents une trop grande liberté, à le défendre contre les abus qui peuvent résulter de l'autorité paternelle. Cette autorité est forcément limitée par les lois, et il ne pourrait en être fait un usage exagéré sans qu'il y ait lieu à répression. « L'Etat se trouve donc être le « défenseur des êtres incapables de se protéger eux-mêmes, « à cause de leur faiblesse et de leur inexpérience, contre les « abus de l'autorité paternelle. » (1) D'ailleurs, si la réglementation est sage, si elle est telle que l'autorité du père, « justement exercée, ne la sente pas », loin de la contrecarrer, elle lui viendra en aide, elle lui permettra de résister aux exigences patronales.

Mais il y a aussi intérêt pour l'industrie à avoir des ouvriers plus forts et plus intelligents.

L'industrie, à tout bien considérer, ne peut que gagner à la répression des abus qui oppriment l'enfance, car elle ne peut réellement prospérer qu'à la condition d'avoir des ouvriers valides, et de plus, une sage réglementation oblige les patrons à une discipline sérieuse et à une meilleure organisation du travail, dont les bons résultats ne tardent pas à se faire sentir, l'expérience l'a prouvé.

Quant au reproche, que l'on a fait au principe de la réglementation, de nuire à la liberté de l'industrie et de restreindre la production, on peut y répondre victorieusement en disant que « le travail de l'enfant n'est pas une marchandise « à laquelle on puisse sérieusement appliquer la maxime : « laissez faire, laissez passer. » (2) Il est certain qu'en répri-

---

(1) Say et Chailley, *Nouveau Dictionnaire d'Economie politique.* V° *Enfants.* (Art. deM. André Liesse.)

(2) Duval-Arnould, *Essai sur la législation française du Travail des Enfants,* p. 77.

mant les abus, on enlève à la concurrence une arme déloyale, et qu'on oblige les patrons à tenir compte des principes élevés d'humanité. D'ailleurs, il faut remarquer que les patrons, qui comprennent véritablement leurs devoirs, sont les premiers à signaler les dangers qu'encourent les ouvriers. C'est, en effet, sur les instances de la Société industrielle de Mulhouse et particulièrement de M. J.-J. Bourcart, membre de cette Société, qui appela, en 1837, l'attention du monde industriel sur cette question, que le législateur français se décida à voter la première loi réglementaire.

Enfin, il y a un intérêt plus élevé, un intérêt social, au point de vue de la race et de la défense nationale, à empêcher que les enfants ne s'atrophient par un travail excessif. C'est qu'en effet « il est une tâche particulière que l'État, « en tant que représentant de la perpétuité de la nation, « peut seul remplir, qui a pour objet de ménager les forces « nationales, d'empêcher les générations de s'abâtardir, « même volontairement et consciemment. » (1)

L'Angleterre a été la première des nations à reconnaître la valeur de ces raisons. Ce fut sir Robert Peel, le père du ministre, qui proposa la première mesure de réglementation. Il était manufacturier, et il avait été à même, par ses rapports avec ses ouvriers, de constater combien il était urgent de remédier aux maux dont souffraient les enfants.

Il fit donc voter, en 1802, un bill « *pour conserver le* « *moral et la santé des jeunes travailleurs employés dans les* « *moulins de coton et de laine* », et qui limitait à douze heures la journée de travail. Mais ce bill, quoique très insuffisant, puisqu'il ne visait qu'une seule industrie (celle-là seulement que connaissait l'auteur), et même, dans cette

(1) Leroy-Beaulieu, *op. cit.* p. 316.

industrie, qu'une catégorie restreinte de travailleurs, les apprentis, ne reçut même pas d'exécution. C'étaient, en effet, les juges de paix qui étaient chargés de l'appliquer : ils étaient, la plupart du temps, également industriels, et l'on conçoit que le plus grand nombre d'entre eux aient mis peu d'empressement à faire cesser des abus dont ils tiraient profit. On tourna la loi, qui ne parlait que des apprentis, en ne faisant plus de contrats d'apprentissage. Il fut bientôt nécessaire de la modifier.

Sir Robert Peel demanda, quelques années plus tard, au parlement, de remplacer le mot *apprenti* par le mot plus restrictif d'*enfant*, mais sa proposition ne fut pas adoptée et ce ne fut qu'en 1819, après une enquête qui émut l'opinion publique, qu'il obtint satisfaction.

L'œuvre commencée par Robert Peel fut reprise par Wilberforce, qui lutta longtemps pour faire compléter les essais insuffisants de protection : il réussit enfin, et le bill de 1833 peut être considéré comme la première loi sérieuse de réglementation du travail des enfants. Ce bill distingue deux catégories de jeunes travailleurs : les enfants de moins de treize ans, dont la journée est limitée à huit heures, et les adolescents de treize à dix-huit ans, pour lesquels le travail est réduit à onze heures ; le travail de nuit est interdit. Enfin, pour éviter l'inconvénient qu'avait présenté la loi de 1802, le bill de 1833 créait un corps d'inspecteurs, fonctionnaires nouveaux, chargés uniquement de faire respecter les nouvelles mesures, et d'adresser, sur leur application, des rapports au parlement, rapports qui pourraient éclairer les législateurs sur les besoins de la classe ouvrière.

C'est ce bill, et le retentissement qu'il causa, qui déterminèrent le gouvernement français à prendre des mesures analogues, pour remédier aux maux semblables, dont souffraient chez nous les jeunes ouvriers. Il se fit alors un mouvement d'opinion en faveur des enfants ; des enquêtes se succédèrent (parmi lesquelles il faut, en première ligne, citer celle de Villermé, sur l'état physique et moral des ouvriers), qui démontrèrent la nécessité de la protection ; des pétitions furent remises aux Chambres ; certains industriels même, à la tète desquels la Société industrielle de Mulhouse, réclamèrent l'intervention du législateur pour réprimer des excès qu'ils ne pouvaient prendre l'initiative de faire cesser. Pour donner satisfaction à tous ces vœux, le Parlement vota, le 22 mars 1841, une loi relative au travail des enfants employés dans les manufactures, usines ou ateliers.

Jusqu'alors, en France, c'était le principe de la liberté qui avait dominé ; la législation du travail, fort restreinte, s'en tenait à quelques dispositions notoirement et volontairement insuffisantes. La loi du 22 Germinal An xi contenait un certain nombre de prescriptions réglementaires, mais rien de spécial aux enfants, et encore c'était bien plutôt des mesures de police que des mesures de protection qu'elle avait édictées (interdiction des coalitions, obligation du livret). C'est qu'on était encore trop près de ces corporations qu'avait supprimées le décret des 2-17 mars 1791 ; on se souvenait trop des abus de toutes sortes qu'elles avaient engendrés et des entraves nombreuses qu'elles avaient apportées au travail et à l'industrie, et la déclaration de Turgot que le droit au travail est la propriété de tout homme, la première, la plus sacrée et la plus imprescriptible, (1) était présente à tous les esprits.

D'ailleurs l'industrie, du moins l'industrie moderne, avec ses machines et son outillage compliqué, ses grandes usines, la substitution du travail à la fabrique au travail à domi-

---

(1) Dallarde, rapporteur de la loi du 2 mars 1791, rappelant les paroles de Turgot, s'écriait : « La faculté de travailler est un des premiers droits de l'homme ; ce droit est sa propriété... c'est sans doute la première propropriété, la plus sacrée, la plus imprescriptible. » *(Recueil des séances et procès-verbaux de l'Assemblée nationale.* Séance du 15 février 1791).

cile, et tous les inconvénients qu'entraîne ce système, sur lesquels nous nous sommes expliqués, ne faisaient que de naître.

C'est pour ces raisons aussi qu'on s'explique le silence du Code civil sur la question du contrat de travail : « Les « conditions nouvelles de la vie industrielle réclament natu- « rellement une organisation nouvelle ; mais comme ces « transformations se sont accomplies avec une extrême ra- « pidité, les intérêts en conflit n'ont pas encore eu le temps « de s'équilibrer. » (1)

Il faut ajouter aussi que les luttes politiques, les guerres de la Révolution et du premier Empire, les perturbations qu'a- vaient apportées ces grands événements dans l'ordre social avaient détourné, de l'attention du législateur, les classes ouvrières. Mais le calme revint avec la Restauration, l'in- dustrie se développa, et, comme elle n'avait point de règles, avec elle les abus. On a vu à la suite de quelles réclamations la loi de 1841 fut votée. Cette loi, qui apportait un remède à une situation déplorable, était cependant bien incomplète : elle ne visait que les ateliers comprenant plus de vingt ou- vriers, elle permettait l'admission au travail dès huit ans, elle laissait les enfants travailler huit heures par jour jusqu'à douze ans. Toutefois, elle interdisait le travail de nuit jus- qu'à treize ans et admettait le principe de la surveillance par un service d'inspecteurs.

On ne tarda pas à reconnaître l'insuffisance ou la défec- tuosité des mesures prescrites. Les petits ateliers, l'enquête de Villermé l'avait révélé, nécessitaient, tout autant que les grandes usines, la surveillance, qui était mal organisée et qui fonctionna mal ou point du tout ; l'âge auquel on pou- vait employer les enfants était aussi trop précoce. Le besoin de remaniement se fit donc bientôt sentir : le 15 février 1847, le Gouvernement présentait un nouveau projet, mais

(1) Durkheim, *op. cit.*, p. 415.

qui, s'il eût été adopté, eût été un véritable recul, ainsi que le démontra le rapporteur, M. Ch. Dupin. Aussi la commission le modifia-t-elle complètement, dans un sens réellement protecteur, augmentant le nombre des ateliers soumis à la surveillance et adoptant le principe de l'inspection salariée : il fut voté le **21** février **1848**, mais la Révolution le fit disparaître.

Ce n'est qu'en **1851** qu'on fit en faveur de l'enfance une nouvelle tentative de protection : la loi du **22** février réglementa le travail des enfants placés en apprentissage, en limitant la durée du travail à dix heures pour ceux de moins de quatorze ans, à douze heures pour ceux de moins de seize ans, en interdisant le travail de nuit jusqu'à seize ans, en prohibant le travail du dimanche.

Malheureusement, le nombre des enfants que cette loi protège, car elle est toujours en vigueur, était (et est encore) bien minime : le nombre des enfants placés en apprentissage, au moins dans l'industrie, va sans cesse diminuant. Qu'est-il besoin, en effet, d'apprentissage, pour accomplir les travaux dont sont chargés les ouvriers dans les usines ? La division du travail, résultat du progrès de l'industrie, la simplification de la tâche, exécutée en partie par la machine, amènent l'ouvrier à n'accomplir qu'une seule opération. « Il fait, par exemple, comme on l'a dit, pendant toute sa « vie, la dix-huitième partie d'une épingle. » (1) Le petit nombre des mouvements à faire, la surveillance à exercer sur la machine n'exigent pas un long temps d'apprentissage ; la régularité et la précision nécessaires s'acquièrent plutôt par le temps que par des leçons.

Pour toutes ces raisons, pour d'autres encore, que nous n'avons pas à examiner (2), les enfants cessent de s'engager

_____

(1) Duval-Arnould, *op. cit.* p. 28.
(2) V. Duval-Arnould, *op. cit.*, p. 53 et suiv.

comme apprentis. Or, la loi de 1851 ne s'applique qu'à ceux qui sont liés envers leurs patrons par un contrat d'apprentissage ; les autres, simples ouvriers louant leur travail, restent soumis au droit commun. On voit combien était restreinte la portée de la loi de 1851.

Peu de temps avant la guerre, le Ministre du commerce déposait au Sénat un projet destiné à modifier plusieurs dispositions de la loi du 22 mars 1841 (c'était l'inspection que l'on entendait reviser). Le Conseil d'Etat l'avait préparé, mais il disparut avec la guerre étrangère, comme celui de 1848 avait été englouti dans la guerre civile.

Dès 1871, ce projet était repris à l'Assemblée nationale par M. Joubert. Une commission fut nommée en mai 1872, et M. Tallon, chargé du rapport, le transforma complétement : après de longues discussions, il fut adopté, le 19 mai 1874.

La loi nouvelle, beaucoup plus large que sa devancière, reculait à douze ans l'âge d'admission, en principe, mais tolérait l'entrée des enfants de dix ans, dans certaines industries, à la condition de les laisser consacrer la moitié de leur temps à l'école. La limite de la durée du travail était de douze heures par jour. Les garçons étaient protégés jusqu'à seize ans, et les filles jusqu'à vingt-un ans ; le repos imposé le dimanche. La surveillance, mieux assurée, était confiée à des inspecteurs salariés. Une commission supérieure du travail était créée et chargée de veiller à l'application uniforme de la loi, et de donner des avis sur les difficultés d'interprétation auxquelles elle pourrait prêter. Enfin, les infractions étaient sanctionnées par des amendes correctionnelles.

Mais, dès 1879, plusieurs propositions de revision, dont une notamment de M. Martin Nadaud, député, et de quelques-uns de ses collègues, furent soumises au Parlement. On reprochait à la loi de 1874 de n'être pas suffisamment protectrice ; on réclamait une durée du travail plus réduite, l'interdiction totale du travail de nuit ; on voulait reculer l'âge auquel les enfants cessent d'être protégés, et surtout étendre aux femmes la protection accordée aux enfants.

La proposition de M. Nadaud fut prise en considération et renvoyée à une commission. Le rapporteur, M. Waddington, déposa son rapport le 11 juin 1880, et le projet fut adopté, en première lecture, le 30 novembre de la même année, et en deuxième délibération, le 29 mars 1881 ; mais le Sénat, après l'avoir voté en première lecture, le rejeta définitivement le 24 février 1882. M. Waddington le reprit quelques années après, et, à la suite de l'enquête qu'elle fit en 1884 et en 1885, la Commission supérieure du travail rédigea un projet qui, déposé à la Chambre le 13 novembre 1886, fut l'objet de nombreuses discussions et subit plusieurs modifications ; il fut enfin adopté définitivement le 29 octobre 1892, et il est devenu la loi du 2 novembre 1892, qui régit actuellement le sort des enfants ouvriers. (1)

En Europe, en Amérique aussi, le mouvement de faveur que nous avons vu naître et se développer à l'égard des enfants, s'était également fait sentir ; presque tous les États avaient compris la nécessité de protéger l'enfance ouvrière.

Aussi, en présence de l'unanimité manifestée, on crut pouvoir arriver à une entente internationale ; à cet effet, des délégués d'un grand nombre de puissances européennes se réunirent le 15 mars 1890, à Berlin, pour examiner les conditions de la réglementation du travail industriel. Cette conférence émit un certain nombre de vœux, notamment sur la protection des enfants.

A la suite de cette conférence, de nouvelles tentatives ont été entreprises dans un but de réglementation plus restrictive.

(1) Rapport de M. Waddington sur la loi de 1892.

CHAPITRE II

Législation française réglementant
le Travail des Enfants

Nous venons de voir les origines de la loi du 2 novembre
1892, qui régit, actuellement, en France, les conditions du
travail des enfants dans l'industrie ; nous avons vu sur
quels principes elle repose, quels sont les motifs invoqués
pour la justifier.

Avant d'en aborder l'étude, disons un mot des améliorations apportées par cette loi aux législations antérieures,
des progrès réalisés ; voyons brièvement les modifications
qu'elle a fait subir à la loi du 19 mai 1874, qui traitait de
la même matière. Fondée sur le même principe, elle n'a fait
qu'en étendre la sphère d'application, consacrant, par voie
législative, les progrès et les changements dont une expérience de plus de seize ans avait démontré la nécessité ou
l'utilité incontestable. (1) Nous reviendrons, avec plus de
détails, sur chaque innovation, lors de l'examen des dispositions de la loi nouvelle.

La première modification consiste dans l'extension aux

(1) Rapport de M. Richard Waddington à la Chambre des Députés
(*Journal Officiel*, annexe n° 649 au procès-verbal de la séance du 17 juin
1890. *Documents parlementaires*, Chambre 1890, p. 1082).

femmes des mesures de protection, qui n'avaient jusqu'alors touché que les enfants et les filles mineures : ce n'est pas sans protestations qu'elle a fini par être inscrite dans la loi. En effet, encore que fussent nombreuses et excellentes les raisons que donnèrent les partisans de la limitation du travail des femmes, des esprits éclairés et libéraux protestèrent contre l'assimilation des femmes aux filles et aux enfants, au nom de la liberté du travail, de la prospérité de l'industrie ; on disait que la réglementation législative du travail des enfants n'était légitime que par la protection qu'elle accordait aux enfants considérés comme mineurs et que, pour légitimer cette intervention à l'égard de la femme, il fallait l'assimiler à un mineur, ce qui serait jouer sur les mots. (1) Mais on a répondu que dans les pays voisins, notamment en Angleterre, le travail des femmes adultes était limité comme celui des mineurs, sans qu'il résultât la ruine de l'industrie ; que les enquêtes, très sérieuses, qui avaient précédé l'élaboration du projet, avaient permis de conclure que la production industrielle ne serait pas atteinte par cette mesure ; que les abus nombreux et les récriminations des intéressées avaient retenu l'attention des auteurs du projet, d'une façon particulière ; qu'il y avait enfin une raison morale à protéger les femmes (2) ; que d'ailleurs la plupart des patrons, reconnaissant les inconvénients du

---

(1) Duval-Arnould, *op. cit.*, p. 154.

(2) « Nous avons été poussés par des raisons morales. Nous demandons
« que les femmes aient, chaque jour, un peu de temps pour approprier la
« maison, pour préparer le dîner, pour causer avec les enfants. Nous ne
« pouvons pas les empêcher d'aller à l'usine puisqu'elles demandent à y
« aller. Nous savons qu'elles y gagnent de bons salaires. Mais nous
« savons aussi que la nature les a faites pour influer sur leurs maris et
« leurs enfants par les sentiments qu'elles leur inspirent et pour exercer,
« par ce moyen, une sorte d'apostolat de la morale....

« J'ai donc raison de dire que la bataille qui s'est livrée sur cet article
« est une véritable bataille morale. » (Jules Simon, préface au *Commentaire de la loi du 2 novembre 1892*, de M. Lagrésille, p. 5 et 7.)

système suivi jusqu'alors, se déclaraient prêts à se soumettre à la réglementation projetée, à la condition qu'elle s'appliquerait à tous les ateliers. Ces raisons l'ont emporté. Nous n'insisterons pas davantage sur cette question, quelque intéressante et importante qu'elle soit, et, dans l'étude qui va suivre, nous ne ferons que citer les dispositions applicables aux femmes majeures, sans y appuyer autrement, notre but n'étant d'envisager la question qu'au point de vue des enfants.

La seconde innovation concerne l'extension de la surveillance aux établissements publics et aux établissements d'enseignement professionnel et de charité : la loi de 1874 avait soulevé, sur ce point, des difficultés d'interprétation que la loi nouvelle a voulu supprimer.

L'âge d'admission des enfants dans les manufactures est élevé de douze à treize ans et le système du demi-temps supprimé. Nous verrons plus loin en quoi consiste cette modification (1). La limite de la protection, qui ne s'étendait pour les garçons que jusqu'à seize ans, est reculée jusqu'à dix-huit.

La durée du travail journalier est limitée à dix heures pour les enfants et à onze heures pour les femmes.

Le travail de nuit est en principe interdit pour tous les travailleurs protégés : il est vrai qu'un assez grand nombre de tolérances permet de le rétablir. Enfin, le corps des inspecteurs du travail, chargé de surveiller l'exécution de la loi, est réorganisé sur des bases nouvelles, assurant l'efficacité et l'uniformité du service.

(1) Voir ci-après, section II, § I.

A quelles personnes, à quels établissements et à quel genre de travail s'applique la loi.

Ainsi qu'on vient de le voir, la loi du 2 novembre 1892 est venue modifier et compléter la loi de 1874.

Avant d'en passer en revue les prescriptions nombreuses, il est nécessaire de se demander à quels travailleurs et à quel genre de travail s'applique cette loi.

Le titre, tout d'abord, indique que c'est le travail des enfants, des filles et des femmes uniquement, qui est réglementé. Une proposition de loi de M. de Mun et une de M. Ferroul, qui comprenaient également la réglementation du travail des hommes adultes, ont été réservées pour faire l'objet d'une étude spéciale. (1)

Que faut-il entendre par ces mots : *les enfants, les filles mineures et les femmes ?*

Il résulte, notamment des articles 2, 3 et 10, que, sous le nom d'enfants, sont compris les jeunes ouvriers des deux sexes, âgés de plus de treize ans (et, dans certains cas que l'on verra plus loin, de plus de douze ans) et de moins de dix-huit ans.

Au-dessus de dix-huit ans, les garçons sont considérés comme adultes et ne sont plus protégés par la loi. Jusqu'à

____
(1) Rapport Waddington.

vingt-un ans, les filles rentrent dans la catégorie des filles mineures, ainsi qu'il résulte de l'article 4.

D'ailleurs, on ne distingue pas des filles mineures, les femmes mariées de seize à vingt-un ans, quoique émancipées par le mariage : cela ressort des travaux préparatoires. (1)

Quant aux femmes, ce sont toutes les femmes majeures de vingt-un ans.

On pourrait se demander pourquoi ces distinctions et s'il n'eût pas été plus simple, et plus clair à la fois, de dire que la loi entendait protéger les enfants jusqu'à dix-huit ans, et les femmes, même au-delà de cet âge. Il est bien évident, en effet, que si la loi ne parle pas des filles majeures, elles n'en sont pas moins protégées (cela a été expressément déclaré dans la discussion), et que le terme de femme comprend également les filles, qu'elles soient mariées ou non.

Cependant, ces classifications ne sont pas inutiles : la loi protège d'une manière différente les enfants, les filles et les femmes, suivant l'âge ou le sexe. Elle fait, en effet, au point de vue de la protection, trois catégories : — les enfants des deux sexes, de douze ou treize ans à seize ; — les garçons, les filles et même les femmes mariées de seize à dix-huit ans ; — enfin les filles et les femmes au-dessus de dix-huit ans.

Et puis, ces dénominations s'expliquent historiquement. La loi de 1874, effectivement, ne visait pas les jeunes ouvriers du sexe masculin âgés de plus de seize ans et les filles et femmes de plus de vingt-un ans ; elle s'appliquait exclusivement aux enfants et aux *filles mineures*. Le législateur de 1892 n'a fait qu'ajouter à la protection des filles mineures de la loi de 1874 celle des femmes majeures : on comprend donc qu'à côté du mot « femmes », qu'il introduisait, il ait laissé subsister l'ancienne expression.

---

(1) Lagrésille, *Commentaire théorique et pratique de la loi du 2 novembre 1892*, n° 3.

Quoi qu'il en soit, désormais les femmes de tout âge sont soumises aux réglementations de la loi : c'est là une extension considérable et qui, nous l'avons vu, n'a pas passé sans discussion.

La loi profite à tous les travailleurs ci-dessus mentionnés, aussi bien étrangers que français : ainsi le déclare le paragraphe 2 de l'article 1er. D'ailleurs, la loi eût-elle été muette sur ce point, qu'il faudrait en décider ainsi : c'est un réglement de police et sûreté et comme tel, d'après l'article 3 du Code civil, applicable à tous ceux qui habitent le territoire, quelle que soit leur nationalité. Il en avait été décidé ainsi sous l'empire de la loi de 1874, qui ne contenait pas de dispositions spéciales à cet égard. (1)

Cependant, on avait prétendu que les prescriptions relatives à l'instruction obligatoire n'obligeaient pas les étrangers, mais la Cour d'Aix n'avait pas admis cette distinction. (2) L'article 1er, paragraphe 2, de la loi nouvelle ne fait donc que consacrer cette opinion.

Il est encore une autre catégorie d'enfants qui sont soumis à la loi : ce sont les apprentis, c'est-à-dire les jeunes ouvriers placés dans un établissement dans le but d'apprendre un métier et engagés envers un patron qui est lié lui-même par un contrat d'apprentissage. Il est incontestable que les apprentis, aussi bien que les autres enfants ouvriers, ont droit à la protection de la loi : les dangers du travail sont les mêmes pour les uns et les autres. « La qualité d'apprenti, « le contrat qui les lie, ne les empêche pas d'être des en-« fants comme les autres, dignes au même titre d'in-« térêt. » (3)

(1) Aix, 13 juillet 1888. — Tribunal de la Seine, 24 mars 1881.

(2) Aix, 7 février 1884. (D. P. 85, 2,212). — En ce sens, Trib¹ de Rennes, 27 septembre 1887.

(3) Tallon. *Rapport à l'Assemblée nationale*, 1874.

La loi de 1874 avait déjà fait application aux apprentis de ses prescriptions, tout en déclarant que la loi de 1851 sur le contrat d'apprentissage continuerait de rester en vigueur à certains égards. Mais, en même temps, elle faisait une énumération limitative de ses prescriptions applicables et renvoyait expressément sur certains points à la loi de 1851. La combinaison de ces deux lois présentait des difficultés d'interprétation parfois appréciables.

Aux termes de son article 31, la loi de 1892, elle aussi, soumet à ses dispositions les apprentis. Mais, pour éviter les difficultés qu'avait fait naître la loi antérieure, elle a supprimé l'énumération et déclaré d'une façon générale la loi tout entière applicable aux apprentis. Toutefois, les prescriptions de la loi de 1851 subsistent à l'égard des enfants employés dans les établissements restés en dehors de la sphère d'influence de la loi de 1892. Et de plus, même en ce qui concerne les apprentis soumis à cette dernière loi, certaines dispositions de la loi sur l'apprentissage leur restent applicables, autant qu'elles ne sont pas inconciliables avec la loi de 1892. Bien que cela ne soit pas dit formellement par l'article 31, cela résulte clairement des travaux préparatoires.

Ainsi qu'on vient de le voir, c'est uniquement aux apprentis employés dans les établissements qu'a eus en vue le législateur de 1892, qu'il a déclaré applicables ses prescriptions.

C'est donc maintenant le moment de se demander quels établissements et quel genre de travail la loi entend réglementer ; et bien qu'elle ait pris soin d'en donner une énumération fort étendue, c'est une question délicate que celle de les distinguer d'une manière précise.

La loi de 1874 avait déjà procédé par énumération. Donnant à la loi de 1841, — qui ne réglementait que les manufactures, usines ou ateliers à moteurs mécaniques ou à feu continu, et les ateliers réunissant plus de vingt ouvriers, ce qui laissait en dehors la petite industrie (1), — une extension plus considérable, elle déclarait soumis à ses prescriptions les manufactures, fabriques, usines, mines, chantiers et ateliers de toute nature et quelque soit le nombre des ouvriers employés, mais à la condition, toutefois, que le travail effectué dans ces établissements serait industriel.

La loi de 1892 ajoute à l'énumération de la loi ancienne les minières et carrières, et, de plus, les dépendances des établissements énumérés, « quelle qu'en soit la nature, *publics* ou privés, laïques ou religieux, même lorsque ces établissements ont un caractère d'*enseignement professionnel* ou de *bienfaisance*. » (art. 1er § 1). Mais, bien que la loi nouvelle ne parle plus en termes précis de la condition de travail industriel dans ces établissements, cependant il n'en est pas moins certain qu'elle n'a entendu apporter sur ce point aucune dérogation à la loi de 1874, et, si elle n'emploie plus, dans son énumération, le terme formel de travail industriel, il résulte clairement, à la fois de la rédaction de l'article 1er, du titre et de l'ensemble de la loi, que seuls sont visés les établissements où un tel travail a lieu. (2)

En quoi donc consiste le travail industriel, voilà ce qu'il est important de déterminer.

L'industrie, c'est, — tel que ce mot est employé ici et entendu dans son sens le plus usuel, — l'ensemble des arts mécaniques qui ont pour objet de façonner les matières

---

(1) Une circulaire ministérielle du 25 novembre 1885 (V. Bouquet, *Comm. loi de 1892*, p. 395) avait précisé la définition des mots *usines et manufactures*, désignant par cette expression, conformément à la loi de 1841, les établissements à moteur mécanique ou à feu continu, et les ateliers de plus de vingt personnes.

(2) D'ailleurs, l'art. 21 l'emploie, qui exige des inspecteurs du travail la statistique des conditions du *travail industriel*.

premières pour les approprier aux besoins de l'homme. Ainsi pris, ce mot est opposé à ceux d'agriculture et de commerce ; on fait rentrer cependant dans cette acception l'industrie minière, qui, sans les transformer, extrait les métaux du sein de la terre. L'expression « travail industriel » exclut donc le travail commercial, le travail agricole, le travail domestique, le travail intellectuel ou de bureau, le travail artistique et celui qui a lieu dans les théâtres, cafés-concerts, cirques ou autres établissements similaires.

Tous les établissements dans lesquels on se livre à l'une de ces sortes de travaux sont donc en dehors des visées de la loi.

Pour les boutiques et magasins, il n'y a aucun doute : cela a été dit formellement lors du vote de la loi, et un amendement qui tendait à les assimiler aux établissements industriels a été repoussé. Et cependant, dans bien des établissements de ce genre, nombreux sont les abus, et, là plus qu'ailleurs, il serait utile d'établir une réglementation efficace. D'ailleurs, beaucoup de ces magasins ont un caractère mixte : « la fabrication et le travail se confondent avec la vente et le commerce » ; mais la Commission a pensé qu'il ne fallait pas apporter de confusion dans la rédaction de la loi concernant les manufactures, et qu'eu égard aux difficultés que soulevait la question de l'inspection dans les établissements de commerce, il y avait lieu de réserver pour un projet spécial la réglementation des boutiques et magasins. (1) Et, en effet, une proposition de loi a été déposée en ce sens et renvoyée à la Commission du travail, qui a fait présenter, par M. Piérard, un rapport, le 8 mai 1893 (2) ; mais elle n'a encore été suivie d'aucun résultat. Un certain nombre d'Etats voisins ont, dans ces dernières années,

(1) Rapport Rich. Waddington.
(2) *Journal Officiel.* Doc. parl. Ch. 1893, p. 832-833.

soumis, à une réglementation analogue à celle de l'industrie, les établissements de commerce. (1)

Il faudrait donc repousser, comme une extension arbitraire de la loi, l'opinion qui considère comme protégés les enfants employés chez les bouchers, épiciers, pâtissiers, et dans les autres professions de l'alimentation. (Décision du Tribunal de la Seine (2), et circulaire du Ministre du Commerce du 16 janvier 1877.) (3)

C'était l'avis de M. Tallon, rapporteur de la loi de 1874, qui déclarait que « la tolérance à accorder en faveur de la « liberté du travail ne doit pas l'être, suivant le but de la « vente ou selon la nature de la clientèle. » (4) Aussi doit-on regarder comme plus conforme à l'esprit de la loi (la loi de 1892 n'a rien changé sur ce point à la loi de 1874), une circulaire du ministre du Commerce du 7 juillet 1894, qui décide, après avis du Conseil d'Etat, que les boulangers, pâtissiers, restaurateurs, cuisiniers, bouchers, charcutiers, sont soustraits à l'application de la loi. (5)

Dans le même sens, la Commission supérieure du travail avait déclaré non soumis à la loi les enfants employés par les pescurs publics à Marseille (6), et chez les horlogers à Besançon. (7)

Toutefois, une circulaire ministérielle du 4 août 1894 a, en sens contraire, décidé qu'il y avait lieu d'appliquer la loi du 12 juin 1893 sur l'hygiène et la sécurité des travailleurs (il faut aussi décider de même de la loi de 1892 dans ce cas

(1) Notamment les nations de race anglo-saxonne : Angleterre, Etats-Unis, Canada. Voir plus loin, Ch. III., *Législations étrangères*.

(2) Jay, *Du travail des enfants et filles mineures dans l'industrie, en Droit français*, p. 25.

(3) Louis Bouquet, *op. cit.*, p. 363.

(4) Tallon, *Manuel pratique et Commentaire de la loi du 19 mai 1874*.

(5) *Bull. Off. du Travail*, 1894, p. 526.

(6) Instruction du Ministre du commerce du 10 juillet 1876.

(7) Tallon, *op. cit.*, n° 17.

particulier), lorsque les boulangers ou charcutiers se ser-
viraient d'appareils mécaniques. (1) Et de même, un avis
de la Commission supérieure du travail du 1er décembre 1875
distingue parmi les ateliers de couture ceux « qui confec-
« tionnent à l'avance des objets destinés à être mis en
« vente ultérieurement et ceux qui exécutent une com-
« mande pour une personne déterminée, comme les coutu-
« rières, les modistes.... etc. »

C'est aussi l'avis de M. Tallon qui déclare que « le tra-
« vail à l'aiguille effectué dans les ateliers, surtout avec
« l'emploi auxiliaire de la machine à coudre, dont l'usage
« s'est généralisé, prend maintenant le caractère d'un tra-
« vail industriel. » (2)

La raison de ces décisions, c'est que, dans ces deux cas,
le travail qu'on propose de soumettre à la loi est un travail
industriel, tandis qu'il n'en est pas de même dans les cas
précédents. La grande difficulté vient, en effet, de ce qu'on
ne se rappelle pas assez, pour décider si la loi est applicable,
qu'il ne faut pas avoir égard à la dénomination de l'établissement susceptible ou non de lui être soumis, mais considérer quel genre de travail s'y effectue ; si ce travail est
industriel, peu importe qu'il ait lieu dans une boutique ou
ailleurs, la loi reprend son empire ; c'est donc d'une application pratique très difficile.

Mais il n'y a plus aucun doute, et la loi reprend tout son
empire, lorsque les boutiques et magasins sont annexés à
l'usine, à l'atelier de fabrication, en un mot, lorsque le
travail industriel reprend le rôle principal et que la vente
n'en devient que l'occasion. (3)

(1) *Bulletin de l'Insp. du Travail,* 1894. n° 5.
(2) *Contra,* Duval-Arnould, *op. cit.,* p. 83.
(3) *Sic,* Mesnard, *Du travail des enfants et des femmes dans l'in-
trie,* n° 6.

C'est en vertu des mêmes principes que le travail agricole est soustrait, d'une manière générale, à l'application de la loi ; mais toutefois, dans certains cas, quand il revêt un caractère nettement industriel et que les dangers, que la loi a eu pour but d'éviter, reparaissent, toujours par application des principes que nous venons d'énoncer, il redevient sujet à réglementation.

C'est, en effet, précisément parce que le travail des champs, loin de nuire à la santé des jeunes ouvriers, présentait, au contraire, « plus d'avantages que d'inconvénients » que le législateur, d'accord avec le rapporteur (1), l'a déclaré exempt de réglementation.

Déjà, sous la loi de 1874, on avait étendu cette exception à certains travaux qui, bien qu'ils aient en quelque sorte un caractère industriel, ont lieu dans les champs ou dans les bois : travaux du sabotier ou du boisselier (discours de M. Pernolet, pendant la discussion) ; sarclage et arrachage des plantes oléagineuses (avis de la Commission supérieure du 16 juillet 1876) (2) ; travail des enfants employés chez les maraîchers à parer et éplucher des légumes destinés à la vente (avis du Comité consultatif des arts et manufactures du 7 juillet 1880) (3).

Dans tous ces exemples, en effet, c'est le caractère de travail agricole qui domine, mais, si, véritablement, le côté industriel vient à reparaître et à l'emporter, la loi aussi réapparait. Ainsi s'appliquera-t-elle dans les distilleries et sucreries annexées à une entreprise agricole. C'est l'avis du rapporteur qui déclare que « tous les cas qui comprennent « le travail dans les établissements industriels tombent

(1) Rapport Waddington.
(2) Tallon, *op. cit.*, n° 17.
(3) En sens contraire, instruction ministérielle du 12 octobre 1880, (dans Bouquet, p. 364.)

« nécessairement sous l'application de la loi, *alors même que*
« *ce travail industriel serait la suite d'un travail agricole.* »

Mais que décider, lorsque le travail, tout en ayant lieu au
milieu des champs, tout en conservant un caractère nettement agricole, a lieu, au moyen ou à l'aide de machines
à vapeur (batteuses, faucheuses, charrues)? Des auteurs ont
prétendu que, dans ce cas, il fallait avoir égard à ce que le
travail, s'il reste agricole quant à son objet, devient industriel au point de vue de son exécution ; ils ont allégué que,
présentant les mêmes dangers qu'un travail véritablement
industriel, il nécessitait la même réglementation. (1) On a
même été jusqu'à assimiler la ferme à un chantier ou atelier
« quand le travail y emprunte les moyens de l'industrie. » (2)

Cependant il est difficile de soumettre les travaux de la
campagne au contrôle des inspecteurs. (3) S'il est vrai que
l'usage des machines dans l'agriculture présente des dangers
pour la sécurité et la santé des jeunes travailleurs, il faut
toutefois prendre garde que la loi de 1892 n'a pas pour
unique but de soustraire les enfants à ces dangers, qu'elle
cherche aussi et surtout à veiller sur leur santé morale, à
assurer l'hygiène, à limiter les heures de travail, à prohiber
les travaux nocturnes ou souterrains, toutes choses dont on
n'a pas à se préoccuper à l'égard des enfants des campagnes.

Voilà pourquoi on comprend que le législateur ait entendu
laisser de côté les travaux des champs... D'ailleurs, comme
le fait remarquer M. Mesnard (4), s'il avait voulu soumettre
ces travaux à la réglementation, rien ne l'eût empêché,
comme il l'a fait pour les ateliers de famille, ainsi que
nous le verrons plus loin (5), d'établir une distinction et de

---

(1) Lagrésille, n° 17 — *Sic*, Bouquet, p. 43 ; Tallon, n° 17.
(2) Duval-Arnould, p. 82.
(3) *Sic*, Nusse et Périn, *Commentaire de la loi du 19 mai 1874*, n° 51.
(4) *Op. cit.*, n° 16.
(5) V. ci-après page 46.

prescrire des mesures de sécurité pour le cas où seraient employées des *machines dangereuses.*

Une décision judiciaire était intervenue avant la loi de 1892 dans le sens de l'opinion que nous venons d'exposer (Tribunal de Valenciennes, 21 novembre 1890) (1). Il faudrait encore donner cette solution à l'heure actuelle.

D'ailleurs, ainsi qu'on le verra sous la section III, la loi du 9 avril 1898, relative à la responsabilité des patrons en cas d'accidents, est applicable aux travaux agricoles qui ont lieu à l'aide de machines mues par un moteur inanimé et elle suffira pour obliger les patrons à exiger des mesures de précaution vis-à-vis des travailleurs, de même qu'au besoin à indemniser ceux-ci. En effet, pour éviter toute discussion sur le point de savoir si la loi de 1898 était applicable à l'agriculture, et en l'absence de tout texte, les Chambres, sur la proposition de M. Mirman, ont adopté définitivement, le 30 juin 1899, une loi déclarant soumis à la loi de 1898 les *accidents occasionnés par l'emploi de machines agricoles mues par des moteurs inanimés*, et en rendant responsables les exploitants des moteurs (2).

Echappent encore à loi les travaux des domestiques et des gens de services. Il n'y a pas de difficulté à l'égard des domestiques d'un particulier, ou même d'un industriel, lorsqu'il s'agit du service de sa maison (service personnel ou service spécial, celui de l'écurie, par exemple). Mais où le doute reparaît, c'est quand il s'agit des travaux domestiques accomplis dans les usines ou à l'occasion du travail industriel, comme le nettoyage des machines. Il faut décider, dans ce cas, que la loi est applicable, car si ce genre de travail n'est pas purement industriel, en ce sens qu'il ne *concourt pas directement à la fabrication*, il n'en a pas moins

(1) Bouquet, p. 404.
(2) Loi du 30 juin 1899, (*Journal Officiel*, 1er juillet 1899 — D. P., 99, 4, 92.)

lieu à l'occasion de cette fabrication, pour laquelle il est utile et même nécessaire. D'ailleurs, la présence dans l'atelier, auprès des machines, lui assure le caractère exigé par la loi. Aussi, on ne comprend pas qu'un arrêt de cour d'appel (Angers, 16 octobre 1886) ait déclaré soustrait à la loi de 1874 le travail des enfants occupés à ramasser des bouts de chanvre dans un chantier. Il faut également repousser la distinction qu'avait faite la cour de Toulouse (24 novembre 1890), déclarant non sujet à la réglementation le travail effectué par des ouvriers dans une usine, mais pour leur propre compte ; ce serait permettre aux patrons de se soustraire à la loi. (1)

Mais il n'en est plus de même, et dans ce cas le travail redevient purement domestique, lorsqu'il s'agit de commissions au dehors ou de soins à donner aux chevaux.

Il faut aussi décider que c'est à bon droit que le tribunal de la Seine a déclaré applicables la loi de 1874 et le décret du 30 octobre 1882 aux enfants employés comme aides par les maçons ou couvreurs (Tribunal de la Seine, 7 novembre 1885) ; de même pour les ramoneurs (2) ; cela résultait d'ailleurs des travaux préparatoires de la loi de 1874.

Le travail intellectuel (travail des enfants employés chez les peintres, sculpteurs, officiers ministériels, architectes, etc., et celui accompli dans les bureaux, même annexés à des usines), n'est pas davantage soumis à la réglementation. Il faut aussi y assimiler les travaux de coiffure. (Décision ministérielle du 16 décembre 1887).

La réglementation des bureaux avait fait l'objet d'un amendement qui a été repoussé et renvoyé, avec celui des magasins de commerce, à la commission.

---

(1) Mesnard, *op. cit.*, n° 13. — *Sic*, Bouquet, p. 39.
(2) Dans le même sens, avis de la Commission supérieure du 7 décembre 1876 et Tribunal de Reims, 18 janvier 1882.

Ne sont pas davantage industriels les travaux des enfants dans les théâtres, concerts, cirques et autres spectacles forains. Cependant, à la suite des réclamations des commissions scolaires, le législateur de 1892 a résolu de les réglementer, complétant en cela la loi du 7 décembre 1874, qui ne visait que les spectacles ambulants : c'est ce qui fait l'objet de l'article 8 de la présente loi. Nous laisserons en dehors de notre étude cet article qui vise un travail totalement différent de celui que nous envisageons.

Après l'examen de l'énumération un peu longue que nous avons faite des travaux qui ne sont pas soumis à la loi, on peut maintenant se rendre un compte plus exact des établissements et du genre de travail auxquels elle s'applique. Dans les établissements qui n'ont qu'un rapport lointain (ou même qui n'ont aucun rapport) avec l'industrie, il faut, pour rendre la loi applicable, bien déterminer le genre de travail qui s'y effectue. Quant aux établissements industriels, la loi a pris soin de les énumérer. Cette énumération comprend : les usines, manufactures (la loi de 1892 a supprimé le mot fabriques, indiqué par la loi de 1874 : il faisait double emploi), mines, minières et carrières (ces deux derniers mots n'étaient pas employés par la loi de 1874), chantiers, ateliers, dépendances de ces établissements, manufactures de l'État, établissements professionnels et de bienfaisance.

On voit ainsi qu'à la loi de 1874 la loi de 1892 apporte trois innovations très importantes.

D'abord, elle déclare réglementer les dépendances des établissements industriels ; mais elle n'en a pas donné de définition. C'est une question de fait laissée à l'appréciation des tribunaux.

Toutefois, le rapporteur a plus spécialement désigné les locaux où les jeunes ouvriers sont logés par leurs patrons.

(1) C'est en effet là que se produisaient les abus les plus
graves : une enquête, faite à l'instigation de la Commission
supérieure, a révélé que « le couchage des enfants est établi
« dans des conditions déplorables au point de vue de l'hygiène
« et de la morale. » Aussi, la Commission supérieure avait-
elle émis le vœu que les inspecteurs puissent avoir le droit
de pénétrer dans ces endroits, droit sur lequel la loi de 1874
était restée muette.

Malgré le laconisme de la loi, on peut dire qu'elle a
entendu, par dépendances, les locaux accessoires à l'usage
du personnel ou du matériel, même distants de l'établissement principal ; mais il faudrait en excepter les domiciles
particuliers et séparés des patrons et contre-maîtres. (2)

La seconde réforme porte sur les manufactures et
établissements de l'Etat qui, jusqu'alors, avaient échappé à
toute réglementation, malgré les réclamations de la Commission supérieure.

Et pourtant, l'Etat doit donner le bon exemple, a dit
M. Waddington, qui avait en vue les manufactures des
départements des finances, de la guerre, de la marine et
des beaux-arts.

Mais était-il nécessaire de soumettre ces établissements à
la surveillance des inspecteurs du travail ? M. Mesnard (3)
ne le croit pas ; on aurait pu donner aux inspecteurs
spéciaux, que l'Etat entretient dans tous ses services, des
pouvoirs pour verbaliser. La loi ne l'a pas fait ; le rapporteur
a déclaré les usines appartenant à l'Etat soumises à la
« surveillance qu'il impose à tous les industriels », ajoutant
qu'il ne voyait à ces « visites de fonctionnaires assermentés
« aucun inconvénient. » (Opinion confirmée par la circulaire
du Ministre du Commerce, du 19 décembre 1892.)

(1) Rapport Waddington.
(2) Mesnard, n° 5.
(3) *Op. cit.*, n° 12.

Et cependant, les départements de la Guerre et de la Marine se sont, jusqu'à présent, soustraits à cette surveillance, et il est difficile de les y contraindre, en présence des lois et décrets interdisant l'entrée des locaux et arsenaux qui y ressortissent sans autorisation, et de la juridiction spéciale dont dépendent les officiers attachés à ces établissements. Une circulaire du Ministre du Commerce, du 6 juin 1894, a décidé que c'était à ces officiers de faire exécuter la loi : elle est en contradiction formelle avec l'intention du législateur. (1)

On s'accorde généralement à déclarer que les maisons de correction, dans lesquelles les enfants détenus sont employés à un travail industriel, tombent sous le coup de la loi, surtout lorsque ces maisons sont dirigées par des particuliers. Là aussi, il s'était produit des abus et il était aussi nécessaire et d'autant plus juste de protéger le travail des enfants quand il est obligatoire que lorsqu'il est libre. Cela n'entravera d'ailleurs pas l'application des peines disciplinaires que peuvent encourir les détenus à l'occasion. La plupart des auteurs se sont prononcés dans ce sens. (2) Il en était de même sous la loi de 1874 (3).

La troisième innovation de la loi de 1892 a trait aux établissements d'enseignement professionnel ou de bienfaisance. Sur ce point encore, des difficultés s'étaient élevées.

Dans le silence de la loi de 1874, la jurisprudence avait établi des distinctions, et, pour les justifier, elle s'était appuyée sur les travaux préparatoires. Le rapporteur, en effet, avait déclaré que les ateliers des maisons charitables, et notamment des ouvroirs d'orphelines, ne sauraient

---

(1) Dalloz, *Supplément au Répertoire de législation,* V° *Travail,* n° 983.

(2) *Sic,* Lagrésille, n° 18 ; — Mesnard, n° 12 ; — Pic, *Traité élémentaire de législation industrielle,* p. 271.

(3) Nusse et Périn, n° 58.

tomber sous l'application de la loi, car « il ne se fait pas,
« en général, dans ces maisons, de spéculation sur le pro-
« duit du travail, il ne s'y pratique pas de fabrication
« industrielle destinée à la vente et qui doive faire naître
« de telles préoccupations. » (1) En conséquence, la Cour
de cassation, réformant un arrêt d'Aix, qui avait acquitté
tous les contrevenants, décidait que la loi ne s'appliquait
pas à ces établissements, lorsque le travail qui s'y exécutait
était effectué dans un but d'enseignement professionnel ou
de charité, mais qu'il y aurait lieu d'y soumettre un entre-
preneur, locataire d'un local distinct d'une maison de
bienfaisance, qui y fait travailler pour son compte les
pensionnaires de cet établissement. (2)

Mais un autre arrêt de la Cour suprême, confirmant un
arrêt d'Angers, portait que l'exclusion devait cesser lorsque
le travail n'a pas un but uniquement charitable ou d'instruction, mais qu'il revêt un caractère de spéculation.
Cela, d'ailleurs, rentrait dans les visées du rapporteur de
la loi (3).

La cour de Lyon avait reconnu aux inspecteurs le droit
d'entrée dans ces établissements, pour se rendre compte de
leur caractère véritable (4).

La loi nouvelle a eu pour but de faire disparaître ces
distinctions et d'écarter toute équivoque et, suivant les
termes du rapport, « de régulariser par un texte de loi,
« une question qui ne doit pas dépendre d'une interpréta-
« tion sujette à des variations regrettables. »

On s'est élevé contre la prétention du législateur de
faire visiter les établissements de bienfaisance, on en a
contesté la nécessité, sous le prétexte que l'autorité qui

---

(1) Discours de M. Tallon, (Séance du 28 janvier 1873).
(2) Cassation, 18 février 1881 (D. P., 81, 1, 186).
(3) Cass., 2 août 1888 (D. P., 89, 1, 85).
(4) Lyon, 26 avril 1883 (D. P., 84, 2, 107).

s'exerce dans ces maisons (bien différente de l'autorité patronale), guidée par l'affection et le dévouement, « agit « naturellement dans le sens le plus favorable aux vrais « intérêts de l'enfant et que c'est lui marquer une « défiance injuste que de la soumettre à une surveillance « gênante. » (1)

Gênante en effet, cette surveillance n'est pas encore cependant assez efficace, étant donné les abus nombreux qui se commettent journellement dans ces sortes d'établissements. On l'a bien vu tout récemment lorsqu'un prélat éminent (2) s'est élevé avec vigueur contre certaines maisons religieuses (la congrégation du Bon Pasteur), qui font travailler des ouvrières dans un but de spéculation purement industriel et dans des conditions telles qu'on n'en trouve plus de semblables, depuis longtemps, dans l'industrie (3). Ces religieuses savent se soustraire aux peines qu'elles encourraient, si elles étaient découvertes, en cachant aux inspecteurs une partie de leur personnel. Et l'évêque qui dénonçait la maison de la congrégation en question, située

(1) Duval-Arnould, *op. cit.* p. 156.

(2) V. Mgr Turinaz, évêq. de Nancy, Article de Jean de Bonnefon (*Journal,* n° du 18 septembre 1899).

(3) Après avoir exposé que ces religieuses reçoivent des jeunes filles qu'elles font travailler à des ouvrages de lingerie et de broderie, qu'elles les gardent parfois pendant très longtemps et qu'à leur sortie de la maison elles les laissent aller sans aucunes ressources, « livrées à tous « les périls, à toutes les séductions, dès le moment de leur sortie et plus « tard », l'évêque de Nancy ajoute : « On fait travailler ces jeunes filles, ou « au moins un très grand nombre d'entre elles, chaque jour, plus long- « temps que ne le permettent les lois civiles et quand l'inspecteur du « travail des enfants demande à visiter la maison, on fait disparaître des « salles de travail les jeunes filles qui n'ont pas douze ans ; on demande « à d'autres de sacrifier, pendant plusieurs mois de l'année, une partie de « leur récréations, sous prétexte que le travail est pressant... Il suffirait « de la dénonciation de quelque jeune fille sortie de la maison pour que « l'autorité civile sévît contre les religieuses... » Extrait d'une lettre de Mgr Turinaz, évêque de Nancy, au Cardinal-Préfet à Rome. (*Romana analecta,* fasc. IV, page 146 à 152).

dans la ville de Nancy, se déclarait porté à croire que la
situation était analogue pour la plupart, sinon pour toutes
les maisons de cette congrégation (1).

Ces plaintes ont attiré l'attention du Gouvernement qui,
dans une circulaire récente, a prescrit aux inspecteurs
divisionnaires de tenir la main à ce que la surveillance soit
exercée plus sévèrement et à ce que toutes les infractions
soient poursuivies dans toute leur rigueur.

D'ailleurs, ceux-là même qui voulaient soustraire les
établissements charitables aux visites inspectoriales considéraient qu'un contrôle était légitime et même nécessaire
pour vérifier si les prétendus établissements de bienfaisance
ne cachent pas une véritable entreprise industrielle (2).

La surveillance du travail qui s'y effectue n'est pas moins
nécessaire, on vient de le voir.

Allant plus loin que la Cour de cassation, la loi déclare
ses prescriptions applicables à tous les établissements de
bienfaisance ou d'enseignement, privés ou publics, quelque
soit leur caractère, même lorsqu'ils n'ont pas en vue la
spéculation. Mais, bien entendu, il n'est pas question, dans
ces acceptions, des maisons de bienfaisance qui se contentent
de nourrir ou de loger les ouvriers, sans exiger d'eux aucun
travail. (3)

(1) « Je suis porté à croire que ce qui se passe ici se passe, dans une
« mesure plus ou moins large, dans un grand nombre de maisons de cette
« congrégation, peut-être dans toutes, car si la maison de 'Nancy faisait
« exception, la provinciale et la supérieure générale auraient été indi-
« gnées... Si elles résistent à toutes les instances, c'est qu'elles approuvent
« ce qui se fait ici. » (Extrait de la même lettre.)
Cette congrégation du Bon Pasteur avait déjà, sous la loi de 1874,
attiré l'attention des tribunaux et c'est à propos d'elle que la cour d'Angers,
puis la Cour de Cassation avaient décidé que l'on devait exclure, de l'exception faite par la loi en faveur des établissements charitables, ceux où
le travail revêt un caractère industriel.
(2) Duval-Arnould, *op. cit.*, p. 155.
(3) Lagrésille, n° 10.

Nous venons de voir que les établissements, dans lesquels le travail est industriel, sont soumis à la réglementation de la loi ; il en est pourtant une espèce qui fait l'objet d'une exception : ce sont les ateliers de famille. « Sont exceptés, « dit en effet le § 3 de l'article 1, les travaux effectués dans « les établissements où ne sont employés que les membres de « la famille, sous l'autorité soit du père, soit de la mère, soit « du tuteur. »

Cette disposition de la loi indique en même temps ce qu'il faut entendre par l'expression, consacrée dans la pratique, d'*atelier de famille.*

C'est un progrès sur la loi de 1874 qui passait sous silence ces établissements. Toutefois, la majorité des auteurs considérait, d'accord avec le rapporteur, que les ateliers de famille devaient être soustraits à l'observation de la loi : cela d'ailleurs ressortait des travaux préparatoires et on ne sait pourquoi les mots du projet, « employés hors de la famille », avaient disparu du texte définitif (1). « La loi « est, il est vrai, restée muette sur la surveillance de l'ate- « lier de famille ; mais il ne pouvait être mis en cause, en « vertu même des principes de droit et de liberté auxquels « il ne convient pas de déroger. Les travaux préparatoires « en font foi, ils ont largement répandu la lumière sur la « question. » (2) Mais où les auteurs ne s'accordaient plus, c'était sur la définition de l'atelier de famille et les tribunaux aussi étaient à cet égard divisés.

Aujourd'hui, plus de doute : il faut, pour être soustrait à la surveillance, que l'atelier ne renferme que des enfants travaillant sous l'autorité de leur père, mère ou tuteur, à l'exclusion de tout enfant étranger.

Cette condition qu'il faut, pour rentrer dans la définition

<hr>

(1) Tallon, *op. cit.*, p. 64 et suiv.
(2) Avis de la Commission supérieure (cité par Tallon, p. 66.)

de la loi, que l'atelier soit composé exclusivement des enfants de celui qui le dirige, était discutée sous la loi de 1874. Certains auteurs pensaient que la présence d'un enfant étranger ne suffisait pas à dispenser l'atelier de surveillance (1) ; d'autres admettaient bien le contrôle, mais vis-à-vis des étrangers seulement (2).

Une proposition, qui avait pour but d'excepter les ateliers, comprenant, outre les enfants de la famille, quelques enfants étrangers, a été repoussée, à raison de la difficulté de distinguer quand l'atelier cesserait d'être considéré comme atelier domestique (3). Désormais, la présence d'un seul enfant étranger suffit pour faire rentrer dans la règle ; et il faut considérer comme étranger tout parent autre que les enfants ou pupilles du chef d'atelier (4).

Il faut, de plus, pour que l'atelier de famille échappe au contrôle, que les enfants travaillent « sous l'autorité » de leur père, mère ou tuteur ; mais on ne saurait dire qu'il en est de même lorsque l'enfant travaille, dans l'atelier industriel où le père est employé, à côté et sous la direction de celui-ci. Cette solution, admise par certains auteurs (5), avait été repoussée, à tort, par la cour de Montpellier (6).

Mais faut-il, pour être dans les termes de l'exception, que l'atelier soit confondu, comme le prétendait un auteur sous l'empire de la loi de 1874, avec le foyer domestique, la chambre où travaillent ensemble le père et l'enfant ? Est-il exact que « ce n'est que cette chambre, où l'enfant n'est

---

(1) Jay, *op. cit.*, p. 29.

(2) Duval-Arnould, p. 87.

(3) Lagrésille, n° 12, p. 47. — Cf. Rapport de M. Tolain, au Sénat (*Journal Officiel,* annexe au procès-verbal de la séance du 22 juin 1891. *Docum. parl.*, p. 201.)

(4) Toulouse, 16 juin 1896 (cité par Mesnard, n° 9). — *Sic,* circ. Min. du Commerce, 19 décembre 1892.

(5) Nusse et Périn, n° 56.

(6) Montpellier, 28 août 1876 (cité par Lagrésille, p. 47).

« entouré que de sa famille », que la loi a voulu exempter du contrôle de l'inspection? (1) Nous ne le croyons pas. D'ailleurs, il est fort peu probable que l'Assemblée nationale ait entendu faire cette confusion, puisqu'elle a repoussé un amendement, qui comportait les mots : « hors de la maison « paternelle », pour les remplacer par ceux-ci : « hors de la « famille », (mots qui, au reste, ont également disparu du texte adopté). (2) Et il nous semble également que la loi nouvelle n'ait pas non plus exigé cette condition que l'atelier soit la chambre même de la famille. Que faut-il, en effet, pour rentrer dans le cas prévu? Que les travaux soient « effectués dans les *établissements* où ne sont employés que « les membres de la famille, sous l'autorité du père... »; mais la loi ne dit pas que ces établissements doivent se tenir dans la maison de famille. Il faut, mais il suffit, que le père soit directeur du travail et qu'il n'ait comme ouvriers que ses propres enfants, — que le travail ait lieu là où il habite ou dans un local loué à cet effet, peu importe. Ce que la loi a voulu, en effet, ce n'est pas seulement « éviter « d'être tracassière » (3) en ne laissant pas pénétrer ses inspecteurs dans le domicile privé; mais c'est aussi « s'ar- « rêter devant l'autorité du père de famille ». « Il serait « fâcheux d'intervenir entre le père et l'enfant » (4); on ne saurait le faire « qu'en violant les principes de notre « droit commun. » (5)

Mais l'exception cesse de s'appliquer et l'on rentre dans la règle, c'est-à-dire sous la surveillance de l'inspecteur, dans deux cas: « lorsque le travail se fait à l'aide de chau-

(1) Jay, p. 28.

(2) Séance du 23 janvier 1873.

(3) Rapport Waddington.

(4) Tallon, p. 63.

(5) Rapport Waddington.

« dières à vapeur ou de moteur mécanique, » ou lorsque
« l'industrie exercée est classée au nombre des établisse-
« ments dangereux ou insalubres. » (art. 1 § 4).

Toutefois, même dans ces deux cas, la loi ne reprend pas
tout son empire et l'inspecteur ne pourra que prescrire les
mesures de sécurité et de salubrité à prendre conformément
aux articles 12, 13 et 14, c'est-à-dire les mesures touchant
l'interdiction des travaux dangereux, la réglementation des
travaux et l'hygiène et la sécurité des ouvriers. Toutes les
autres mesures, relatives à l'âge d'admission, au travail
de nuit, au repos hebdomadaire, etc., sont inapplicables.

Cette disposition concernant les ateliers de famille a été
empruntée à la législation belge. (1)

Maintenant que sont élucidées les difficiles questions de
savoir à quels travailleurs et à quel genre de travail
s'appplique la loi, nous allons examiner les conditions dans
lesquelles ce travail est exécuté.

(1) Rapport Waddington.

Conditions du travail

§ Ier

Age d'admission

C'est un point capital et en même temps très difficile que celui de fixer l'âge auquel les enfants doivent être admis au travail. Aussi cette question délicate a-t-elle donné lieu aux plus vives controverses.

Depuis la loi de 1841, qui fixait à huit ans le minimum de l'âge d'admission des enfants au travail, le législateur a toujours reculé cette limite. Les projets de 1847 et 1848 exigeaient dix ans ; l'Assemblée nationale, en 1874, avait élevé la limite à douze ans, mais en permettant toutefois d'employer les enfants âgés de dix ans seulement, dans certaines industries (déterminées par les décrets des 27 mars 1875 et 1er mars 1877), pendant un laps de temps d'au plus six heures, le reste du temps devant être consacré à l'école.

Aux termes de l'article 8, qui se combinait avec l'article 3, tout enfant admis avant douze ans dans un atelier devait suivre les classes d'une école pendant le temps libre du travail, et, s'il existait une école spéciale attachée à l'établissement industriel, pendant deux heures au moins. Pour assurer l'exécution de cette obligation, le patron devait exiger de l'enfant qu'il lui remette, chaque semaine, une feuille de présence dressée par l'instituteur et constatant la fréquentation de l'école.

Ce système, emprunté à la législation anglaise, dit travail du *demi-temps*, n'a eu, ainsi que l'a constaté le rapporteur de 1892 à la Chambre, aucun succès en France. Cela tient à la difficulté, pour ne pas dire à l'impossibilité, de mêler les enfants venant de l'atelier aux écoliers ordinaires ; il eût fallu créer des cours spéciaux pour chaque catégorie d'enfants et cela eût multiplié, souvent sans profit, le personnel enseignant. Des tentatives ont été faites dans certaines grandes villes, tant par l'administration que par les sociétés privées, pour créer des écoles spéciales, mais sans grand résultat. Quelques industriels ont aussi ouvert des écoles dans leurs établissements, mais la plupart, pour se soustraire à cette charge, ainsi qu'aux exigences de la loi, ont préféré ne plus employer d'enfants.

La loi nouvelle a donc supprimé le demi-temps, mais, en même temps, elle a fixé à treize ans, en principe, l'âge d'admission. Nous disons en principe, car, ainsi qu'on va le voir, cette limite peut, en certains cas, être abaissée.

Il est incontestable que c'est là un progrès sur la législation antérieure. Et, cependant, des esprits distingués ont vu avec peine l'élévation de l'âge d'admission (1). Vaut-il mieux, a-t-on dit, laisser l'enfant mourir de faim plutôt que de le voir s'étioler ? Et puis, en reculant encore la limite de l'apprentissage, (car la loi s'applique aux apprentis, art. 31), on porte un coup définitif à ce contrat déjà compromis, on augmente les charges de la famille, — l'apprenti ne gagnant rien au début, payant souvent même pour apprendre — ;

(1) Duval-Arnould, p. 157.

et, chose plus grave, on augmente le nombre « de ceux qui désertent les devoirs de la famille » pour se soustraire à ses charges.

Ces remarques sont justes; il est malheureusement vrai que « nous sommes toujours entre deux terribles écueils, l'un est de permettre qu'on impose aux enfants un travail meurtrier, l'autre de leur arracher le pain qui les nourrit. » (1)

Mais les considérations qui ont déterminé le législateur ne sont-elles pas les plus puissantes ? Quels hommes pourront faire des enfants débilités par un travail supérieur à leurs forces ? Si on ne leur donne à faire que des travaux proportionnés à leur âge, ce seront des répétitions de mouvements qui arriveront à des déformations de tel de leurs membres, à un développement anormal (2). Et à ces considérations viennent s'en ajouter d'autres, plus fortes peut-être, concernant l'intelligence et la santé morale des enfants. Il y a là une raison majeure : l'Etat a le droit et aussi le devoir « de veiller à la santé publique et d'interdire des excès de « travail qui auraient pour effet de la compromettre. » (3)

D'ailleurs, la difficulté d'application du système de la loi de 1874 avait peu à peu fait diminuer le nombre des travailleurs de moins de douze ans, et, dans l'enquête antérieure à la loi de 1892, la grande majorité des corps consultés (308 contre 138) s'est prononcée pour la limite de treize ans. Il n'y a guère que les verriers qui aient fait une opposition sérieuse à la réforme. (4)

Quoi qu'il en soit, aujourd'hui la question est tranchée par la loi nouvelle, ainsi en harmonie avec la loi du

(1) Rossi.
(2) Amat, Discours à la séance du 29 janvier 1873.
(3) Jules Simon, Préface à l'ouvrage de Lagrésille, p. 5.
(4) Rapport Waddington.

28 mars 1882, sur l'instruction primaire obligatoire, qui
retient les enfants à l'école jusqu'à l'âge de treize ans. Toutefois, la loi scolaire libère les enfants munis du certificat
d'études ; de même, la loi de 1892, encore sur ce point
en accord complet avec la loi scolaire, leur permet le travail
dès l'âge de douze ans, pourvu qu'ils aient satisfait à cette
condition. Il y a là, outre le motif de concordance entre
les deux lois, — concordance maintenant parfaite et qui
n'existait pas sous la loi de 1874, quoi qu'on en ait dit,
— une raison morale : il eût été dangereux, en effet, de
laisser les enfants désœuvrés pendant toute une année,
entre leur sortie de l'école et leur entrée à l'atelier. (1)

Notre article 2, bien que se référant à la loi scolaire, n'en
est pas moins, nous l'avons vu précédemment, applicable
aux étrangers. Il en avait été décidé de même sous la loi
de 1874, où la question avait fait doute. On avait contesté
l'application, aux enfants étrangers, des lois sur l'instruction primaire et, par voie de conséquence, des dispositions
de la loi de 1874 (articles 8 et 9) qui avaient pour but d'en
assurer l'exécution (2). Mais la cour d'Aix, considérant que
les lois de police et de sûreté s'appliquent aux étrangers,
aussi bien pour les protéger que pour les obliger, et les lois
sur le travail des enfants rentrant au premier chef dans
cette catégorie, avait décidé que toutes les dispositions de la
loi de 1874 leur étaient applicables. D'ailleurs, l'applica-
cation de la loi scolaire aux étrangers avait été admise
par des circulaires ministérielles. La question est aujour-
d'hui tranchée en ce sens par le § 2 de l'article 1er qui est
formel (3).

(1) Rapport Waddington.
(2) Dalloz, *Supp.* V° *Travail,* n° 977.
(3) Une loi du 8 août 1893 impose aux patrons, qui emploient des étrangers, l'obligation d'exiger de ceux-ci la présentation d'un certificat d'im-
matriculation sur un registre spécial tenu, à cet effet, dans les mairies
des communes, et ce, sous des peines de police (art. 2). Cette obligation
s'ajoute à celles résultant de la loi de 1892.

Mais, de ce que la loi exige l'âge de treize ans, pour que les enfants puissent être admis au travail, il ne s'ensuit pas que, jusqu'à cet âge, l'atelier leur soit complètement fermé. Cependant, quoi que certains auteurs en puissent penser (1), et bien que le rapporteur ait déclaré le contraire lors de la discussion à la Chambre (2), les patrons devront veiller à éviter la présence de trop jeunes enfants dans leurs manufactures, car cela pourrait faire naître des soupçons chez les inspecteurs, l'article 2 déclarant littéralement que ces enfants ne pourront « être employés... ni être *admis* dans les établissements énumérés dans l'article 1er. »

Mais il ne résulte pas de là que les enfants ne pourront être admis avant l'âge légal dans les établissements d'instruction professionnelle ou de bienfaisance (ouvroirs ou orphelinats) ; bien au contraire, puisque la loi a formellement prévu le cas et qu'un paragraphe spécial de l'article 2 leur a été consacré. D'ailleurs, il est bien entendu que la loi n'a voulu réglementer que le travail salarié (3), ce qui n'est pas le cas, le plus souvent, pour les établissements d'instruction professionnelle ; et si le paragraphe qui nous occupe a été ajouté, c'est pour éviter les difficultés que n'eût pas manqué de présenter une distinction souvent délicate à constater.

Aux termes de ce paragraphe, trois conditions sont exigées pour que le travail soit permis aux enfants de moins de treize ans ou de moins de douze ans munis du certificat d'études : il faut qu'ils reçoivent l'instruction primaire, que le travail qu'on leur donne soit manuel ou professionnel et enfin qu'il n'ait pas lieu au-delà de trois heures par jour. Mais ces conditions sont suffisantes, et rien n'empêche les directeurs de distribuer les heures de travail comme ils l'entendent ou de

(1) Lagrésille, n° 24.
(2) *Journal officiel* du 12 juin 1888.
(3) Déclaration de M. Waddington (Séance du 11 juin 1888.)

tirer un certain profit modique de ce travail, dès lors qu'il est fait dans un esprit d'enseignement. Quant au minimum de l'âge d'admission au travail professionnel, il doit concorder avec l'âge d'entrée à l'école primaire (six ans) ; le travail doit toujours être proportionné aux forces de l'enfant. (1)

Deux innovations, on vient de le voir, ont été apportées à la loi de 1874 : suppression du demi-temps, recul de l'âge d'admission. Une troisième innovation, non moins importante, a été consacrée par la loi de 1892 : elle a trait au certificat médical d'aptitude physique.

Mais, là encore, les mêmes considérations qu'on a fait valoir, lors de la discussion sur la fixation de l'âge d'admission, trouvent leur place. « Ce n'est guère qu'en essayant un travail déterminé qu'on peut savoir s'il est au-dessus des forces, ou s'il n'aidera pas, au contraire, à leur développement. » (2) Et, d'un autre côté, que recommander à l'enfant trop faible, s'il est dans l'indigence et n'attend son pain que de son travail ? Le législateur ne s'est pas laissé arrêter par ces raisons : il a pensé que la limite de treize ans ne suffisait pas comme condition de l'emploi des enfants au travail ; que d'ailleurs, jusqu'à cet âge, il était *indispensable* de constater la force des enfants exceptionnellement admis à travailler, avant de le leur permettre, et que, le développement physique variant selon les individus, il pouvait être *nécessaire* d'examiner si tel jeune ouvrier est ou non capable de supporter la fatigue, dans une industrie, au reste, parfaitement salubre (3).

Cette mesure, calquée sur les législations anglaise, danoise et italienne, est obligatoire ou facultative, suivant

(1) Mesnard, n° 21.
(2) Duval-Arnould, p. 159.
(3) Rapport Waddington.

l'âge. Indispensable avant treize ans, elle est laissée au gré de l'inspecteur après cet âge. Avant treize ans, en effet, aucun enfant ne pourra être admis au travail, s'il n'est muni d'un certificat d'aptitude physique. Ce certificat, exigé seulement pour l'admission au travail et non pour l'admission dans l'établissement, devra spécifier le genre de travail que doit exécuter l'enfant : la loi ne le dit pas formellement, mais cela est évident, car l'aptitude peut varier suivant le travail ; l'enfant ne pourra donc être employé que pour le travail mentionné (1).

Le certificat doit être délivré par un médecin chargé d'un service public ; émanant de tout autre médecin, il n'aurait pas de valeur. Les médecins susceptibles de signer un certificat valable sont, d'après l'article 2, les médecins chargés de la surveillance du premier âge, les médecins inspecteurs des écoles, ou tout autre médecin chargé d'un service public, désigné par le préfet ; et, en conformité de cet article, une circulaire ministérielle recommande aux préfets de désigner un médecin spécial, dans toute localité importante, où ne résiderait pas l'un des médecins susvisés, et de faire afficher ses nom et adresse, dans les écoles et à la mairie (2).

Ce certificat doit être délivré gratuitement : la loi pouvait exiger cette condition de médecins rémunérés à d'autres titres par l'Etat.

Les parents pourront demander que l'examen de l'enfant soit contradictoire. Dans ce cas, ils choisiront leur médecin, mais ils devront le payer. En cas de désaccord, la Commission supérieure du travail estime que c'est au préfet de désigner le médecin arbitre (3).

(1) Mesnard, n° 19.— *Sic*, circulaire du ministre du Commerce aux inspecteurs divisionnaires, du 19 décembre 1892.
(2) Circulaire ministérielle du 20 décembre 1892.
(3) Circulaire ministérielle du 20 décembre 1892.

Les établissements de bienfaisance ou d'enseignement sont-ils exceptés de cette mesure ?

On l'a pensé, et pour soutenir cette opinion on a donné deux motifs : le texte du paragraphe spécial à ces établissements ne reproduit pas cette condition, qu'il exige formellement des établissements industriels ; et puis le travail exécuté est un enseignement professionnel et il est très court (trois heures).

Mais ces raisons ne sont pas sans réplique : le temps du travail, si court soit-il, peut excéder les forces d'un enfant chétif ; et d'ailleurs les dispositions de notre article s'appliquent à tous les établissements visés par la loi (1). Si des abus sont commis, comment l'inspecteur pourrait-il les faire cesser, s'il ne pouvait exiger le certificat médical et contraindre le chef de l'établissement à se conformer à cette mesure ? (2) Cependant, la Commission supérieure du travail a pensé qu'on ne devait pas exiger d'office le certificat médical des enfants de plus de douze ans, exécutant un travail manuel dans ces établissements, et elle s'est basée sur ce que ces enfants ne sont pas visés par le paragraphe 3 de l'article 2 (3). Nous croyons au contraire que, dans ce cas, le certificat d'aptitude est nécessaire, car, si les enfants de douze à treize ans peuvent bien être reçus sans ce certificat, dans les établissements de charité, ils ne peuvent être admis à y travailler s'ils n'en sont pas munis. La raison en est, nous le répétons, que la loi n'a pas fait de distinction entre les établissements qu'elle régit (4).

---

(1) « *Aucun enfant*... ne pourra être admis au travail *dans les établis-* « *sements* ci-dessus visés » (art. 2, § 3).

« Les *enfants*... *dans les établissements* énumérés dans l'art. 1ᵉʳ. » (article 2, § 1).

(2) *Sic*, Mesnard, nᵒ 22 ; Bouquet, p. 60.

(3) Avis de la Commission supérieure du travail.

(4) Voir note 1. — *Sic*, Lagrésille, nᵒˢ 28-31. — *Contrà*, Mesnard, nᵒ 22.

Si les enfants âgés de moins de treize ans *doivent* être examinés par un médecin et fournir la preuve de cet examen avant leur admission au travail, ceux qui ont plus de treize ans et qui sont déjà admis au travail *peuvent* toujours l'être, sur la réquisition de l'inspecteur.

Le législateur a pensé que, même au-delà de treize ans, certains enfants pouvaient être trop faibles pour supporter la fatigue d'un labeur quotidien, et il a donné le droit aux inspecteurs d'exiger un examen médical de ces enfants, tant qu'ils n'ont pas atteint l'âge de seize ans. Là-dessus, les inspecteurs ont la plus grande latitude : ils peuvent exiger plusieurs examens, s'ils le croient utile, et d'ailleurs eux seuls ont le droit de provoquer cette mesure, mais toutefois à la condition que le travail dont les enfants sont chargés paraisse excéder leurs forces, car il serait inadmissible que les inspecteurs pussent abuser de leur droit sans motif plausible et dans un but de tracasserie.

L'examen peut être contradictoire sur la demande des parents ; le choix des médecins, dans ce cas, appartient aux parents, nous l'avons vu en examinant le paragraphe précédent.

La sanction de ce droit, c'est que, si l'examen est défavorable, l'inspecteur pourra exiger le renvoi de l'établissement des enfants débiles ; mais il devra se conformer à l'avis du médecin, qui est seul juge en la matière. D'ailleurs, et toujours sur l'avis du médecin, bien que la loi ne le dise pas, l'inspecteur pourrait exiger seulement que l'enfant soit employé à un autre travail. (1)

En résumé, de l'article 2, il résulte que l'âge d'admission des enfants dans les ateliers industriels est désormais fixé à treize ans. Il n'y a d'exception que pour les enfants de douze ans au moins, qui ont obtenu le certificat d'études

(1) Lagrésille, n° 34.

primaires et qui sont munis d'un certificat médical d'aptitude
physique, et pour ceux qui se trouvent dans les établissements de bienfaisance. Ces derniers ne peuvent travailler
qu'à des conditions spéciales. De plus, jusqu'à seize ans,
les inspecteurs peuvent requérir un examen médical des
enfants employés et exiger leur renvoi, s'il y a lieu.

Telles sont les réformes importantes apportées par notre
article.

§ II

Durée du travail

Une question se pose maintenant : pendant combien de
temps l'enfant, admis à l'atelier, va-t-il travailler ?

Sur ce point, la législation a beaucoup varié, tendant à
réduire de plus en plus le temps du travail ; il y a, à ce
point de vue, un motif plus lointain que celui de la protection de l'enfance : on tente ainsi d'atteindre la journée des
adultes, le travail de ces deux catégories d'ouvriers étant,
dans beaucoup d'industries, inséparable.

La loi du 22 mars 1841 avait fixé le maximum de durée
du travail à huit heures, avec un repos, pour les enfants de
huit à douze ans, et à douze heures avec des repos, pour
les enfants de douze à seize ans. Au-dessus de seize ans,
pas de limitation ; mais le décret-loi du 9 septembre 1848
réduisit à douze heures la journée des adultes.

La loi de 1874, comme celle de 1841, distingue deux
périodes : avant douze ans et après. Avant douze ans,

s'applique le système du demi-temps, sur lequel nous nous sommes expliqué au paragraphe précédent. A partir de douze ans, la journée de travail de l'enfant peut égaler celle de l'adulte (douze heures, d'après le décret-loi de 1848). Toutefois, il y a à noter, entre l'homme et l'enfant, deux différences : un décret du 17 mai 1851 avait modifié le décret de 1848, prolongeant le temps du travail pour certaines industries déterminées, ce décret n'atteignait pas les jeunes ouvriers au-dessous de seize ans (1) ; en outre, la loi de 1874 prévoyait des repos venant couper les douze heures de travail, repos dont il n'était pas question dans la loi de 1848.

Une controverse s'était élevée sur les difficultés d'accorder, avec la loi de 1874, la loi du 22 février 1851, sur l'apprentissage : nous reviendrons sur cette controverse lorsque nous verrons les dispositions relatives aux apprentis (2).

La loi de 1892 (art. 3) a modifié l'état de choses créé par la loi de 1874 ; mais, avant d'arriver au système de réglementation actuelle, le projet eut à subir de nombreux changements et les discussions furent vives à la Chambre et au Sénat : c'est, en effet, à propos de cet article, que se manifestèrent les divergences les plus grandes, entre les diverses opinions (3).

La Chambre avait d'abord adopté la durée de dix heures pour les travailleurs des deux sexes, jusqu'à l'âge de dix-huit ans, fixant à onze heures la journée des femmes au-delà de cet âge. Le Sénat rétablit la journée de douze heures pour tous sans exception. La Chambre ne modifiant pas son texte, le Sénat s'y rallia ; mais finalement il proposa une transaction entre les partisans et les adversaires de la

(1) Circulaire ministérielle du 25 septembre 1854.
(2) Voir ci-après, *Appendice*.
(3) Rapport Waddington.

réglementation, transaction qui, adoptée par la Chambre, est devenue notre article 3 (1).

La loi considère, au point de vue du temps du travail, trois espèces de travailleurs : les enfants, jusqu'à seize ans, puis de seize à dix-huit ans, et enfin les filles et les femmes au-delà de cet âge.

Dans la première période, c'est-à-dire jusqu'à seize ans, les enfants ne pourront être employés à un travail effectif de plus de dix heures par jour.

Les travailleurs de la seconde catégorie (enfants de seize à dix-huit ans) ne sont astreints qu'à un travail de soixante heures par semaine: c'est là une moyenne fixe qui ne doit pas être dépassée. Mais les patrons pourront distribuer les heures de travail comme ils l'entendront, suivant les exigences du service ; toutefois, pour éviter les abus qui auraient pu se produire, le législateur a décidé que le maximum de la journée serait de onze heures. Le temps moyen, pendant lequel un jeune ouvrier de cette catégorie peut être employé, est donc de dix heures, mais il serait loisible au patron de ne le faire travailler que neuf heures un jour et onze heures le lendemain (2).

A partir de dix-huit ans, les ouvriers sont considérés comme adultes, mais entre les hommes et les femmes la loi a fait une différence : celles-ci, aux termes de l'article 3, ne peuvent être employées plus de onze heures par jour ; quant aux premiers, ils restent soumis à la loi du 9 septembre 1848 (douze heures par jour), et à la loi du 16 février 1883, qui charge les inspecteurs du travail de veiller à son application.

Trois propositions, tendant à réduire le travail des adultes et à le comprendre dans la nouvelle réglementation, l'une de

(1) Lagrésille, n° 37.
(2) Mesuard, n° 23.

M. de Mun qui proposait une durée maximum de cinquante-huit heures par semaine, l'autre de M. Piérard proposant dix heures par jour, et la troisième de M. Ferroul (huit heures par jour), ont été renvoyées à la Commission du travail, et n'ont pas encore été examinées.

D'autres articles viennent compléter les prescriptions que nous venons de voir.

Certains permettent d'abaisser, par exception, les limites fixées par notre article : ce sont, d'abord, l'article 2 § 6, qui réduit à trois heures le travail professionnel pour les enfants de moins de douze ans dans les établissements de bienfaisance, établissements auxquels l'article 3 est applicable ; puis l'article 4, qui réduit à neuf heures le temps de travail des enfants divisés en deux équipes, et à sept heures celui des enfants employés dans les industries autorisées à faire travailler la nuit ; enfin, l'article 9, relatif au travail des mines, qui limite pour les enfants la présence dans la mine à dix heures et le temps du travail à huit heures. (1)

D'autres articles, au contraire, permettent de prolonger la durée du travail : l'article 4 § 4, qui n'est applicable qu'aux femmes majeures de dix-huit ans et qui leur permet un travail de douze heures, et l'article 7, qui autorise l'inspecteur à lever temporairement les restrictions apportées par l'article 3.

Une autre mesure très importante a été consacrée par la loi de 1892 : elle a trait aux repos qui doivent couper la journée de l'ouvrier. Le temps du repos doit être d'au moins une heure, mais il peut être augmenté. Les patrons fixent comme ils l'entendent les repos qui peuvent être pris en une ou plusieurs fois : ils sont tenus d'ailleurs, (article 11), d'afficher les heures et la durée des repos.

(1) L'article 1, du décret du 3 mai 1893 est venu d'ailleurs compléter les dispositions de l'article 9. (Voir *Infrà*, § 5.)

— 61 —

Le travail est interdit pendant le temps de repos, ce qui permet aux travailleurs de prendre leurs repas sans être obligés de continuer le travail : innovation sur la loi de 1874, sous le régime de laquelle s'était souvent produit cet abus (1). Il en résulte encore qu'on ne peut pas davantage comprendre, sous le nom de repos, le temps de mise en train du travail (2).

Une autre innovation consiste en ce que la durée du repos n'est plus comptée dans le temps du travail, le travail devant être effectif. De là il ressort que, le temps du repos pouvant être passé à l'usine, la seule présence dans l'usine ne peut constituer une contravention (3).

Enfin, une dernière remarque sur cet article est suggérée par un arrêt de 1891 : il n'y a pas de compensation du temps de travail ou de repos d'un jour pour l'autre (sauf dans le cas de l'article 3 paragraphe 2, en observant toutefois que la moyenne de soixante heures est un maximum) (4).

Toutes ces dispositions constituent des progrès sur la loi de 1874, et cependant ce n'est pas sans de vives résistances, nous l'avons constaté, qu'elles ont fini par aboutir : c'est qu'elles prêtaient à des critiques, qui malheureusement sont justifiées.

Pourtant, il est incontestable que la loi de 1874 ne protégeait pas suffisamment les enfants, en tolérant qu'ils pussent être employés journellement pendant douze heures d'un travail souvent pénible.

D'ailleurs, si l'on considérait le régime établi dans les pays environnants, on pouvait remarquer que c'était en

(1) Rapport Waddington. — Empruntée à la législation anglaise.
(2) Tribunal de police de Troyes, 29 décembre 1893 (D. P. 94, 2, 185).
(3) *Sic*, Mesnard, n° 23 ; Bouquet, p. 62.
(4) Lyon, 31 mars 1891. (D. P. 92, 2, 356).

France que les enfants étaient le moins protégés (1), la plupart des nations voisines, sauf l'Italie où les enfants de neuf à douze ans peuvent travailler huit heures, n'admettant les enfants de moins de douze ans qu'au travail du demi-temps, et la Belgique seule établissant le travail de douze heures pour les enfants de douze ans. Cette constatation permettait de répondre victorieusement à ceux qui craignaient, par suite de la réduction des heures de travail, de voir s'augmenter la concurrence étrangère.

Mais des critiques plus fondées furent présentées, auxquelles il n'a pas été répondu d'une façon aussi péremptoire.

En établissant ainsi plusieurs catégories de travailleurs et en fixant, pour chacune d'elles, des durées différentes, la loi a fait naître des difficultés pratiques que le Sénat avait prévues, (2) et à raison desquelles il repoussa le projet de la Chambre de 1889, (projet à peu près analogue à notre texte), pour en revenir à la législation de 1874. En effet, « l'organisation de la presque universalité des établissements « industriels repose sur le travail commun d'équipes com-« posées tantôt d'hommes, femmes et enfants, tantôt de « femmes et d'enfants occupés à la même besogne, surveil-« lant les mêmes machines et subvenant à chaque instant « aux besoins les uns des autres. » (3) Réduire le travail

____

(1) Voir, dans le rapport de M. Tolain au Sénat, le tableau de la journée de travail dans les pays voisins.

(2) Rapport Ch. Ferry au Sénat. Ce rapport s'exprime ainsi : « Sous « l'empire de la loi de 1874, l'enfant, à partir de l'âge où il est autorisé à « entrer dans l'usine, est admis à travailler douze heures par jour, « comme les adultes dont il est presque toujours l'aide et le compagnon. « Le projet de la loi lui interdit un travail de plus de dix heures. N'est-ce « pas risquer de lui fermer l'entrée de toutes les usines où l'on travaille « plus de dix heures ? Est-il possible, dans les nombreuses industries où « le travail de l'enfant est associé au travail de l'adulte, d'avoir deux « réglementations différentes, l'une pour l'enfant, l'autre pour l'adulte ? « Évidemment non. »

(3) Rapport Waddington.

de l'enfant ou de la femme, c'était réduire le travail de l'usine ; en réalité, c'était, sans le dire, réglementer le le travail des adultes. Et c'est un peu ce qu'on s'est proposé, du moins on s'en est réjoui, car le rapporteur n'a pas caché « qu'il sera impossible d'appliquer deux réglementations « différentes » et que « fort heureusement... la durée légale « de la journée des femmes et des enfants deviendra la « règle de l'établissement. » (1)

On n'aurait qu'à se féliciter de ce résultat, si, malheureusement, il n'avait amené d'autres inconvénients dont les principaux portent sur le préjudice causé à l'industrie en réduisant la production, et par suite sur la diminution du salaire des ouvriers. Que si le patron, usant de tout son droit, conserve les hommes pendant douze heures, les enfants, entrant et sortant à des heures différentes, se trouvent livrés à eux-mêmes pendant un certain temps. Ou bien le patron aimera mieux se priver du concours des enfants que de réduire sa journée et se trouver en perte. Certainement, ce n'était point à ce résultat extrême que le législateur tendait : s'il a voulu réglementer le travail des enfants, il n'a jamais eu pour but de le rendre impossible.

Telles sont les objections qu'on faisait à la loi lors de la discussion ; elles ont encore aujourd'hui toute leur valeur. Il est certain que c'est là une des mesures de la loi qu'on aimerait à voir élargir un peu ; et cependant, il sera toujours bien difficile de concilier les intérêts de l'industrie avec ceux des enfants.

Voici de quels expédients les patrons se sont servis pour se conformer autant que possible à la loi, tout en sauvegardant leurs intérêts ; nous dirons ensuite quelques mots des réformes qu'on a proposées sur ce point.

(1) Rapport Waddington.

Dès le début de la mise à exécution de la loi, les inconvénients du manque d'unification des heures de travail se sont fait sentir. Employer les hommes pendant douze heures, tandis que les femmes ne peuvent travailler que onze heures et les enfants dix, cela ne peut se comprendre que dans les industries où le travail de chacune de ces catégories est complètement séparé ; mais c'est tout le contraire qui se produit dans l'immense majorité des cas : le travail des uns est intimement lié à celui des autres. Pour obéir à la loi, les patrons se sont vus dans l'obligation ou de réduire les heures de travail des hommes, et partant leurs salaires, la production diminuant en proportion, ou de ne pas employer d'enfants : ce fut là la cause des grèves nombreuses qui éclatèrent dès le lendemain de l'application de la loi.

Depuis, les chefs d'industrie ont adopté un *modus vivendi*, mais ils se mettent ordinairement en contravention avec la loi. Les uns ont organisé le système des équipes doubles, dont nous verrons le fonctionnement en examinant l'article suivant (1). Les autres usent du chevauchement des repos, l'usine marchant quatorze heures, mais les hommes bénéficiant de deux repos d'une heure, les femmes d'une heure et demie et les enfants de deux heures. D'autres combinent avec ce système l'organisation des relais, qui sont permis par le paragraphe 3 de l'article 11 (pourvu que la journée n'en soit pas prolongée). Ces différents modes ont le tort de ne pas faire coïncider les repos. Aussi, dans la plupart des industries (2), on a adopté le système de la journée uni-

(1) Voir ci-après, § 3, *Travail de nuit.*

(2) Il faut faire exception pour les filateurs de coton du Nord, dont les usines marchent douze heures, malgré eux et contre leurs intérêts, la surproduction étant excessive, mais personne n'osant prendre l'initiative de la journée de onze heures. (Rapport Jarackzewski, inspecteur divisionnaire à Lille, année 1898).

forme de onze heures pour tout le personnel (1). Si cet
abaissement de la journée de douze à onze heures n'a pas,
comme le constate un inspecteur (2), exercé d'influence sur
la production, il a eu pour résultat d'augmenter d'une
heure la journée de travail des enfants, mettant ainsi les
patrons formellement en contravention avec les dispositions
de l'article 3. Ce n'est que par suite de la tolérance des
inspecteurs que les chefs d'industrie ont pu arriver à l'unification des heures de travail de leur personnel, seul système
réellement pratique.

Cette situation n'est pas légale et elle a attiré l'attention
du Ministre du Commerce et de l'Industrie qui, rappelant
aux inspecteurs le texte de l'article 3, leur a fait savoir
qu'ils avaient le devoir strict de tenir la main à ce
que cette prescription reçût son exécution. En même
temps, il informait les préfets, dans une circulaire en
date du 21 octobre 1899 (3), que des groupements industriels lui ayant exposé verbalement l'impossibilité où ils se
trouvaient de modifier du jour au lendemain dans leurs ateliers
les conditions du travail qui ont été tolérées jusqu'ici, il
leur avait accordé un délai de quinze jours pour faire connaître le sursis qui leur serait nécessaire pour se mettre en
règle avec la loi ; il invitait donc les préfets à faire publier
la circulaire pour permettre aux industriels de déposer
leurs observations. A la suite de cette circulaire, il fut
convenu que la loi recevrait son application complète
le 1er janvier 1900.

Mais sur ces entrefaites, la commission du travail de la
Chambre présenta, le 20 décembre 1899, d'accord avec le

(1) Rapport de la Commission supérieure du travail, année 1898
(Bull. Off. du Travail, octobre 1899, p. 852).
(2) Rapport de M. Giroud, inspecteur divisionnaire à Nantes, ann. 1898.
(3) *Journal Officiel,* 22 octobre 1899; — *Bull. Off. Trav.,* novembre
1899, p. 1028.

Gouvernement, un projet de loi (1), qui, disjoignant du projet, déjà voté au Sénat et qui modifie sur plusieurs points la loi de 1892, tous les autres articles, pour n'en retenir que la disposition relative à la durée du travail, propose de modifier ainsi l'article 3 : la durée du travail sera de onze heures, non compris les repos, pour tous les ouvriers protégés, mais elle sera réduite à dix heures et demie au bout de trois ans et à dix heures au bout de trois nouvelles années. Après divers amendements, cette modification à l'article 3 a été admise, mais il a été convenu que la réduction à dix heures aurait lieu au bout de quatre ans. (2)

Le résultat du vote de ce projet (vote en première délibération seulement) a été de réserver l'application stricte de la loi, jusqu'à ce qu'il ait été statué par le Sénat sur la question. Cela ne saurait tarder. Ce sera une des meilleures réformes apportées à la loi de 1892, celle dont le besoin était le plus pressant. On peut regretter toutefois de voir élever la durée du travail des jeunes ouvriers, mais il ne faut pas oublier que cette mesure n'est que transitoire et que c'est d'ailleurs à de telles conditions qu'ils travaillent actuellement. Mais l'abaissement du travail à dix heures, en entraînant, par suite d'une modification analogue du décret-loi des 9-14 septembre 1848 (art. 2 du même projet), la réduction du travail des hommes, aura une répercussion très sensible sur l'industrie (diminution de la production et des salaires), et l'on peut se demander si la modification

---

(1) Deux projets portant modification à la loi de 1892 ont été déposés, l'un à la Chambre, le 23 novembre 1893, *(Journ. Off., Documents parlementaires,* Chambre, 1893, page 44) par MM. Ricard, Dron, etc, proposant, entre autres réformes, l'unification à dix heures, et l'autre au Sénat par M. Maxime Lecomte, le 14 novembre 1893 *(Journ. Off., Documents parlementaires,* Sénat, 1893, page 708), modifiant plusieurs articles et fixant la limitation du travail à onze heures. Nous reviendrons plus tard sur ces projets.

(2) *Journ. Off.* des 21, 22 et 23 décembre 1899.

votée n'a pas été trop loin. La plupart des industriels et même des ouvriers (cela résulte des rapports des inspecteurs) étaient d'accord sur l'unification à onze heures.

Le Sénat voudra-t-il s'engager dans la voie que lui a indiquée la Chambre : on peut en douter.

§ III

Travail de nuit

Une autre conséquence de l'extension de la protection accordée aux enfants, c'est l'interdiction du travail de nuit.

Comme l'avait déjà fait la loi de 1874, la loi de 1892 donne une définition de ce qu'on doit entendre par cette expression : *travail de nuit*. C'est, aux termes de l'article 4, § 2, « tout travail effectué entre neuf heures du soir et « cinq heures du matin. » Dans un certain nombre de pays voisins, cette définition est plus large : la nuit s'étend de huit heures et demie du soir à cinq heures et demie du matin en Allemagne, de huit heures à cinq heures en Autriche, de neuf heures à six heures en Angleterre, de sept heures à cinq heures en Hollande.

On le voit, la durée de la nuit, en cette matière, est envisagée d'une façon invariable quelles que soient les saisons. C'est là une différence avec les autres cas où la loi a eu à envisager la circonstance de nuit et dans lesquels elle s'est préoccupée des heures de lever et de coucher du soleil. (1) C'est que, dans la matière qui nous occupe, la

(1) V. Code pénal, art. 381, 1° ; 385, 1° ; 386, 1°. — Définition de la nuit, Cass., 12 février 1813, 4 juillet 1823, 29 mars 1860. — Chasse, loi du 23 mai 1844, art. 12, 2°. — Pêche, loi du 15 avril 1829, art. 70.

loi n'a à considérer que le temps de repos des travailleurs et qu'au contraire, en matière pénale, elle doit tenir compte du danger causé par l'obscurité.

Les lois antérieures avaient déjà prohibé, dans certaines conditions, le travail de nuit. La loi du 22 mars 1841 ne l'interdisait complètement que jusqu'à treize ans et, de treize ans à seize ans, ne le permettait qu'en cas de chômage, de réparations urgentes et dans les usines à feu continu.

La loi de 1874 le prohibait totalement pour les enfants jusqu'à seize ans, et, en ce qui concerne les filles mineures, jusqu'à leur majorité, mais seulement pour celles employées dans les usines et manufactures (art. 4). Et c'était une question difficile que de déterminer nettement ce qu'il fallait entendre par ces mots et de distinguer à quelles femmes le travail de nuit était interdit, à quelles femmes il était permis ; on laissait ce soin à l'appréciation de l'inspecteur.

Le législateur de 1874 fut obligé, en raison des nécessités industrielles, d'apporter à ce principe deux exceptions : l'une prévoyait le cas de chômage résultant d'accidents ou d'une force majeure et la nécessité de réparer le temps perdu ; la seconde visait les usines à feu continu, qui ont été déterminées par le décret du 22 mai 1875, rendu en exécution de la loi, et restreintes au nombre de quatre.

A ces prescriptions, la loi de 1892 a apporté d'importantes innovations. La principale, celle qui a donné lieu aux discussions les plus passionnées, et, lors de l'enquête qui a précédé le vote, aux réclamations les plus vives de la part de certaines catégories d'industriels (1), c'est celle qui a trait à l'interdiction du travail de nuit relativement aux femmes majeures.

La proposition d'étendre cette interdiction aux femmes de tout âge, dans tous les établissements industriels, avait

______

(1) Filateurs de la région des Vosges. — V. Rapport Waddington à la Chambre, et Rapport Tolain au Sénat.

été faite à l'Assemblée nationale en 1874 et votée en première lecture ; mais elle avait été retranchée du texte définitif, malgré les efforts de MM. Wolowski et Tolain. Lors de la discussion de la loi de 1892, M. Tolain, rapporteur, la soutint au Sénat ; elle fut combattue par M. Ch. Ferry au nom des filateurs de l'Est, et repoussée une première fois. Ce n'est qu'à la suite d'une nouvelle enquête, et en présence de la décision de la Conférence internationale de Berlin de 1890, qui se déclara favorable à l'interdiction par huit voix contre cinq, que le Sénat, revenant sur son premier vote, se mit d'accord avec la Chambre sur le principe de l'interdiction absolue du travail de nuit pour tous les travailleurs protégés.

Trois autres innovations, dérivant naturellement des articles précédents, viennent s'ajouter à celle-ci : elles ont trait au recul de la limite d'âge pour les enfants (de seize à dix-huit ans), à l'extension de la prohibition à tous les établissements visés, enfin à l'exclusion pour les filles et les femmes *mineures* du travail de nuit dans les usines à feu continu.

Avant de passer à l'étude détaillée de ces modifications, disons un mot des raisons qui les ont fait adopter. Ce sont, d'ailleurs, à peu près les mêmes que celles qui ont fait reculer l'âge de l'admission des enfants au travail et restreindre la durée du labeur. Mais elles s'imposent ici plus puissamment encore, s'il est possible. En effet, s'il est mauvais d'astreindre *trop tôt* les enfants à un travail pénible d'une durée *trop prolongée*, combien n'est-il pas plus détestable de les priver d'un repos, nécessaire aux hommes faits, à eux indispensable ? On a pu dire, sans exagérer, que la privation du repos quotidien était, pour les enfants, le plus dur des supplices (1). Et il ne faut pas oublier dans quelles condi-

(1) Jay, *op. cit.*, p. 44.

tions a lieu ce travail : la nuit, dans des usines surchauffées, au milieu des émanations provenant des machines qui ont marché toute la journée, ou dans des ateliers étroits et mal aérés. Et souvent, ce travail est d'autant plus pénible qu'il vient s'ajouter à celui de la journée (1).

Mais outre ces réclamations, présentées au point de vue de l'hygiène, il en est d'autres plus fortes, élevées au nom de la morale. Que peut-il advenir de ces enfants qui passent, dans la promiscuité de l'usine, dans un mélange de tous les sexes et de tous les âges, un temps souvent long, au milieu de l'obscurité ?

Il est inutile d'insister, et l'on comprend que le législateur ait repoussé, en fin de compte, les arguments invoqués par les adversaires de toute réglementation, au nom de la liberté individuelle et de l'autorité du chef de famille.

Pour les femmes, la discussion fut plus vive, et cependant les motifs allégués en faveur de l'interdiction n'étaient ni moins justifiés, ni moins puissants. Nous n'avons pas à les examiner ici. On a donc eu raison de dire « que la bataille « qui s'est livrée sur cet article est une véritable bataille « morale » (2). Nous avons vu que la victoire est restée à la commission du projet.

Donc, en principe, le travail de nuit, c'est-à-dire le travail effectif accompli entre neuf heures du soir et cinq heures du matin, est interdit d'une façon absolue aux jeunes garçons jusqu'à dix-huit ans accomplis et aux filles et femmes de tout âge, et cela dans tous les établissements qui sont soumis à l'application de la loi et qui ont été énumérés dans l'article 1er. Il n'y a donc plus lieu de faire, comme sous la loi de 1874, de distinction entre les usines et les ateliers : c'est précisément les ateliers, où avaient souvent

(2) Rapport Tolain.
(1) Jules Simon, Préface à Lagrésille, p. 6.

lieu des veillées prolongées (1), que la loi a entendu viser en étendant sa prohibition ; mais, comme les termes du paragraphe 1 de l'article 4 sont généraux, il en résulte que l'interdiction s'applique également aux autres établissements (publics ou privés, de charité ou non, aussi bien que les dépendances).

Tel est le principe. — Toutefois, comme il eut été trop préjudiciable à certaines industries de remplacer ainsi, brusquement, un régime de liberté excessive par un système d'interdiction absolue, le législateur a pensé qu'à ce principe rigide il pouvait, dans certaines circonstances nettement déterminées, être apporté des dérogations. « Ne faut-il pas
« tenir compte, a dit le rapporteur à la Chambre, de la
« situation exceptionnelle des industries que nous visons et
« qui sont concentrées dans les villes et notamment à
« Paris? Supprimer d'une façon absolue les veillées, ce
« serait porter atteinte à la prospérité de plusieurs branches
« de cette industrie de Paris, qui fournit un si fort élément
« à notre commerce d'exportation, ou, ce qui nous paraît
« plus probable, aboutir à un échec complet de la loi ; car
« nous ne saurions trop le répéter : en pareille matière, la
« loi, pour être exécutée, doit être acceptée par l'opinion
« publique ; les décisions du législateur resteront à l'état
« de lettres mortes, si leur application n'est pas facilitée
« par les bonnes dispositions de la grande majorité des
« intéressés. » (2)

Voilà les causes de ces exceptions, peut-être trop nombreuses, au gré des partisans de la réglementation, qui viennent restreindre, dans une mesure appréciable, la portée des prohibitions de la loi.

On peut envisager ces exceptions sous deux points de

(1) Rapport Tolain.
(2) Rapport Waddington.

vue : selon qu'on les considère par rapport à la durée du travail pendant la nuit, ou suivant qu'on a égard au temps pendant lequel elles sont tolérées. Sous le premier rapport, elles se divisent en deux classes : les unes ont trait à certaines heures de la nuit, les autres à la nuit entière. D'après le second point de vue, elles sont temporaires ou permanentes.

Les exceptions de la première classe (exceptions relatives à certaines heures de la nuit) se ramènent à trois catégories.

La première catégorie comprend les dérogations temporaires connues sous le nom de veillées, qui permettent de prolonger la journée de travail jusqu'à onze heures du soir. Elles sont indiquées par le paragraphe 4 de l'article 4, qui ne les accorde qu'à certaines conditions : d'abord, elles ne s'appliquent qu'aux filles et aux femmes âgées de plus de dix-huit ans ; en aucun cas, par suite de cette augmentation du temps de travail effectif, la journée ne peut se trouver prolongée au-delà de douze heures ; enfin, cette faculté n'est accordée qu'à certaines époques de l'année et pendant une durée totale qui ne doit pas dépasser soixante jours.

A quelles époques et à quelles industries cette tolérance est-elle accordée ? Ces industries étaient énumérées dans le décret du 15 juillet 1893 (art. 1ᵉʳ), rendu en application de la loi, qui fixait également, pour chaque industrie, les époques pendant lesquelles cette faculté pouvait être exercée. Un nouveau décret, du 29 juillet 1895 (1), a limité l'énumération trop étendue du premier décret et supprimé la fixation des périodes, souvent faite arbitrairement (2).

Les exceptions de la deuxième et de la troisième catégorie sont permanentes. La seconde exception prévue par l'article

(1) *Bull. de l'Off. du Travail*, 1895, p. 490.
(2) Bry, *Cours élémentaire de législation industrielle*, p. 334.

4, § 2, suppose l'organisation, dans l'usine, de deux équipes travaillant alternativement, et, dans ce cas, autorise une dérogation permanente d'une heure le matin et d'une heure le soir : le travail peut avoir lieu de quatre heures du matin à dix heures du soir. Mais, pour cela, deux autres conditions sont imposées : chaque poste ne peut travailler plus de neuf heures par jour et le travail de chacun d'eux doit être coupé par un repos d'une heure au moins.

Deux difficultés se sont élevées sur ce texte. En premier lieu, faut-il considérer que la durée de neuf heures, imposée à chaque équipe, s'applique à tous les ouvriers indistinctement, hommes, femmes ou enfants, ou bien à ces deux derniers seulement ? Le texte dit, il est vrai, d'une façon générale : « deux postes d'ouvriers. » Mais il ne faut pas oublier que la loi est spéciale aux enfants et aux femmes, il faut donc sous-entendre « ouvriers protégés par la « présente loi. » Cela ne peut faire de doute, surtout en présence des travaux préparatoires, pendant lesquels il a été formellement entendu que toute réglementation du travail des adultes était réservée. (1)

Il est moins facile de résoudre la seconde controverse, sur laquelle les auteurs n'ont pu se mettre d'accord. Après avoir dit que le travail de chaque poste ne doit pas durer plus de neuf heures, notre article ajoute que le travail de chaque équipe sera coupé par un repos d'une heure au moins, mais il ne dit pas si le temps du repos doit être compté dans les neuf heures ou s'il doit l'être en plus. Des auteurs ont admis la première solution, ce qui réduirait pour chaque poste la journée à huit heures de travail effectif. (2)

(1) « Nous vous proposons d'ajourner... l'examen de la limitation de « la journée et de la réglementation du travail des hommes. » (Rapport Waddington.)

(2) Pic, p. 279. — *Sic*, Bry, p. 837.

D'autres, au contraire (1), prétendent que les ouvriers peuvent se livrer pendant neuf heures à un travail effectif ; le temps du repos reste donc en dehors de ce compte. Pour appuyer leur opinion, ils se fondent sur ce que, d'après l'article 3, par suite de l'emploi des mots « travail effectif », les heures de repos qu'il a établies ne sont pas comprises dans la durée du travail : il doit y avoir analogie entre les deux situations, et cela d'autant plus certainement que ces deux articles se suivent immédiatement et qu'il y a un lien entre les deux.

Pour entrer dans cette vue, on a dû concevoir un système d'entrecroisement des équipes : chacune travaille neuf heures, mais coupe son travail par un repos de quatre heures pendant le travail de l'autre. On va ainsi plus loin que les prévisions de la loi, en ce qui concerne le repos, mais les dispositions, quant au temps du travail et à l'entrée et à la sortie, sont respectées. Ce système a toutefois donné lieu à de nombreuses critiques : on oblige ainsi l'ouvrier, soumis à ce régime, à passer treize heures (neuf heures pour le travail et quatre heures pour le repos) hors de chez lui, si son domicile est trop éloigné de l'usine, sans compter le temps passé à parcourir deux fois la distance qui le sépare de son travail. (2) Cependant, on peut soutenir ce système. Il est certainement moins intolérable que celui qui, faisant travailler l'une des équipes, de quatre heures à huit heures du matin, et de cinq heures à dix heures du soir, oblige l'autre équipe à un travail de neuf heures consécutives, de huit heures du matin à cinq heures du soir ; outre que ce mode de travail est excessivement pénible, il est en contradiction formelle avec la loi.

Cette situation a attiré l'attention des auteurs des projets

(1) Mesnard, n° 24.
(2) *Réforme économique*, décembre 1893.

de modification à la loi de 1892, qui tous ont visé ce paragraphe. La proposition de M. Maxime Lecomte prohibe les relais et n'autorise les équipes doubles qu'à la condition de comprendre l'heure du repos dans les neuf heures de travail (ce qui réduit à huit heures le travail effectif). La proposition récemment votée à la Chambre interdit totalement toute organisation par relais ou équipes.

La troisième catégorie concerne le travail des mines. Exceptionnellement, dans les mines désignées par des réglements d'administration publique, et en raison de leurs conditions naturelles, le travail des enfants peut être autorisé de quatre heures du matin à minuit, mais à la condition expresse que le travail effectif ne dépasse pas huit heures, et que leur présence dans la mine ne se prolonge pas au-delà de dix heures par vingt-quatre heures. Nous reviendrons sur ce point avec plus de détails (1).

Une deuxième classe d'exceptions autorise le travail, non plus pendant certaines heures, mais pendant la nuit tout entière. Cette classe, comme la première, comprend des exceptions permanentes et des exceptions temporaires.

Deux catégories d'exceptions permanentes se rencontrent dans cette deuxième classe. La première est visée par l'article 4, § 5, qui dispose que certaines industries pourront se voir accorder, par un règement d'administration publique, l'autorisation de déroger pour toutes les nuits de l'année aux dispositions des § 1 et 2, relatifs aux ouvriers protégés et aux heures de travail.

Une seule condition est imposée : la durée du travail, dans ce cas, ne peut, en aucune façon, dépasser sept heures par vingt-quatre heures. Le temps du travail peut, en raison de son peu de durée, n'être pas coupé par des repos, comme cela est exigé par le § 3. Il n'y a pas de compensa-

---

(1) V. *Infrà*, § 5. *Travaux souterrains.*

tion d'un jour sur l'autre, et l'ouvrier qui a travaillé six heures, pendant vingt-quatre heures, ne pourra être obligé à un travail de huit heures, pendant la période de vingt-quatre heures suivante. Cela est conforme à ce qui a été dit sous l'article 3.

Quelles industries sont admises à profiter de cette exception ? Ces industries ont été désignées par le décret du 13 juillet 1893, qui a déterminé également quelles personnes devaient en bénéficier : ce sont les femmes et filles majeures employées au brochage des imprimés, au pliage des journaux, et à l'allumage des lampes de mines (1).

La seconde catégorie d'exceptions permanentes de la deuxième classe a trait aux usines à feu continu. Elle est déterminée par l'article 6.

Avant de voir quelles sont les dispositions relatives aux usines à feu continu, il est nécessaire de savoir ce qu'il faut entendre par ces mots, la loi de 1892, pas plus d'ailleurs que la loi de 1874, n'en ayant donné de définition. C'est à un règlement d'administration publique que ce soin a été laissé ; mais ce règlement (décret du 15 juillet 1893) s'est contenté d'énumérer les usines dites à feu continu, sans les définir. On est donc obligé de recourir, pour connaître la valeur exacte de cette expression, à la décision de la sous-commission du Comité consultatif des arts et manufactures, chargée d'étudier cette question après le vote de la loi de 1874, décision qui a été sanctionnée par le décret du 22 mai 1875, rendu en exécution de cette loi, et qui a encore toute sa valeur aujourd'hui, les principes en cette matière n'ayant pas varié.

La sous-commission avait pensé qu'il fallait entendre, par *usines à feu continu*, seulement les usines « qui exigent né-

____

(1) Décret du 15 juillet 1893, article 2 et tableau B (V. *Lois nouvelles*, 93, 3, 225.)

« cessairement l'emploi d'une source calorifique continue et
« dans lesquelles le feu, élément direct de fabrication, est
« un agent indispensable de la transformation que l'on fait
« subir à la matière ; les usines où, en même temps, ce
« feu doit être entretenu constamment pour des raisons
« tirées soit des dimensions du foyer, soit de la température
« qu'il s'agit de maintenir, soit des propriétés mêmes du
« produit fabriqué. » (1)

Comme conclusion, la sous-commission, persuadée en
outre que le travail de nuit était une des choses les plus
nuisibles à la santé des enfants, ne considérait, comme
industries à feu continu, que les papeteries, les sucreries,
les verreries et les usines métallurgiques. Le décret du
22 mai 1875, (complété par celui du 5 mars 1877) entrait
pleinement dans cette voie et n'accordait l'autorisation prévue par l'article 6 de la loi du 19 mai 1874 qu'à ces quatre
industries.

Mais cette définition et cette énumération n'ont pas été
acceptées unanimement. Des auteurs ont élevé, sur ce
point, une controverse et soutenu que « le décret a outre-
« passé la mission confiée par l'Assemblée nationale à l'ad-
« ministration ; qu'il est inadmissible qu'un simple décret
« puisse détruire et abroger l'œuvre du législateur. » Pour
eux, les tribunaux, contrairement aux prescriptions du
décret, avaient toujours, d'après l'article 6, « le droit de
« déclarer en fait si une usine est à feu continu » et n'étaient
nullement liés par la nomenclature du décret (2).

C'est l'opinion contraire qui l'a emporté et qui a été
sanctionnée par la jurisprudence (3). Il eût été en effet

(1) Cité par Jay, p. 44. — *Sic*, Louis Bouquet, p. 19.
(2) Nusse et Périn, p. 81.
(3) Tribunal de Nancy, 21 avril 1879, (*Gazette des tribunaux*, 25 avril
1879).

dangereux de laisser au patron le soin de déterminer le caractère de son usine, n'ayant pour tout contrôle que l'appréciation d'un tribunal, souvent ignorant des choses industrielles. C'eût été, en outre, rendre nulle la tâche des inspecteurs, qui n'auraient pas eu de règles pour se guider, tel tribunal pouvant décider que l'usine est à feu continu, alors que tel autre tribunal jugeait le contraire.

D'ailleurs, juridiquement, l'opinion de MM. Nusse et Périn n'est pas davantage soutenable, et lorsque la loi laisse à un règlement le soin de déterminer les travaux tolérés, elle indique nettement qu'en dehors des points précisés le travail sera prohibé (1).

C'est encore cette opinion qui doit prévaloir aujourd'hui : elle a conservé toute sa valeur sous l'empire de notre loi, le décret du 15 juillet 1893 ayant, comme celui du 22 mai 1875, énuméré restrictivement les usines à feu continu.

Quelles modifications la loi de 1892 a-t-elle apportées à la loi de 1874 ? Ces modifications portent sur quatre points.

D'abord la tolérance du travail de nuit ne s'applique plus qu'aux enfants du sexe masculin : elle s'étendait aux enfants de l'un et l'autre sexe avant la loi de 1892. En second lieu, la tolérance s'applique aux femmes majeures dont la loi de 1874 ne parlait pas ; ensuite, la prohibition vise les filles et les femmes au-dessous de vingt-un ans, qui pouvaient auparavant être employées ainsi que les enfants. Enfin la loi ancienne fixait comme condition de l'emploi des enfants un minimum de douze ans : ce n'est plus nécessaire aujourd'hui, puisque le minimum est treize ans, en principe (douze ans lorsque l'enfant est muni du certificat d'études), même pour le travail de jour.

Sous la réserve de ces différences, l'article 6 de la loi de 1892 est calqué sur l'article 6 de la loi de 1874. Comme

(1) Jay, p. 48-49.

lui, il ne pose que le principe de la dérogation à l'interdiction du travail, s'en remettant, comme lui, à l'administration pour en régler l'application.

Donc, en principe, l'article 6 autorise deux sortes d'exceptions : l'une est relative au repos hebdomadaire, nous
l'étudierons plus loin (1) ; l'autre, qui a trait à notre matière,
n'est limitée qu'en ce qui concerne le personnel jouissant
de la tolérance : nous venons de voir que la dérogation
n'est permise qu'en faveur des enfants du sexe masculin et
des femmes majeures.

Pendant combien de temps le travail est-il permis, et
quel travail est permis, voilà ce que le législateur a laissé
à l'administration le soin de déterminer ; toutefois il a pris
garde de dire que seuls étaient tolérés les travaux indispensables, laissant au règlement à indiquer en quoi devront
consister ces travaux. Le décret du 15 juillet 1893 (article 4)
restreint la tolérance à sept industries : distilleries de
betteraves, fabriques d'objets en fer et fonte émaillés,
usines pour l'extraction des huiles, et en outre les quatre
industries prévues par les décrets des 22 mai 1875 et
5 mars 1877. Il indique également quels sont les travaux
permis dans ces industries et à quelle classe de travailleurs
(enfants ou femmes) ces travaux sont permis : c'est ainsi
que seuls les enfants doivent être employés dans les usines
métallurgiques, verreries, usines d'huiles et fabriques de
fer et fonte émaillés (2).

Le laps de temps pendant lequel les travailleurs peuvent
être employés est également fixé par le décret : dix heures
par vingt-quatre heures ; en outre, un temps de repos d'un
total d'au moins deux heures doit couper le travail, lorsqu'ils
sont employés toute la nuit.

(1) V. ci-après, § 4, *Repos hebdomadaire*.
(2) Décret du 15 juillet 1893, (art. 4, tableau D.)

Les exceptions temporaires de la deuxième classe sont également au nombre de trois.

Le paragraphe 6 de l'article 4 en détermine la première catégorie. Il laisse le soin à un réglement d'administration publique d'indiquer à quelles conditions, pour quelles industries et pendant combien de temps pourront être autorisées des dérogations au principe général d'interdiction. Notre paragraphe 6 se borne à dire que les dérogations ne devront être que temporaires, et il ajoute qu'elles pourront porter sur les paragraphes 1 et 2 de l'article 4, en cela semblables à l'exception prévue par le paragraphe 5 précité. Cependant, le réglement du 15 juillet 1893, qui a déterminé les conditions d'application des exceptions prévues par les paragraphes 5 et 6, a autorisé la dérogation du paragraphe 6 pour un plus grand nombre d'industries et pour tous les travailleurs protégés, femmes, filles et enfants, tandis qu'il restreignait, comme on vient de le voir, l'exception du paragraphe 5, aux femmes et aux filles majeures et à trois industries seulement. La loi n'avait rien dit touchant la limitation de la journée de travail dans ce cas : le réglement la fixe à dix heures par vingt-quatre heures. Il fixe également la durée d'autorisation de l'exception, sans toutefois indiquer telle époque plutôt que telle autre. C'est au patron à répartir comme il l'entendra, le temps qu'on lui accorde (1). Ce réglement, qui faisait bénéficier de l'exception du paragraphe 6 un grand nombre d'industries, a été modifié dans un sens restrictif par le décret du 29 juillet 1895 (2).

Enfin, nous arrivons à la dernière exception temporaire de notre deuxième classe, qui est également la dernière des dérogations apportées au principe général d'interdiction

---

(1) Décret du 15 juillet 1893, (article 3 et tableau C.)

(2) Modification de l'article 3 et du tableau C du décret du 15 juillet 1893. *(Bull. Off. du travail 1895, p. 490)*.

posé par l'article 4. Cette exception est contenue dans le paragraphe 7 et dernier dudit article 4. C'est en partie la reproduction du paragraphe 4 de l'article 4 de la loi de 1874. Elle vise le cas de chômage résultant d'une interruption accidentelle ou de force majeure. Cette exception a ceci de particulier sur les précédentes, qu'elle s'applique à toutes les industries sans distinction.

Plusieurs conditions sont exigées pour que la tolérance soit accordée. D'abord, il faut nécessairement qu'il y ait chômage, mais il faut en outre que ce chômage soit causé par une force majeure, à l'exclusion de la volonté du patron : les accidents seuls sont cités par la loi comme interruptions de force majeure, mais cette indication n'a rien de limitatif et il faut y ajouter les épidémies, inondations, incendies, etc., et même les grèves qui ne sont pas dues à la volonté du patron (1).

Faut-il que le chômage s'étende à toute l'usine pour que l'interdiction du travail de nuit soit suspendue ? Cela ne semble pas nécessaire (2). D'ailleurs, il était déjà admis, sous l'empire de la loi de 1874, que le chômage partiel suffisait pour autoriser cette dérogation dans la partie de l'usine où l'accident s'est produit et où la nécessité d'un travail supplémentaire se fait sentir (3).

C'est l'inspecteur départemental qui, dans le cas de chômage, a le droit de lever l'interdiction ; mais sa décision doit être approuvée dans les quarante-huit heures par l'inspecteur divisionnaire (4).

La dérogation ne peut avoir lieu que pour un délai déterminé : c'est l'inspecteur divisionnaire qui fixe ce délai,

---

(1) *Sic*, Mesnard, n° 25.
(2) *Sic,* Mesnard, n° 25 ; Lagrésille, n° 65.
(3) Cf. Dalloz, *Rép. V° Industrie*, n° 450.
(4) Circulaire ministérielle du 19 décembre 1892. — Cf. Mesnard, n° 25.

6

qui ne peut dépasser un mois. Toutefois, le mois écoulé, une prolongation peut être accordée, mais alors l'inspecteur divisionnaire doit en référer au ministre qui statue (1).

§ IV

Repos hebdomadaire

L'article 5 de la loi de 1874 interdisait aux patrons d'employer les enfants âgés de moins de seize ans et les filles mineures de vingt-un ans à aucun travail, même pour le rangement d'atelier, les dimanches et fêtes reconnues par la loi.

Cette disposition, « qui avait été reproduite de la loi du « 22 mars 1841, » (2) constituait cependant un progrès en ce qu'elle prohibait le simple rangement d'atelier que tolérait cette dernière loi. On avait craint, en effet, que sous prétexte de rangement les enfants ne fussent retenus trop longtemps à l'usine et que le prétendu repos ne devint ainsi illusoire.

La loi de 1892, tout en continuant de prohiber le rangement d'atelier les jours de repos, réalise un nouveau progrès en étendant ses dispositions aux enfants jusqu'à dix-huit ans et aux femmes, même majeures.

Toutefois, alors que les lois antérieures avaient invariablement fixé au dimanche le jour du repos, la loi nouvelle a laissé aux intéressés toute liberté pour fixer ce jour, se

(1) Circulaire ministérielle du 19 décembre 1892.
(2) Rapport de M. Tallon sur la loi de 1874.

contentant de déclarer que les ouvriers qu'elle protège ne peuvent être employés plus de six jours par semaine. Deux motifs ont été donnés pour justifier cette innovation par le rapporteur à la Chambre : on a eu pour but « de respecter « la liberté de conscience de chacun » et de ne pas mettre la loi nouvelle « en contradiction avec la loi du 12 juillet « 1880 qui abroge celle du 18 novembre 1814, sur l'obser- « vation des dimanches et fêtes religieuses. » (1)

Le premier des motifs invoqués est des plus légitimes et de beaucoup plus sérieux que le second que nous allons examiner d'abord.

La loi du 18 novembre 1814 avait prescrit l'interruption du travail les dimanches et les jours de fête légalement reconnues, sous peine de contravention ; en conséquence, défense était faite « aux artisans et ouvriers de travailler « extérieurement et d'ouvrir leurs ateliers » (2) ; néan- moins, une exception était faite en faveur « des usines « dont le service ne pourrait être interrompu sans « dommage. » (3) La loi du 12 juillet 1880, en abrogeant la loi de 1814, rendit aux ouvriers la faculté de travailler et aux patrons celle de les employer, si bon leur semblait, les dimanches et jours de fête. Cependant la loi de 1880 faisait plusieurs exceptions : elle déclarait ne pas porter atteinte à l'article 57 de la loi organique du 18 germinal an X (4), ne rien innover aux dispositions des lois civiles, criminelles ou de procédure, et enfin laisser subsister les prescriptions de la loi de 1874, relatives au repos des diman- ches et jours fériés des enfants et des filles employés dans l'industrie.

---

(1) Rapport Waddington.
(2) Loi du 18 novembre 1814 (article 2, 3°).
(3) Loi du 18 novembre 1814 (article 7, 5°).
(4) Ainsi conçu : « Le repos des fonctionnaires publics sera fixé au « dimanche. »

On eût donc pu facilement, et sans qu'il y ait autrement désaccord, déclarer que l'exception qui avait été faite pour la loi de 1874 continuerait de s'appliquer à la loi de 1892. Mais le législateur ne l'a pas entendu ainsi : on a donc désormais toute liberté sur ce point.

Il y a à cela un avantage. Depuis la loi de 1880, le patron était libre de faire travailler les ouvriers adultes le dimanche, alors qu'il était obligé de laisser chômer, ce jour-là, les enfants et les filles : or, aujourd'hui, il peut employer, pendant ce jour, les uns et les autres pourvu qu'il accorde à ces derniers un jour de repos sur sept.

Mais le prétendu accord entre les lois de 1880 et de 1892 n'existe pas, et la contradiction qu'on a voulu éviter est plus manifeste qu'auparavant. En effet, le législateur de 1892, en même temps qu'il laisse l'ouvrier protégé libre de travailler le dimanche, lui interdit le travail les jours de fêtes reconnues, ne faisant d'ailleurs, sur ce point, que reproduire les lois précédentes sur la matière. Il eût fallu, pour être logique, ne pas prohiber le travail pendant les jours de fêtes, car on arrivera à cette conclusion, par exemple, si le jour de repos choisi est un autre que le dimanche, que l'enfant sera obligé de travailler le jour de Pâques, alors qu'il sera forcé de chômer le lundi (1). C'eût été, d'ailleurs, plus conforme au principe de liberté qui a inspiré cette mesure. Quoi qu'il en soit, le choix du jour de repos est libre, alors que le repos est obligatoire les jours de fête.

Il n'est donc pas besoin, pour accorder la loi de 1880 avec celles qu'elle laisse subsister, de distinguer, comme a fait le Ministre du Commerce lors de la discussion, entre les jours de fête reconnus par la loi et les dimanches, qui ne sont pas des jours de fête reconnus par la loi, mais des

____

(1) Lagrésille, n° 69.

jours fériés au point de vue du Code de procédure civile. Il n'est pas davantage nécessaire de faire, ainsi que certain auteur (1), cette autre distinction, que la loi de l'an X ne vise que la célébration des fêtes, tandis que les lois de 1880 et de 1892 visent l'obligation du repos. La situation respective de ces lois est très simple : la loi de l'an X rend le repos obligatoire le dimanche, pour les fonctionnaires ; la loi de 1880 laisse les ouvriers libres de travailler le dimanche et les jours de fête ; la loi de 1892 permet aussi aux enfants et aux femmes de travailler le dimanche, mais elle leur impose le repos les jours de fête.

Voyons maintenant la seconde considération qui a déterminé le législateur. On a voulu, dit le rapporteur, respecter la liberté de conscience de chacun ; c'est là un puissant motif : rien n'est en effet si respectable. Lors de la discussion de la loi de 1874, M. Bamberger avait demandé que, pour les enfants israélites, le jour du repos fût fixé au samedi (2). On avait rejeté cet amendement pour laisser à la loi un caractère de généralité et ne pas ouvrir la porte aux exceptions qui en auraient rendu l'exécution impossible. Il en avait été de même en 1841 (3).

Un des principaux reproches qu'on a adressés à notre article a été que, par suite de la liberté de fixation du jour de repos, il peut arriver que, dans la famille ouvrière, chacun des membres chôme un jour différent ; les réunions de famille ne pourront plus avoir lieu (4). En fait, cela est peu à craindre, car c'est généralement, à moins de motifs spéciaux, le dimanche qui est choisi, ainsi que le constate

(1) Lagrésille, n° 68.
(2) Une telle exception existe dans la loi anglaise (V. Ch. III, *Législations étrangères.*)
(3) Jay, p. 56-57.
(4) Duval-Arnould, p. 162.

d'ailleurs un des adversaires de cette innovation (1). C'est
là un correctif à la trop grande liberté qui aurait pu résulter
de la mesure nouvelle : l'habitude de chômer le dimanche,
qui existe presque partout en France, fait qu'il y a peu de
chose de changé sur ce point. Le régime de liberté présente
au contraire des avantages. Tout d'abord, au point de
vue de la liberté de conscience, les sectateurs d'une religion,
les Juifs par exemple, pourront choisir le samedi, qui est
considéré comme férié par la loi mosaïque. Enfin, dans
certains métiers, comme la pâtisserie, dans les usines à feu
continu, comme les verreries, le repos du dimanche était
presque impossible à assurer, la fabrication ne pouvant être
arrêtée dans ces dernières et le travail étant plus actif le
dimanche dans la pâtisserie (2). En employant une double
équipe dans les verreries et en reportant le repos un autre
jour que le dimanche chez les pâtissiers, les enfants employés dans ces industries peuvent donc maintenant bénéficier entièrement d'un jour de repos, dont ils ne jouissaient
pas sous l'ancienne loi, les inspecteurs n'ayant pu la faire
appliquer sérieusement sur ce point (3), — et de plus les
intérêts industriels ne seront plus lésés.

Ainsi, en résumé, « les jours de fête nominativement désignés par la loi sont des jours de repos obligatoires ; quant
au jour de repos hebdomadaire, qui devra être accordé à
tous les ouvriers visés par la loi, le choix de ce jour est
facultatif » (4).

---

(1) Jules Simon, préface de Lagrésille, page 7.

(2) Rapport sur l'application de la loi de 1874 pendant l'année 1891,
présenté par les membres de la Commission supérieure du travail.

(3) Il faut toutefois se rappeler que les professions de l'alimentation ne
sont pas, d'après notre opinion, soumises à la loi. Ce que nous venons de
dire touchant l'obligation du repos hebdomadaire, ne peut s'appliquer
que si l'on considère comme réglementés les pâtissiers, bouchers, etc.
(Voir ci-dessus, section Iʳᵉ).

(4) Déclaration du Ministre du Commerce.

Dans la plupart des législations étrangères, au contraire, (Allemagne, Angleterre, Autriche, Hollande, Suisse), le repos hebdomadaire est fixé au dimanche.

Ainsi que nous l'avons vu au début de ce paragraphe, les prescriptions qu'édicte l'article 5 s'appliquent à tous les travailleurs protégés par la loi : enfants jusqu'à dix-huit ans, et femmes de tout âge. Elles s'appliquent également à tous les établissements visés.

L'obligation au repos consiste, non dans l'interdiction de la présence des travailleurs dans les établissements, mais dans l'interdiction du travail, même (nous l'avons vu aussi) lorsque ce travail est restreint à un simple rangement d'atelier.

Nous allons maintenant examiner les dispositions qui se rapportent au jour de repos dont le choix est facultatif, nous verrons ensuite celles relatives aux jours de fêtes reconnues, et enfin les dérogations autorisées à ces prescriptions.

Comment est fixé le jour du repos et qui peut fixer ce jour ? C'est une question qui a fort embarrassé certains commentateurs et qui a servi d'argument contre la loi. On a prétendu que c'est le patron, par conséquent, le plus fort, qui imposera arbitrairement son choix à l'ouvrier (1). La solution de cette question apparaît pourtant simple, et, si c'est en effet le patron qui, en fait, proposera le jour de repos, l'ouvrier sera toujours libre de l'accepter ou de le refuser : le règlement de fixation ne sera valable que lorsqu'il aura été accepté par les deux intéressés. Le choix résulte donc de l'accord du patron et de l'ouvrier (2).

De même il ne pourra être apporté de modifications, dans la suite, que du consentement des deux parties et, si l'une

(1) Duval-Arnould, p. 162.
(2) *Sic*, Mesnard, n° 27.

d'elles refuse de consentir, l'autre se trouve liée jusqu'à la fin de l'engagement.

Une fois le jour de repos choisi et accepté d'un commun accord, la convention est créée et chacun doit s'y conformer : le patron ne peut plus obliger l'ouvrier à travailler ce jour-là, et l'ouvrier ne peut exiger de repos un autre jour. Il peut y avoir lieu, par suite de ces exigences, à la rupture du contrat et à l'allocation de dommages-intérêts (article 1780 du Code civil, modifié par la loi du 27 décembre 1890) (1).

Pour éviter les contestations qui pourraient naître au sujet du chômage, le paragraphe 2 de notre article 5 prescrit d'indiquer le jour librement adopté, au moyen d'une affiche apposée dans l'atelier. Cette mesure a encore et surtout pour but de faciliter aux inspecteurs la tâche de contrôler si l'obligation du repos est effectivement observée.

Le jour du repos peut n'être pas le même pour tous les ouvriers: ce qui permet au patron, par suite de roulement, de ne pas interrompre le travail de l'usine. Dans ce cas, l'affiche doit mentionner les jours choisis et dire quels ouvriers devront chômer tel ou tel jour ; en un mot, il ne doit pas y avoir d'ambiguïté qui puisse rendre impossible le contrôle et faciliter la violation de la loi.

En plus d'un jour de repos par semaine, l'article 5 prescrit le chômage les jours de fêtes reconnues par la loi.

Ces fêtes sont d'abord celles qui ont été fixées par l'arrêté du 29 germinal an X, conformément à l'article 41 de la loi du 18 germinal de la même année, savoir : Noël, l'Ascension, l'Assomption et la Toussaint.

A cette liste, qui ne comprenait que des fêtes religieuses, ont été ajoutées, par des lois postérieures, des fêtes d'un caractère purement civil, ce sont : le premier jour de l'an (avis du Conseil d'Etat du 13 mars 1810), la fête nationale

______

(1) *Sic*, Lagrésille, n° 77.

du 14 juillet (loi du 6 juillet 1883), le lundi de Pâques et le lundi de la Pentecôte (loi du 8 mars 1886).

Le chômage des jours de fêtes est indépendant du repos hebdomadaire et peut faire avec celui-ci double emploi.

Mais qu'arrive-t-il, si la fête tombe le jour choisi comme repos hebdomadaire ? Dans ce cas, on suit l'usage général : les deux jours de repos se confondent et l'on ne chôme qu'une fois dans la semaine. L'article 5 ne déroge pas à cet usage qui a été consacré dernièrement par le Parlement. (1)

Il peut arriver aussi que, du commun accord des patrons et des ouvriers, le jour de repos hebdomadaire soit supprimé, les semaines où tombe un jour de fête légale ; rien n'empêche cette convention : on respecte ainsi la loi en chômant le jour de la fête et une fois dans la semaine (2).

Les prescriptions de l'article 5 peuvent se trouver sans effet par suite de dérogations ; ces dérogations sont prévues par les articles 6 et 7.

L'article 6, qui est relatif aux usines à feu continu, autorise le travail seulement les jours de fêtes légales, mais il ne déroge pas à la règle du repos hebdomadaire. C'est une tolérance de plus à ajouter à celles qui ont été énumérées dans le paragraphe précédent, à propos du travail de nuit, en faveur des usines à feu continu. Toutes les autres prescriptions relatives aux travailleurs employés, aux travaux tolérés, à la désignation des usines et à la durée du travail journalier, continuent de recevoir leur exécution. Ainsi, notamment, la limite de dix heures de travail par vingt-quatre heures s'applique aux jours de fête comme aux autres.

(1) Un député, M. Georges Berry, avait proposé à la Chambre (décembre 1898), lorsqu'une fête légale tomberait un dimanche (jour de repos pour les fonctionnaires), de déclarer férié le lendemain ; cette proposition a été repoussée à une forte majorité.

(1) *Sic,* Lagrésille, n° 84.

Il faut remarquer que le jour de repos hebdomadaire, qui est accordé aux travailleurs des usines à feu continu, est un jour complet de vingt-quatre heures. Si la loi a stipulé que les femmes majeures et les garçons peuvent être employés la nuit « tous les jours de la semaine », elle a entendu par ces mots que ces ouvriers pouvaient être employés tous les jours de la semaine indistinctement, qu'ils soient fériés ou non, à la condition que, sur sept jours, un jour entier soit consacré au repos.

A noter encore que cette exception est permanente.

L'article 7 prévoit une classe d'exceptions temporaires à l'obligation du repos hebdomadaire. Il n'en pose d'ailleurs que le principe, s'en référant pour l'application, comme l'avaient déjà fait les articles 4 et 6, à un réglement d'administration publique.

Cette exception s'applique à tous les travailleurs protégés, mais elle ne peut être accordée qu'à certaines industries qui devaient être désignées par le règlement. Le décret du 15 juillet 1893 a, dans son article 5, énuméré ces industries dont le nombre, assez étendu, a d'ailleurs été augmenté par le décret du 29 juillet 1895, et qui bénéficient déjà, pour la plupart, des dérogations prévues, par l'article 4, à l'interdiction du travail de nuit.

Par qui l'autorisation de déroger à l'obligation du repos hebdomadaire peut-elle être accordée ? L'article 7 précise que c'est par l'inspecteur divisionnaire. La circulaire ministérielle du 12 août 1893 indique dans quelles conditions doit être donnée cette autorisation.

L'énumération, dans le décret précité du 15 juillet 1893, des industries appelées à bénéficier de la dispense de l'article 7 ne leur donne pas de plein droit le bénéfice de cette dispense ; elle signifie simplement que, seules, ces industries peuvent jouir de l'autorisation prévue (1), mais, pour cela,

(1) Dalloz, *Supp.* V° *Travail*, n° 1041.

encore faut-il que la demande en ait été faite par le patron, avec justification du motif. Le motif doit résulter d'une nécessité absolue : danger de perte de produits, surproduction, etc.

L'inspecteur fixe la durée de la dispense ; il doit en indiquer le point de départ et la fin, et désigner les catégories d'ouvriers auxquelles elle s'applique. Le délai doit être le plus court possible, au plus un mois, sauf prolongation par le ministre, qui doit être tenu au courant des dispenses accordées, ainsi, d'ailleurs, que l'inspecteur départemental.

Une copie de l'autorisation doit être affichée dans les ateliers (1).

En quoi consistent les dispenses de l'article 7 ? Il est dit textuellement que « l'obligation du repos hebdomadaire et « les restrictions relatives à la durée du travail peuvent « être levées » par l'inspecteur.

Sur la première partie de la phrase, pas de doute. Mais que faut-il entendre par les « restrictions relatives à la durée du travail ? » Et la suspension du repos hebdomadaire emporte-t-elle suspension du chômage des fêtes ? Sur ces derniers points, il y a controverse.

On a prétendu que le législateur, en parlant exclusivement du repos hebdomadaire, avait entendu soustraire aux obligations de l'article 7 l'obligation du repos des fêtes légales ; qu'il lui eût été facile, en effet, de les désigner d'une façon spéciale, et que s'il avait omis d'en parler, c'était volontairement ; que, d'ailleurs, peu nombreuses, elles ne pouvaient être une gêne pour les patrons.

La majorité des auteurs a adopté la solution contraire. Outre ce motif que l'urgence des travaux peut être suffisante pour faire lever l'obligation du chômage des fêtes, ils font

____

(1) Décret du 15 juillet 1893 (article 6), et circulaire du 12 août 1893, (cités dans Mesnard, n° 30).

rentrer la dérogation au repos des fêtes légales dans l'exception relative aux restrictions de la durée du travail. En effet, il faut entendre par cette expression, non seulement les restrictions spéciales prévues par l'article 3, mais encore celles des articles 4 et 5, placés, ainsi que notre article 7, dans la section 2. Les mots « restrictions relatives à la durée du travail » comprennent donc, soit celles relatives au travail journalier, soit celles qui ont trait au travail hebdomadaire, c'est-à-dire à l'obligation du repos hebdomadaire aussi bien qu'à l'obligation du chômage des fêtes (1).

L'exception de l'article 7, nous l'avons vu, ne peut être que temporaire.

§ V

Travaux souterrains

Les travaux souterrains, en raison même de leur nature, présentent des inconvénients et des dangers particuliers. On conçoit que le législateur ait tenu, pour des motifs d'hygiène, de sécurité et de moralité, à les réglementer d'une manière spéciale.

Néanmoins, la loi de 1841 ne contenait, à leur égard, aucune prescription. Les règles qui les concernaient à cette époque étaient uniquement contenues dans la loi du 21 avril 1810 sur les mines, qui donnait à l'administration et aux ingénieurs un droit de surveillance, et dans le décret

(1) *Sic*, Mesnard, n° 30 ; Lagrésille, n° 98.

du 3 janvier 1803, qui exigeait des enfants l'âge minimum de dix ans (1).

La loi de 1874, réalisant un progrès sur la législation précédente, avait interdit le travail souterrain des mines, minières et carrières aux filles et même, ce qui est remarquable, aux femmes de tout âge ; elle avait reculé l'admission des jeunes garçons jusqu'à douze ans (article 7). De douze ans jusqu'à seize ans, le travail des enfants mâles n'avait lieu qu'à certaines conditions énumérées dans le décret du 12 mai 1875 : la durée du travail était d'au plus huit heures par vingt-quatre heures et coupées par une heure de repos ; le travail des mineurs proprement dit leur était interdit ; ils ne pouvaient être occupés qu'à des travaux accessoires, triage, manœuvre de wagonnets, etc., en rapport avec leurs forces (2).

La loi de 1892, dans son article 9, a reproduit le principe de l'article 7 de la loi de 1874, mais en réalisant un nouveau progrès : l'âge d'admission des enfants du sexe masculin est, conformément aux autres dispositions de la loi, reporté à treize ans, et l'âge auquel leur travail cessera d'être protégé et sera assimilé à celui des adultes est reculé de seize à dix-huit ans.

Des règles à peu près analogues se rencontrent en Allemagne, en Angleterre, en Autriche ; en Belgique les femmes peuvent être admises dans les travaux souterrains après leur majorité ; en Italie les enfants peuvent y être admis dès dix ans.

L'article 9 déclare réglementer « les travaux souterrains « des mines, minières et carrières. » Que faut-il entendre par ces mots ? — Sont compris, sous la dénomination de travaux souterrains, ceux qui sont exécutés à l'intérieur du sol et

____

(1) Titre V de la loi de 1810, et art. 29 du décret de 1813.
(2) Décret précité du 12 mai 1875, art. 1 et 2 (D. P. 75, 4, 105).

sous sa surface, de telle sorte que les ouvriers soient complètement cachés à la lumière du jour. Ne sont donc pas souterrains les travaux faits dans les tranchées à ciel ouvert, dans les sous-sols des édifices ou sous l'eau.

Mais, bien que la section 3, qui contient l'article 9, porte comme titre général « travaux souterrains », ce ne sont pas tous les travaux souterrains qui sont réglementés par cet article, mais exclusivement ceux accomplis dans les mines, minières et carrières.

On a cependant soutenu le contraire (1), argumentant de ce que la rubrique de la section était générale et ne distinguait pas, et de ce qu'il y avait la même nécessité à réglementer tous les travaux souterrains, qu'ils fussent accomplis dans les mines ou ailleurs.

Il est facile de répondre à ces arguments. Si la rubrique de la section est générale, en revanche, l'article 9, qui, à lui seul, compose cette section, précise nettement quels sont les travaux souterrains qu'il entend réglementer. En effet, après avoir, dans son paragraphe 1er, interdit aux femmes « les travaux souterrains des mines, minières et carrières », il pose le principe de la réglementation du travail des garçons dans son paragraphe 2, qui se termine par ces mots : « dans les travaux souterrains ci-dessus visés ». Si le législateur avait voulu réglementer tous les travaux souterrains, il n'eût pas employé une expression si précisément limitative. Quant à étendre cette disposition par analogie, il n'y faut pas songer, la loi de 1892 ayant un caractère pénal et par suite n'étant pas susceptible d'extension. On a dit qu'il y avait la même utilité à protéger tous les travailleurs souterrains : cela peut être vrai, mais il faut remarquer que les jeunes ouvriers employés dans les mines sont de beaucoup les plus nombreux (2).

(1) Tallon, *op. cit.*
(2) *Sic*, Mesnard, n° 38.

L'article 9 ne s'applique donc qu'aux travaux à la fois souterrains et exécutés dans les mines, minières et carrières. En conséquence, les autres travaux souterrains (percements de tunnels, de puits, etc.) sont en dehors de ses prévisions. Mais sont également non visés les travaux qui, bien qu'exécutés dans les mines, minières et carrières, ne sont pas souterrains (carrières à ciel ouvert, etc.).

Que faut-il entendre par *mines, minières, carrières* ? La loi de 1892 a reproduit les expressions mêmes de la loi du 21 avril 1810 et la distinction qu'elle a faite reproduit également la classification en trois catégories de la loi antérieure.

C'est donc dans la loi de 1810 qu'il faut rechercher la définition de ces exploitations souterraines. Ce sont les endroits d'où l'on retire « les masses de substances miné- « rales ou fossiles renfermées dans le sein de la terre ou « existant à sa surface. » (1) La distinction résulte de la nature des matières extraites : c'est par l'extraction des matières métalliques, ou des sulfates à base métallique ou encore du soufre ou du charbon de terre que les mines sont caractérisées ; les minières comprennent les minerais de fer d'alluvion, les terres pyriteuses, alumineuses, et les tourbes ; enfin, les carrières renferment les ardoises, pierres ou cailloux de toute nature et les substances terreuses, qu'elles soient à ciel ouvert ou souterraines. (2)

Le genre de travail étant délimité, voyons maintenant quels ouvriers sont admis à l'exécuter.

D'abord, le travail souterrain dans les mines, minières et carrières est interdit aux femmes et aux filles (art. 9, § 1). L'interdiction est absolue : toutefois, il n'y aurait pas lieu à contravention si les femmes pénétraient dans la mine pour tout autre motif que pour y travailler ; mais les patrons

(1) Loi du 21 avril 1810, art. 1.
(2) Loi du 21 avril 1810, (art. 2, 3 et 4.)

feront bien d'éviter que leur présence n'y soit constatée, car cela pourrait éveiller les soupçons des ingénieurs chargés de la surveillance. Le travail souterrain seul est défendu : les femmes peuvent donc être employées dans les carrières à ciel ouvert ou à des travaux qui, dans les industries minières, ont lieu à la surface du sol.

Cette disposition est reproduite de la loi de 1874.

Le travail souterrain n'est donc permis qu'aux seuls enfants du sexe masculin, « de treize à dix-huit ans », dit le paragraphe 2 de l'article 9, c'est-à-dire aux jeunes garçons, durant le temps qu'ils sont soumis à la protection de la loi, conformément au principe posé dans les articles 2 et 3.

Mais l'article 2, § 2, permet aux enfants de douze ans, munis du certificat d'études, de devancer l'âge habituel d'admission au travail.

Cet article, qui a une portée générale, s'applique-t-il ici, bien que l'article 9 ne parle que des enfants de treize à dix-huit ans ? Il y a controverse. On peut soutenir que l'article 9, en ne se préoccupant pas de cette catégorie de jeunes travailleurs, a entendu faire exception à la règle et les exclure du travail souterrain des mines.

C'est l'opinion contraire qui a été adoptée par les auteurs qui se sont préoccupés de cette question, opinion conforme à l'avis de la Commission supérieure du travail. La circulaire ministérielle du 4 mai 1893 (1) dit, en effet, que la Commission supérieure « estime que les règles fixées par « l'article 2 relativement à l'âge auquel les enfants peuvent « être admis dans un atelier sont générales, et qu'elles « s'appliquent à tous les établissements visés à l'article 1er, « c'est-à-dire aux mines, minières et carrières, comme aux « autres établissements industriels. »

____

(1) Circ. du ministre du Commerce aux ingénieurs des mines (dans Mesnard, annexes, page XLVI).

Cette opinion est également conforme à l'interprétation qu'avait donnée la Cour de cassation, sous l'empire de la loi de 1874, dans une circonstance analogue. L'article 7 de cette loi, relatif au travail souterrain, était muet sur le travail de nuit, visé dans l'article 4 : fallait-il, malgré ce silence, interdire le travail de nuit aux enfants employés dans les mines, par application de l'article 4 ? La Cour de cassation décida que la portée de l'article 4 était générale et que par suite il s'appliquait à tous les établissements visés par la loi. (1) C'est la même solution qui doit être donnée dans le cas qui nous occupe. L'omission par l'article 9 de la désignation des enfants de douze à treize ans munis du certificat d'études ne restreint pas la portée de l'article 2, § 2, qui est formel ; l'article 9 indique seulement dans quelles conditions doit avoir lieu le travail des enfants, sans modifier d'une façon expresse l'âge d'admission, ce qui n'est pas son but, et s'il parle de l'âge de treize ans, c'est que c'est la limite habituelle, mais il n'exclut pas la disposition exceptionnelle de l'article 2. (2)

Nous avons dit que l'article 9, § 2, indiquait les conditions dans lesquelles doit avoir lieu le travail souterrain des jeunes garçons : il est plus exact de dire qu'il indique que ce travail aura lieu *dans des conditions spéciales*, car il ne les a pas précisées, laissant ce soin à un règlement d'administration publique.

Le décret du 3 mai 1893 (3) a déterminé ces conditions.

Il a divisé les jeunes ouvriers mineurs en deux catégories, les considérant jusqu'à seize ans comme des enfants et leur interdisant, comme l'avait fait le décret du 12 mai 1875, les travaux du mineur proprement dit ; au contraire, il permet, à partir de seize ans, au moins pendant la moitié de leur

(1) Cass. crim., 2 février 1882 (D. P. 82, 1, 142).
(2) *Sic*, Mesnard, n° 40 ; Bouquet, p. 110.
(2) *Lois nouvelles*, 93, 3, 120.

7

journée de travail, de les y occuper à titres d'aides ou d'apprentis.

La raison de cette distinction, c'est qu'il était de toute nécessité, sous peine de compromettre l'industrie minière, de permettre aux jeunes ouvriers de commencer leur apprentissage assez tôt pour pouvoir connaître leur métier avant leur départ pour le service militaire. « Comme tous les métiers, « — dit M. Aguillon, le rapporteur du Conseil général des « mines, — celui de mineur exige un apprentissage ; cet « apprentissage est même, sous un certain rapport, d'autant plus important que dans la mine l'inexpérience « d'un ouvrier n'influe pas seulement sur son gain et sur « le prix de revient, elle peut être fatale à la sécurité de « tous. Or, les ingénieurs s'accordent généralement à « admettre la nécessité de trois ans au moins d'apprentissage pour bien connaître les détails de la profession, « et notamment ceux de mineurs de houillères. Si le houilleur ne peut commencer son véritable apprentissage « qu'après dix-huit ans, il n'aura pas le temps de le « terminer avant son enrôlement dans l'armée ; à son « retour, il sera trop tard pour le reprendre utilement, « si tant est qu'il revienne à la mine. »

Voilà les motifs qui ont inspiré le décret du 3 mai 1893 ; l'élévation à dix-huit ans de la limite de la protection des jeunes travailleurs avait presque doublé le nombre des protégés, et l'on avait craint qu'elle n'ait un effet funeste sur le recrutement des mineurs et le développement des mines.

Donc, au double point de vue de la durée et de la nature du travail, le décret distingue, suivant que les protégés ont plus ou moins de seize ans.

Jusqu'à seize ans, la durée du travail effectif des enfants dans les galeries souterraines ne peut excéder huit heures par vingt-quatre heures.

Pour les jeunes ouvriers de plus de seize ans et de moins

de dix-huit, la limitation est fixée à dix heures de travail effectif par jour et à cinquante-quatre heures par semaine.

Le travail, pour les uns comme pour les autres, doit être coupé par des repos, dont la durée totale est d'une heure au moins. Mais il est formellement stipulé que les repos, pas plus que le temps de la descente et de la remonte et que celui employé à aller au chantier ou à en revenir, ne sont compris dans la durée du travail. (1)

Le paragraphe 1er de l'article 1er du décret, qui a trait aux enfants de moins de seize ans, est la reproduction du décret du 12 mai 1875, qui contenait à leur égard les mêmes dispositions.

On remarque que la durée du travail pour les ouvriers mineurs est plus limitée encore que celle qui a été fixée par l'article 3 pour les autres ouvriers protégés, puisque ceux-ci peuvent travailler dix heures par jour jusqu'à seize ans et au-delà soixante heures par semaine. Il y a à cela plusieurs raisons : c'est qu'on doit tenir compte du temps nécessaire pour aller au travail et en revenir, des courses souvent longues dans les galeries, du temps de repos passé dans la mine, (car pour une heure on ne laissera pas les ouvriers remonter sur le sol). Ainsi, bien que le travail effectif du jeune ouvrier ne dure que huit ou dix heures, suivant l'âge, la durée de sa présence dans la mine pourra atteindre dix ou douze heures. Aussi, le législateur a-t-il eu raison de fixer d'une manière précise le temps du travail réel.

Quant à la nature du travail, la même distinction existe. (2)

Pour les enfants au-dessous de seize ans, les travaux proprement dits du mineur sont interdits. Ils ne peuvent être employés qu'au triage et au chargement du minerai, à la manœuvre et au roulage des wagonnets, à la garde et à

(1) Décret du 3 mai 1893, (art. 1er,) et circulaire ministérielle du 4 mai 1893.

(2) Décret du 3 mai 1893, (art. 2.)

la manœuvre des portes d'aérage, à la manœuvre des ventilateurs à bras, et encore, pour ce dernier genre de travail, ne doivent-ils y être occupés qu'au plus pendant une demi-journée coupée d'une demi-heure de repos au moins ; bref, il ne leur est permis de se livrer qu'à des travaux accessoires.

Toutes ces dispositions sont encore empruntées au décret du 12 mai 1875.

Les ouvriers de seize à dix-huit ans, pourront, au contraire, se livrer aux travaux proprement dits du mineur, tels que l'abatage, le forage, le boisage, mais seulement à titre d'aides ou d'apprentis. Il est indispensable de les occuper à ces travaux pour qu'ils puissent faire l'apprentissage de leur métier, mais il a paru nécessaire aux auteurs du décret de limiter le temps qu'ils devront y passer, en raison des fatigues et des dangers qu'ils comportent, aussi est-il ajouté qu'ils ne pourront être occupés à ces travaux que pour une durée qui n'excédera pas cinq heures par jour.

Dans son paragraphe 3, l'article 9 prévoit une catégorie nouvelle d'exceptions au principe de l'interdiction du travail de nuit, (c'est-à-dire du travail qui a lieu entre neuf heures du soir et quatre heures du matin,) posé par l'article 4. Nous l'avons déjà vue sous la rubrique *Travail de nuit*, (1) et nous l'avons comprise dans l'énumération que nous avons donnée des exceptions à l'interdiction du travail de nuit. Nous allons maintenant l'examiner en détail.

On doit remarquer d'abord que la loi de 1874 avait totalement interdit le travail de nuit aux enfants, alors que la loi de 1892 le permet sous certaines conditions ; mais elle ne fait en cela que consacrer une situation qui s'était créée au lendemain de l'application de la loi de 1874. En effet, sur

____

(1) V. *suprà*, p. 67.

le rapport du Comité consultatif des mines, l'administration avait dû accorder une tolérance pour l'entrée des enfants dans la mine à quatre heures du matin avec les ouvriers, afin d'éviter les inconvénients qu'il y aurait eu à laisser descendre les enfants, au moment où l'extraction est commencée, et elle avait été obligée également de les laisser travailler jusqu'à minuit dans les mines qui occupent deux postes d'ouvriers, l'un entrant dans la mine à quatre heures du matin pour remonter à deux heures du soir, et l'autre descendant à deux heures pour ne remonter qu'à minuit.

Ces tolérances étaient illégales, mais nécessaires : c'est pour éviter qu'elles ne se reproduisent sous la loi nouvelle que M. Pernolet a proposé comme amendement le paragraphe 3 de notre article.

Après avoir exposé très exactement la situation des enfants par rapport aux ouvriers, M. Pernolet ajoutait : « Vous
« avez, Messieurs, dans votre loi, une section spéciale, la
« section 3, qui porte le titre travaux souterrains et qui
« évidemment a été introduite pour y inscrire les tolérances
« reconnues nécessaires à l'application aux mines de la
« réglementation du travail des enfants, dont les principes
« généraux ont été fixés par les sections précédentes. —
« Votre loi pose un idéal ; mais pour ne pas rester lettre
« morte, il faut que cet idéal soit compatible avec l'intérêt
« des ouvriers et avec l'intérêt du travail national dont vous
« voulez défendre l'avenir en protégeant l'enfance. — Eh
« bien, pour rendre cet idéal accessible, il ne faut pas que
« vous prescriviez des mesures qui soient nécessairement
« inapplicables... » (1) C'est pour ces motifs que la Chambre et le Sénat ont adopté l'amendement de M. Pernolet. (2)

---

(1) Discours Pernolet, (*Journ. Off.*, Chambre, séance du 18 juin 1888.)
(2) Le paragraphe 3 de l'article 9 formait la deuxième partie de l'amendement qui fut adopté.

Donc, en vertu de notre paragraphe 3, le travail est permis aux enfants à partir de quatre heures du matin jusqu'à minuit ; mais il a été bien entendu qu'aucune tolérance ne pourrait autoriser le travail entre minuit et quatre heures du matin. Un amendement, en ce sens, de M. Plichon a été repoussé. (1) Deux conditions sont nécessaires : les enfants ne devront, en aucun cas, être assujettis à plus de huit heures de travail effectif par vingt-quatre heures et à plus de dix heures de présence dans la mine ; en outre, le travail de nuit ne pourra avoir lieu que dans une des mines spécialement désignée par un réglement d'administration publique comme exigeant, en raison de conditions naturelles, la nécessité de cette dérogation au principe de l'article 4.

Cette désignation a été donnée dans le décret du 3 mai 1893 (article 3) par le Conseil supérieur des mines, chargé de sa préparation, qui, après s'être demandé s'il ne fallait pas énumérer ces exploitations géographiquement, s'est décidé à indiquer quelles conditions naturelles elles devaient remplir : ce dernier mode de désignation est, en effet, de beaucoup préférable à une désignation géographique qui peut varier sans cesse. (2)

Les mines visées par l'article 9 sont donc « les exploita-
« tions des couches minces de houille dans lesquelles le
« travail est mené à double poste, et lorsque le travail de
« l'un des postes consiste à exécuter aux chantiers d'abatage
« l'enlèvement des roches encaissantes et le remblaiement
« qui n'ont pu s'effectuer pendant le poste d'extraction ».

Pour user de la tolérance accordée par l'article 9, le chef de l'exploitation en devra donner avis préalablement à l'ingénieur en chef des mines ; il n'a pas d'autorisation à demander, elle existe de plein droit. Toutefois, en cas d'opposition de

(1) Séance du 5 février 1891.
(2) Bouquet, p. 121.

l'ingénieur, l'exploitant devra recourir au ministre du Commerce et de l'Industrie pour obtenir l'autorisation. (1)

L'ingénieur ne devra refuser l'autorisation, ou plus exactement s'opposer à ce que l'exploitant n'use de la tolérance, que si la mine ne lui paraît pas remplir les conditions indiquées au décret. (2)

Indépendamment de cette exception, spéciale aux travaux souterrains, les exploitations minières peuvent bénéficier de l'exception visée par le paragraphe 2 de l'article 4, et employer les enfants à partir de quatre heures du matin jusqu'à dix heures du soir, sans autorisation spéciale, lorsque la durée du travail ne dépasse pas neuf heures et qu'il est réparti entre deux postes d'ouvriers.

Nous venons de voir que les autorisations et les dispenses, concernant le travail des enfants employés dans les exploitations souterraines, doivent être demandées aux ingénieurs des mines. C'est, en effet, à ces ingénieurs que sont confiés le contrôle et la surveillance pour tout ce qui a trait aux industries minières ; ils sont également chargés de l'exécution de la loi du 2 novembre 1892.

On comprend pourquoi le législateur a fait exception au principe général qui attribue cette fonction aux inspecteurs du travail : il eût été dangereux de créer une nouvelle classe de surveillants à côté de celle qui préexistait, étant donné que les ingénieurs ont déjà une mission de contrôle. Les ingénieurs sont, en outre, plus à même, de par leurs connaissances techniques, de comprendre les besoins des ouvriers mineurs et d'y remédier.

On a donc, en centralisant dans la main des ingénieurs toute la réglementation relative aux mines, évité entre les deux ordres de fonctionnaires toute une série de conflits qui

(1) Décret du 3 mai 1893, (art. 3, § 2.)
(2) Circ. du 4 mai 1893.

eussent été, au plus haut point, préjudiciables au sort des ouvriers. C'est, en effet, afin d'éviter toute cause de conflit entre le service des mines et les inspecteurs du travail, dit la circulaire du 4 mai 1893, qu'il a été nécessaire de préciser les attributions des ingénieurs des mines. Nous verrons sur quoi elles portent et comment fonctionne ce service, en étudiant les articles 17 et suivants, sous le paragraphe Ier de notre section IV.

SECTION III

Surveillance et Sécurité

Nous abordons avec cette section l'étude des moyens
édictés par la loi pour assurer d'une façon plus complète
la protection des enfants et faciliter, par suite de l'application d'un certain nombre de mesures, la surveillance des
inspecteurs. Nous verrons également sous cette rubrique les
règles destinées à protéger tout spécialement la santé, la vie
et la moralité des jeunes ouvriers.

§ 1er

Livrets, registres, affichage

Les obligations imposées aux patrons dans le but d'assurer l'exécution des prescriptions relatives au travail des
enfants, contenues dans la section 4 de la loi, sous le titre
de « surveillance des enfants », sont au nombre de trois.

Elles ont trait aux livrets de travail imposés aux jeunes
ouvriers, aux registres et à l'affichage de la loi et des réglements, des heures de travail et de repos, et du jour de

repos hebdomadaire, en un mot, des renseignements destinés à éclairer les protégés sur leurs droits et les inspecteurs sur la façon dont la loi est appliquée. Des mesures semblables avaient déjà été prescrites par la loi de 1874.

La première des mesures de surveillance consiste dans l'obligation du livret. Elle est renfermée dans les paragraphes 1 et 2 de l'article 10, qui est la reproduction de l'article 10 de la loi du 19 mai 1874, reproduisant lui-même l'article 6 de la loi de 1841.

La loi de 1874 stipulait que les maires étaient tenus de délivrer aux père, mère ou tuteur des jeunes ouvriers un livret sur lequel devaient être portés les noms et prénoms des enfants, la date et le lieu de leur naissance et leur domicile. Ces prescriptions ont été textuellement reproduites par notre loi qui, toutefois, y a ajouté les modifications suivantes : elle a stipulé que le livret doit être délivré gratuitement et qu'il peut l'être au patron aussi bien qu'aux père, mère ou tuteur (ou à leur défaut) ; elle a reculé l'âge jusqu'auquel les patrons qui emploient des enfants sont astreints à cette formalité, le fixant à dix-huit ans, limite de la protection des jeunes ouvriers, alors que cette limite n'était que de seize ans sous l'ancienne loi.

La loi de 1874 chargeait encore le patron de surveiller l'instruction primaire de l'enfant. Avec la suppression du demi-temps, cette obligation devait disparaître : notre loi l'a donc laissée de côté ; mais elle en a introduit une autre, celle de mentionner que les enfants de moins de treize ans sont munis du certificat d'études primaires.

Pour qui le livret est-il obligatoire ? L'article 10, § 1, répond : pour « les *enfants* des deux sexes, *âgés de moins de dix-huit ans* » ; les filles mineures et les femmes ne sont donc pas soumises à cette obligation. (1)

____

(1) *Sic*, Bouquet, p. 124.

La question avait fait doute sous la loi de 1874, qui avait également employé le mot « enfants », mais sans aucune explication et, contrairement à l'opinion du Ministre du Commerce (1), la Commission supérieure avait décidé (2), entraînant après elle la jurisprudence jusqu'alors hésitante, qu'il fallait appliquer aux filles, comme aux enfants, les mesures concernant les livrets. Consacrant cette façon de voir, la loi du 2 juillet 1890, qui portait abrogation de la loi du 22 juin 1854 sur les livrets d'ouvriers et de quelques autres dispositions y relatives, avait néanmoins maintenu, avec un certain nombre d'entre elles, l'article 10 de la loi de 1874 relatif au livret, en précisant qu'il serait applicable non seulement aux enfants, mais aux filles mineures. La loi de 1892 a reproduit cette exception, mais, nous venons de le voir, exclusivement pour les enfants de moins de dix-huit ans. Cependant, quelques auteurs se sont demandé si, en combinant les lois de 1890 et de 1892, il ne fallait pas considérer les filles mineures de plus de dix-huit ans comme toujours soumises à la nécessité du livret, — la loi de 1892 ayant bien abrogé la loi de 1874, mais non la disposition de celle du 2 juillet 1890 qui y a trait et qui, d'ailleurs, n'est pas inconciliable avec l'article 10 actuel. Mais cette opinion est peu soutenable, le législateur ayant bien spécifié qu'il s'agissait ici d'enfants au-dessous de dix-huit ans ; de plus, s'il n'en était pas ainsi et s'il y avait doute, les chefs d'ateliers se trouveraient exposés sans le savoir à être en contravention : il est inadmissible que le législateur ait pu les mettre dans cette situation. (3)

Une conséquence plus certaine de la loi du 2 juillet 1890

(1) Lettre du 22 juillet 1881.
(2) Rapport au Président de la République du 14 août 1884, (cité dans le *Bulletin de la Société de protection des apprentis*, année 1884, page 417.)
(3) *Sic*, Mesnard, n° 42.

a été de faire rentrer dans le droit commun, en supprimant avec la loi du 22 juin 1854 les délits spéciaux qu'elle avait créés pour ces cas (1), les faits de falsification de livrets, de fabrication de faux livrets et d'usage de livrets faux ou falsifiés ou appartenant à autrui : ils tombent aujourd'hui sous le coup des articles 145 et suivants du Code pénal. (2)

Le livret est obligatoire pour tous les enfants âgés de moins de dix-huit ans, sans distinction, par conséquent aussi bien pour ceux qui se trouvent dans les établissements de bienfaisance laïques ou religieux, dans les ouvroirs, orphelinats et autres établissements d'enseignement professionnel, que pour ceux qui sont employés dans l'industrie. Mais le dernier paragraphe de l'article 11 exige des patrons ou directeurs des établissements de bienfaisance ou d'enseignement un état nominatif trimestriel des enfants ; la plupart des auteurs en ont conclu que cet état tenait lieu de livret (3). Nous pensons au contraire, avec M. Bouquet (4), que dans certains cas, notamment pour connaître l'âge des enfants, l'inspecteur pourra, à titre de contrôle, réclamer le livret, seul document officiel, émanant du maire et comme tel donnant des renseignements précis, en décidant toutefois que l'exigence du livret n'est pas obligatoire pour l'entrée des enfants dans ces établissements, entrée qui doit, au contraire, être facilitée.

---

(1) Loi du 22 juin 1854. — Art. 12. « Tout individu coupable d'avoir fabriqué un faux livret, ou falsifié un livret originairement véritable, ou fait sciemment usage d'un livret faux ou falsifié, est puni des peines portées en l'article 153 du Code pénal. »

Art. 13. « Tout ouvrier coupable de s'être fait délivrer soit sous un faux nom, soit au moyen de fausses déclarations ou de faux certificats, ou d'avoir fait usage d'un livret qui ne lui appartient pas, est puni d'un emprisonnement de 3 mois à un an. »

(2) Lagrésille, n° 133.

(3) Mesnard, n° 42, p. 53. — Lagrésille, n° 121.— Dalloz, *Supp.* V° *Travail,* n° 1071.

(4) *Op. cit.,* p. 125.

La loi de 1892 est une loi de police de sûreté, donc applicable aux étrangers qui doivent, comme les nationaux, être munis du livret (1).

Ce sont les maires, dit l'article 10, qui sont tenus de délivrer les livrets. Mais si le lieu du domicile de l'enfant n'est pas le même que celui de sa naissance, quel sera le maire compétent pour donner le livret? C'était une question controversée sous le régime de la loi de 1874. Un commentateur avait prétendu que le maire de la commune où est né l'enfant était seul, « par les registres de l'état civil,... en « situation de fournir les indications voulues. » (2) Il résulte au contraire d'une circulaire du Ministre de l'Agriculture et du Commerce, du 14 octobre 1875, adressée aux préfets, que, dans le cas « où l'enfant travaille dans une commune « autre que celle où il est né, » c'est au maire du domicile que l'on doit demander le livret. Cette décision avait prévalu aux yeux de la plupart des interprètes de la loi. (3)

C'est la personne qui réclame le livret qui doit donner au maire les renseignements nécessaires, notamment ceux relatifs à la naissance de l'enfant. Pour éviter les frais de délivrance d'un extrait de naissance, il suffira, d'après la circulaire citée plus haut, d'indiquer au maire du domicile, chargé de donner le livret, le lieu où est né l'enfant, et c'est le maire de cette commune qui devra délivrer un bulletin de naissance sur papier libre, conformément à l'article 16, n° 1, de la loi du 13 brumaire an VII. La loi de 1892 n'ayant rien changé sur ce point, cette circulaire est encore en vigueur aujourd'hui. (4)

_____

(1) En ce sens, arrêt de la Cour d'Aix, 13 juillet 1888. — Tribunal de le Seine, 24 mars 1881.

(2) Blondel, *Etude sur la loi du 19 mai 1874*, p. 18.

(3) Nusse et Périn, n° 70. — Jay, p. 78. — Duval-Arnould, p. 117.

(4) Lagrésille, n° 117. — Bouquet, p. 128.

Cependant, il n'y aurait pas lieu à contravention si le livret avait été délivré par le maire du lieu de la naissance, pourvu que les indications fussent exactes. (1)

Il est évident que la circulaire du 14 octobre 1875 ne prévoyait que le cas d'enfants nés en France. On ne peut exiger des autorités étrangères qu'elles délivrent gratuitement aux maires français des extraits de naissance ; ce sera aux parents à se les procurer et à les faire régulariser à leurs frais pour les remettre au maire de leur domicile.

Les maires doivent délivrer les livrets et non pas les commissaires de police, comme on l'avait cru en 1874 ; un avis du Ministre du Commerce du 7 février 1876 avait d'ailleurs bientôt tranché la question : « C'est avec intention « que la loi a désigné les maires ; il n'est pas possible de « leur substituer des commissaires de police. » C'est la solution qui doit encore prévaloir. La préfecture de police les avait distribués à Paris pendant quelque temps, mais les Commissions locales ayant réclamé, et comme il n'y avait aucun motif pour enlever ce soin aux maires des arrondissements, ce sont eux qui en ont été désormais chargés pour la plus grande facilité des intéressés. (2)

La loi exige sur le livret un certain nombre de mentions qu'elle indique d'une façon précise et limitative : les nom et prénoms de l'enfant, son domicile, le lieu et la date de sa naissance. La loi de 1874 les exigeait déjà ; celle de 1841, au contraire, au lieu de la date se contentait de demander l'indication de l'âge de l'enfant ; aussi, un arrêt de cassation avait-il décidé qu'il suffisait d'indiquer les années et fractions d'année sans être obligé d'indiquer le jour de la

---

(1) *Sic*, Mesnard, n° 42.

(2) **Rapport de la Commission supérieure du 21 juillet 1879**, (*Bulletin de la Société de protection des apprentis*, tome xii, p. 353.)

naissance (1). Ce système ne serait plus soutenable aujourd'hui ; il ne l'était déjà plus depuis 1874 (2).

Une autre indication est exigée pour l'enfant de douze à treize ans : « le livret devra mentionner qu'il est muni du « certificat d'études primaires institué par la loi du 28 mars « 1882 ». Le certificat d'études, nous l'avons vu en étudiant l'article 2, est exigé de cette catégorie d'enfants pour leur entrée à l'atelier : il fallait que le livret indiquât qu'ils le possèdent. Il n'est pas nécessaire de produire le diplôme lui-même au patron, qui ne peut exiger que la mention ; il suffit que le maire ait fait sur le livret la constatation que l'enfant en est muni.

Les chefs d'industrie doivent aussi inscrire sur le livret, ainsi que nous le verrons plus loin, la date de l'entrée dans l'atelier et celle de la sortie.

Telles sont les seules mentions exigées : que se produirait-il si le livret, outre celles-ci, en portait d'autres ? Il est évident que l'emploi d'un tel livret ne donnerait pas lieu à contravention, mais il est également certain que les personnes qui réclament le livret peuvent exiger qu'il soit conforme à la loi et, par conséquent, refuser celui qui contiendrait des mentions superflues, par exemple un extrait du casier judiciaire (3).

Il est une autre indication très utile qu'il serait désirable de voir porter sur le livret : c'est celle que l'enfant a été vacciné. Une circulaire de 1854 demandait qu'elle y figurât ; mais, la loi de 1892 ne la portant pas parmi les mentions qu'elle énumère limitativement, on ne peut l'exiger. Cependant les patrons peuvent réclamer un certificat de vaccine et, pour en faciliter la délivrance, une circulaire du

----

(1) Cass., 26 mai 1855 (D. P., 55, 1, 254).

(2) *Sic*, Jay, p. 79. — *Contrà*, Lagrésille, n° 122 (par erreur : il a confondu la loi de 1874 avec celle de 1841).

(3) Mesnard, n° 42.

Ministre du Commerce du 31 janvier 1877 a informé les préfets qu'ils pourraient, pour les familles pauvres, être rédigés sous forme de certificats d'indigence, exemptés de l'impôt du timbre (1).

Les mentions que comporte le livret peuvent être inexactes : qui peut être rendu responsable de l'inexactitude, le maire qui l'a délivré ou le patron à qui il doit être remis ? Il faut distinguer : certaines mentions doivent être inscrites par le chef d'atelier (celles relatives à l'entrée et à la sortie), les autres par le maire. Or, il a été jugé, sous l'empire de la loi de 1874, que « les irrégularités commises par les maires « dans la tenue des livrets ne sauraient avoir pour effet « d'exonérer les patrons et chefs d'industrie des obligations « que la loi leur impose personnellement à cet égard » (2). Les patrons sont donc tenus de l'inexactitude des mentions qui leur sont imposées personnellement. La loi de 1892 n'a rien changé à ce point de vue, et la jurisprudence doit être la même. Mais il faut également tenir compte de l'article 26, § 3, qui dispose que la peine encourue par suite de l'irrégularité du livret « ne sera pas applicable si l'infraction « à la loi a été le résultat d'une erreur provenant de la pro « duction d'actes de naissance, livrets ou certificats conte « nant de fausses énenciations ou délivrés pour une autre « personne. » Dans ce cas, la faute est imputable au maire, et le patron peut exciper de sa bonne foi : nous verrons en étudiant l'article 26 quelle est la sanction applicable.

A qui la formalité du livret est-elle imposée ? Bien que la loi ne le dise pas formellement, c'est au patron et non à l'enfant. Cela résulte en effet de ce que nous venons de voir : c'est le patron qui doit inscrire certaines mentions, qui

(1) Bouquet, p. 129.
(2) Cass., 9 juin 1883. (V. *Gazette des Tribunaux*, 17 juin 1883. — *Bull. de la Soc. de prot. des appr.*, tome XVI, p. 184.)

doit veiller à ce qu'elles soient exactes, c'est lui qui doit également veiller à ce que toutes les indications prescrites soient portées. La loi a eu soin d'ajouter que le patron peut réclamer du maire la délivrance du livret (ce que n'autorisaient pas les lois précédentes), à défaut de demande par les parents ou tuteurs de l'enfant. Il avait d'ailleurs été jugé que les patrons ne pouvaient se justifier d'avoir omis de faire les inscriptions requises, sous prétexte que les livrets ne leur avaient pas été présentés (1), et que l'obligation de l'exigence du livret pour les patrons « était évidemment « présupposée par la double obligation à eux imposée d'ins- « crire certaines mentions sur le livret et de représenter ce « livret à l'inspecteur. » (2) Il a d'ailleurs été depuis jugé dans le même sens, « qu'il incombe aux chefs d'industrie « de se procurer eux-mêmes les livrets dont doivent être « munis les enfants de moins de dix-huit ans, et qu'en « conséquence ils ne peuvent être relaxés de la contra- « vention consistant à avoir employé des enfants au-dessous « de cet âge non munis du livret, par le motif que les « parents de ces enfants n'ont pas eu le temps de se pro- « curer les livrets. » (3) La première préoccupation du patron en recevant un enfant dans son usine sera donc de lui de- mander son livret, d'en vérifier le contenu, ou, s'il n'en a a pas, de le réclamer lui-même au maire compétent.

En quelle forme le livret doit-il être rédigé ? La loi n'en a exigé aucune ; pourvu qu'il contienne toutes les énuméra- tions prescrites, le patron sera couvert. Mais pour en faciliter la délivrance, et afin de faciliter aussi le contrôle des ins- pecteurs, la Commission supérieure, dit la circulaire du

(1) Il en résulte que les patrons sont responsables de l'omission des mentions à eux prescrites, aussi bien que de leur inexactitude.

(2) Lyon, 13 janvier 1884 (D. P., 85, 2, 130).

(3) Trib. simple police de Troyes, 29 décembre 1893 (D. P., 94, 2, 185).

Ministre du Commerce du 19 décembre 1872, a pensé qu'il y aurait intérêt à établir un modèle-type qui sera mis à la disposition des municipalités. Toutefois, l'absence de ces modèles dans les mairies ou chez les libraires n'est pas une excuse pour le patron et ne constitue pas un cas de force majeure capable de le relever de la contravention encourue pour avoir employé l'enfant sans livret (1). Il en est de même quand il s'agit d'enfants étrangers et, même dans ce cas, le patron ne peut alléguer qu'il a été induit en erreur (2).

Mais, si le patron ne peut se prévaloir du défaut de modèles dans les mairies, doit-il être excusé pour le retard apporté à la présentation des livrets à l'inspecteur, ou faut-il, au contraire, le considérer comme contrevenant à la loi par « le seul fait de ne pas les avoir représentés à « première réquisition ? » (3) Cela peut sembler rigoureux, et l'article 10 ne porte pas formellement une telle exigence. Cependant, reconnaître cette excuse pourrait prêter à la fraude : on ne devra donc l'admettre qu'avec beaucoup de prudence, et que s'il est bien prouvé que les livrets étaient momentanément égarés, mais qu'ils existaient antérieurement à la visite de l'inspecteur. (4)

La perte du livret, au contraire, est toujours imputable au patron, qu'elle résulte de son fait ou de tout autre, sauf le cas de force majeure et encore, dans ce cas, doit-il le faire reconstituer au plus tôt.

A qui est confiée la garde du livret ? Aux patrons. Cela ne peut faire doute en présence de l'article 20 qui autorise

---

(1) Trib. correct. de Niort, 21 juin 1886. — Trib. des Sables-d'Olonne, 1ᵉʳ août 1883. — (Cités dans Bouquet, p. 409-410).

(2) Cour d'appel d'Aix, 13 juillet 1888, (dans Bouquet, p. 130).

(3) Ainsi jugé, Trib. correct. d'Uzès, 11 février 1892, (dans Mesnard, p. 53.)

(4) *Sic*, Mesnard, p. 54. — *Contrà*, Bouquet, p. 132.

les inspecteurs à se faire représenter les livrets : cela suppose bien qu'ils se trouvent dans l'établissement ouvert à
l'inspecteur et non au domicile de l'enfant qui lui est fermé (1). Une circulaire ministérielle du 25 septembre 1854,
qui n'a pas cessé d'être applicable, leur a d'ailleurs reconnu
ce droit.

Le patron devra restituer à l'enfant, à sa sortie de l'atelier, le livret sur lequel il doit mentionner cette date comme
il a dû indiquer celle de son entrée. Il est tenu de porter
ces mentions sous peine de contravention (2).

Les patrons sont également obligés de faire ces énonciations, de même que de porter les autres indications contenues au livret, sur un registre spécial ; nous arrivons ainsi
à la seconde des mesures de surveillance qui leur sont imposées.

La formalité du registre existait déjà sous les lois antérieures. Elle consiste, d'après l'article 10, § 3, qui l'a
reproduite de la loi de 1874, à inscrire sur ce registre les
noms et prénoms des enfants employés, les lieu et date de
leur naissance, leur domicile, les dates d'entrée et de sortie
des ateliers, ainsi que la mention concernant le certificat
d'études des enfants de douze à treize ans. Ces inscriptions
doivent être portées sans blancs, ratures, surcharges ou
intercalations non approuvés (3).

Les mêmes questions qui se sont posées à propos du
livret se posent ici et doivent être résolues de la même
façon.

C'est ainsi, d'abord, qu'on s'est demandé si l'obligation
de l'inscription des filles mineures et des femmes est obli-

(1) Lagrésille, n° 125.
(2) Trib. correct. d'Auxerre, 31 juillet 1888, (dans Bouquet, p. 410.)
(3) Circulaire ministérielle du 25 septembre 1854.

gatoire pour le patron. Sous l'empire de la loi de 1874, où la question avait d'abord fait doute, la jurisprudence n'était pas certaine : quelques tribunaux s'étaient prononcés pour la négative (1) ; d'autres, en majorité, d'accord avec l'administration, avaient regardé l'inscription des filles comme obligatoire (2), considérant que le mot *enfants*, qu'avait employé l'article 10 de la loi de 1874, ne devait pas être pris dans son sens littéral. Il n'en va plus de même aujourd'hui que la loi de 1892 a spécifié qu'il s'agissait des *enfants des deux sexes au-dessous de dix-huit ans:* il faut donc décider, avec la Commission supérieure (3) et avec la circulaire ministérielle du 19 décembre 1892, que, pas plus que le livret, le registre n'est obligatoire pour les femmes et les filles âgées de plus de dix-huit ans.

Le patron est obligé de mentionner personnellement les indications prescrites : le registre doit donc être tenu au jour le jour. Mais le patron est-il responsable des irrégularités des inscriptions ? La jurisprudence relative aux livrets vise également les registres : il faut donc appliquer les mêmes solutions. Le patron sera donc tenu des seules mentions qui lui sont personnellement imposées pour le livret ; pour celles qu'il a reproduites et dont l'inexactitude est le fait du maire, il pourra invoquer l'excuse de la bonne foi. Si les mentions fausses ont été inscrites sciemment par le patron, il sera en contravention ; si les fausses mentions ont été faites dans l'intention de causer un préjudice et qu'il y ait eu préjudice prouvé, il sera passible des peines portées au Code pénal (4).

Comme le livret, le registre doit toujours pouvoir être représenté à toute réquisition de l'inspecteur.

(1) Trib. d'Avesnes, 17 février 1887.
(2) Lyon, 12 août 1886.
(3) Séance du 26 novembre 1892.
(4) *Sic*, Mesnard, n° 43.

Il n'y a pas de forme spéciale d'imposée pour le registre ; cependant la Commission supérieure a adopté un modèle de registre, et le ministère du commerce en a fait adresser aux inspecteurs un nombre suffisant pour leur permettre d'en remettre un exemplaire à chaque industriel, lors de leur première visite (1).

En étudiant le livret, nous avons dit que les directeurs des établissements de bienfaisance et d'enseignement devaient faire parvenir, tous les trois mois, à l'inspecteur, un état nominatif des enfants qu'ils recueillent ; nous avons dit également que cette obligation ne dispensait pas de celle du livret, mais il est évident qu'elle fait double emploi avec l'obligation du registre. Il faut donc décider, avec tous les auteurs, que l'état nominatif tient lieu de registre pour ces établissements.

Avant de passer à la troisième mesure imposée aux patrons, nous allons voir en quoi consiste cet état nominatif, exclusivement prescrit aux chefs des établissements de bienfaisance.

C'est l'article 11 dans son dernier paragraphe qui a institué cette formalité ; elle constitue une innovation, puisque la loi de 1874 était restée muette sur l'application aux établissements de charité des prescriptions qu'elle imposait aux chefs d'industrie.

L'état doit contenir la liste complète de tous les enfants élevés dans l'établissement, en indiquant leurs nom et prénoms, la date et le lieu de leur naissance ; il doit être certifié conforme par le directeur de l'établissement et remis tous les trois mois à l'inspecteur ; il doit également faire mention de toutes les mutations survenues depuis la production du dernier état.

A quels établissements s'applique cette mesure ? L'ar-

---

(1) Circulaire ministérielle du 19 décembre 1892.

ticle 11 répond : « aux ouvroirs, orphelinats, ateliers de
« charité ou de bienfaisance dépendant des établissements
« religieux ou laïques » ; mais il ne parle pas des établissements d'enseignement professionnel que l'article 1er a déclarés
soumis à la loi. Faut-il donc considérer ces derniers établissements comme en dehors de l'obligation prescrite ? Bien
qu'ils ne soient pas nommés par l'article 11, il faut cependant décider qu'il leur est applicable, car le but de la loi
est d'assurer dans ces sortes d'établissements une surveillance spéciale et distincte de celle qui doit être exercée
dans l'industrie (1).

Parmi les indications que doit porter l'état figure celle
des noms de l'enfant : ce sont les noms réels qui doivent
être portés et non pas les surnoms qui sont parfois donnés
dans les maisons de refuge. Bien que cette substitution soit
faite dans l'intérêt de l'honneur des familles et quelles que
soient les considérations qu'on pourrait invoquer à ce sujet,
il ne peut y avoir de doute en présence des termes formels
de la loi : y en eût-il que les travaux préparatoires suffiraient
à le dissiper (2).

Les mutations doivent être mentionnées dans l'état ; le
directeur devra donc indiquer les noms des enfants entrés
ou sortis de l'établissement, ainsi que la date de leur entrée
ou de leur sortie.

L'état doit être remis à l'inspecteur (c'est l'inspecteur
départemental) tous les trois mois, sans qu'il soit besoin de
réclamation de sa part, et sans qu'il soit obligé d'en accuser réception.

Pour les autres mentions, l'état étant analogue au re-

(1) *Sic*, Mesnard, nos 48 et 49.

(2) Discours de M. Montaut, (Chambre, séance du 8 juillet 1890).

gistre, qu'il remplace d'ailleurs, tout ce qui a été dit à ce propos s'applique ici.

Ayant épuisé les questions concernant le livret et le registre, nous abordons maintenant la troisième formalité, c'est-à-dire l'affichage.

L'affichage est organisé par les quatre premiers paragraphes de l'article 11 qui a reproduit, mais en y ajoutant des compléments importants, l'article 11 de la loi de 1874 ; une telle mesure existait dans la loi de 1841.

Aux termes de l'article 11, il faut distinguer suivant qu'il s'agit d'établissements industriels proprement dits ou d'établissements de bienfaisance. Ceux-ci sont soumis à un affichage spécial. Les premiers sont obligés à un triple affichage qui comprend : 1° les dispositions de la loi et les réglements d'administration publique relatifs à son exécution ; 2° des renseignements sur les inspecteurs ; 3° enfin, la durée du travail et du repos. Il faut y ajouter l'obligation d'afficher le jour de repos hebdomadaire choisi imposée par le paragraphe 2 de l'article 5.

Le but de cette mesure est de permettre aux ouvriers de connaître l'étendue de leurs droits et les conditions dans lesquelles doit avoir lieu le travail, comme aussi de contrôler la manière dont elles sont appliquées, et enfin de pouvoir, à ce sujet, faire parvenir leurs réclamations à l'inspecteur.

Les personnes à qui l'affichage est imposé sont, dit la loi, les patrons et chefs d'industrie et les *loueurs de force motrice*. « On, appelle ainsi, dit M. Bouquet (1), certains « industriels qui, propriétaires de vastes immeubles, les « divisent en une série d'ateliers peu importants qu'ils « louent séparément à des petits industriels, auxquels ils

_____

(1) *Op. cit.,* p. 133.

« procurent en même temps la force motrice dont ils ont
« besoin. »

Les loueurs de force motrice ne sont pas, à proprement
parler, des industriels au sens où l'entend la loi, puisqu'ils
n'emploient pas eux-mêmes d'ouvriers ; ils ne peuvent donc
être rendus responsables des ouvriers qui travaillent chez
eux et sur lesquels ils n'ont aucun pouvoir, ces ouvriers
restant au service de leurs locataires, lesquels seuls sont
tenus vis-à-vis d'eux. Cependant, le législateur leur a imposé la formalité de l'affichage. Voici comment le rapporteur
à la Chambre justifiait cette innovation : « Il existe à Paris
« un certain nombre d'usines qui sont de vraies ruches in-
« dustrielles et dans l'intérieur desquelles se meuvent des
« industries multiples. Sans doute, les propriétaires de
« force motrice ne peuvent être responsables des contra-
« ventions qui se produiraient dans l'intérieur de ces éta-
« blissements. Mais il a semblé à la commission qu'on
« pouvait leur imposer l'affichage dans l'intérieur de leurs
« usines et obtenir ainsi un résultat qu'il serait bien
« difficile de demander à leurs locataires, pour la plupart
« beaucoup trop nomades. » (1) D'ailleurs, les loueurs de
force motrice ne sont tenus qu'à l'affichage de la loi, bien
que le paragraphe 2 relatif à l'affichage des heures de travail,
en se rapportant au premier, semble les comprendre parmi
les personnes à qui il est imposé. Mais l'évidence indique
que l'on ne peut leur demander d'afficher des heures de
travail qu'ils peuvent même ignorer, n'étant pas responsables des ouvriers qui travaillent chez eux. (2)

Où doit être effectué l'affichage ? Dans chaque atelier,
dit le paragraphe 1 de l'article 11. c'est-à-dire dans chaque

(1) Disc. Waddington, (Chambre, séance du 5 février 1889.)
(2) Ainsi décidé par la Commission supérieure du travail (Séance du
26 novembre 1892).

salle distincte où travaillent des ouvriers protégés ou non. (1)

On avait cru, sous la loi de 1841, que la prescription concernant l'affichage était suffisamment respectée quand il avait eu lieu dans une quelconque des salles de l'établissement ; mais la Cour de cassation a décidé que la contravention existerait quand même l'omission de l'affichage ne se serait produite que pour un seul atelier, dans une manufacture en comprenant plusieurs (2), même dans ceux où ne travaille aucun enfant, s'ils dépendent d'un établissement où des enfants travaillent (3). Sous l'empire de la loi de 1874, un tribunal avait même décidé que l'affichage était obligatoire dans tous les ateliers d'une usine employant exclusivement des adultes mâles (4) ; il est cependant bien évident qu'on ne peut imposer une telle mesure, destinée à la protection des mineurs et des femmes, qu'aux industriels qui les occupent : c'est ce qui a d'ailleurs fait l'objet d'une autre décision judiciaire (5).

C'est donc dans l'atelier que doivent être apposées les affiches et non pas dans le bureau ou cabinet du patron (6). Cependant, s'il n'existe pas d'atelier fixe, si le chantier est en plein air, comme lorsqu'il s'agit de maçons ou de couvreurs, le défaut d'affichage n'en a pas moins été jugé susceptible de contravention (7) ; pour être en règle il faudrait que les affiches aient été placées, faute d'atelier, dans le bureau où le patron paie ses ouvriers (8).

---

(1) Mesnard, n° 44.

(2) Cass., 17 juin 1842. (Dalloz, *Rép.*, V° *Industrie*, n° 459).

(3) Cass., 9 juin 1883. (*Bull. Soc. protect. des apprentis*, tome XVI, p. 84).

(4) Trib. du Mans, 21 mars 1890. (Bouquet, p, 417).

(5) Lille, 23 juin 1888. (Bouquet, p. 419).

(6) Circulaire ministérielle du 19 décembre 1892.

(7) Grenoble, 4 février 1882. (*Journal des Prud'hommes*, année 1882, p. 179).

(8) Marseille, 20 janvier 1887. (Bouquet, p. 416).

Peu importe la façon dont est fait l'affichage, que toutes les indications exigées soient sur la même affiche ou non, pourvu qu'il soit permanent et fait de telle sorte que les ouvriers puissent facilement lire (1).

Toutefois, des modèles ont été établis par l'administration, d'après l'avis de la Commission supérieure, et adressés aux inspecteurs pour être remis aux industriels, à titre purement gracieux, dit la circulaire du 19 décembre 1892. Par conséquent, les patrons devront être prévenus que l'administration ne prend, en opérant cette remise, aucun engagement, et que, si l'inspecteur l'a négligée, ils ne pourront invoquer cet oubli « pour excuser une contravention sur ce « point ; c'est aux patrons, en effet, qu'incombe l'obligation « de se procurer les affiches nécessaires. »

Mais ces modèles ne sont pas obligatoires : il suffit que les affiches contiennent toutes les indications prescrites.

Nous avons dit que la première obligation concernait l'affichage de la loi de 1892 et des règlements relatifs à son exécution. Le modèle adopté par le ministère contient la loi presque entière, il n'en a supprimé que quelques articles qui n'ont pas trait à l'industrie (article 8, enfants dans les théâtres). Pour les règlements d'administration publique, les patrons, dans le but d'éviter l'affichage de textes inutiles, ne sont obligés d'afficher que ceux qui concernent spécialement leur industrie. Des modèles-types ont été adoptés de façon à donner, sous une forme très réduite, les dispositions exigées et applicables à plusieurs industries. Il est certain que les patrons qui voudraient effectuer un affichage de la loi ou des règlements dans leur entier ne sauraient être répréhensibles.

L'article 11 exige en second lieu l'affichage des adresses

(1) Circulaire ministérielle du 29 mai 1875, reproduite par la circulaire du 19 décembre 1892.

et noms « des inspecteurs de la circonscription ». Par l'emploi de ces mots, la loi a entendu exiger l'inscription sur l'affiche non seulement de l'inspecteur départemental, dans le ressort duquel se trouve l'usine, mais encore de l'inspecteur divisionnaire, son chef hiérarchique (1). Il suffit d'inscrire le nom de l'inspecteur et celui de la ville où il réside, dès lors que ces seules indications sont elles-mêmes suffisantes pour que les réclamations puissent lui parvenir. Si l'inspecteur vient à être remplacé peut-on reprocher au patron de laisser son nom sur l'affiche ? Il faut lui laisser le temps matériel de connaître ce changement ; d'ailleurs, le nom importe peu, l'essentiel est d'indiquer la résidence (2).

Dans les mines ou carrières, ce sont les noms et adresses des ingénieurs et contrôleurs des mines qui doivent être affichés.

Enfin, la troisième obligation concerne l'affichage des heures auxquelles commencera et finira le travail, ainsi que les heures et la durée du repos ; il faut ajouter, d'après l'article 5, le jour du repos hebdomadaire choisi. Mais il existe certaines industries où, l'ouvrier étant aux pièces, il n'y a pas d'heures fixées pour le travail ou pour le repos ; dans ces ateliers (ceux de fabrication de l'ardoise, par exemple) on ne peut exiger l'application des heures de travail, puisqu'il n'y en a pas d'établies : l'industriel devra donc afficher seulement l'heure d'ouverture et de fermeture des ateliers, mais il « dira pourquoi et comment il ne peut « pas fixer l'heure du travail. » (3)

Le paragraphe 2 de notre article porte qu'un duplicata de l'affiche, concernant les heures de travail et de repos, devra être envoyé à l'inspecteur (c'est l'inspecteur départe-

---

(1) Avis de la Commission supérieure, 26 novembre 1892.
(2) *Sic,* Mesnard, p. 56.
(3) Déclaration du rapporteur au Sénat sur la demande de M. Blavier. (Séance du 16 juillet 1891, *Journal officiel* du 17 juillet 1891.)

mental, l'ingénieur s'il s'agit des mines), et qu'un autre sera déposé à la mairie du lieu où se trouve l'usine.

Le patron ne pourrait s'excuser du défaut de l'affichage prescrit par le paragraphe 2 en invoquant le motif que les heures de travail et de repos sont connues des ouvriers, ni du défaut d'envoi de cette affiche à l'inspecteur, sous prétexte qu'il ignore son adresse, qu'il est d'ailleurs tenu d'afficher : il y a là autant de contraventions (1).

Avant d'en finir avec les établissements industriels, il nous reste un mot à dire d'une prescription contenue dans le paragraphe 3 de notre article, qui dispose que l'organisation de relais, qui aurait pour effet de prolonger au-delà de la limite légale la durée de la journée de travail, est interdite pour les personnes protégées par la présente loi. Cette disposition, qui a été inscrite dans la loi sur la proposition de M. Dron, député (2), et qui visait d'abord la marche de l'usine tout entière, mais a été restreinte par la commission à la durée du travail des ouvriers protégés, semble faire double emploi avec les articles 3, 4 et suivants, dans ce qu'ils ont de relatif aux relais, et avec le paragraphe 2 qui traite de l'affichage des heures de travail. Néanmoins, elle n'est pas complètement inutile, car elle permet aux inspecteurs d'exiger l'affichage de la durée du travail de chaque équipe d'ouvriers et la production de la liste des ouvriers compris dans chaque équipe (3).

Nous avons dit, en abordant l'affichage, que les établissements de bienfaisance et d'enseignement étaient soumis à ce point de vue à une réglementation spéciale ; nous allons voir en quoi elle consiste.

Le paragraphe 4 impose aux directeurs des ouvroirs, or-

<hr>

(1) Trib. simple police de Troyes, 29 décembre 1893 (D. P., 94, 2, 185).
(2) Séance de la Chambre du 5 février 1891.
(3) *Sic*, Bouquet, p. 140. — *Contra*, Mesnard, p. 246.

phelinats, ateliers de charité ou de bienfaisance dépendant des établissements religieux ou laïques (1), l'obligation de placer dans les salles de travail un tableau indiquant les conditions de travail des enfants.

Ce tableau, plus détaillé que les affiches prescrites pour les autres établissements industriels par les paragraphes 1 et 2, remplace l'affichage ordinaire. Il doit être imprimé ou écrit en caractères « facilement lisibles » et placé dans les salles, d'une façon permanente et bien apparente, de manière à pouvoir être facilement lu.

Cette affiche doit contenir les conditions du travail des enfants, telles qu'elles résultent des articles 2, 3, 4 et 5. M. Mesnard (2) conseille, comme étant le moyen le plus sûr de se mettre à l'abri d'une contravention, d'afficher ces articles eux-mêmes ; le rapporteur, au contraire, proposait de ne placarder qu'un extrait très succinct de la loi, en quatre paragraphes très courts, mais contenant tout ce qui intéresse les enfants, extrait en gros caractères, faciles à lire, et que pourrait faire l'inspecteur (3). Cette affiche doit être suivie d'un tableau déterminant l'emploi de la journée, c'est-à-dire les heures du travail manuel, du repos, de l'étude et des repas.

Enfin, ce tableau-affiche doit être visé par l'inspecteur et revêtu de sa signature. Ce visa a le double avantage de permettre aux inspecteurs de s'assurer si les prescriptions de la loi sont remplies et de renseigner les intéressés sur leur nom : il serait désirable qu'ils indiquassent aussi leur

---

(1) Nous avons vu, lors de l'examen de l'état nominatif, qu'il fallait ajouter à cette liste, malgré le mutisme de notre article à leur égard, les établissements d'enseignement professionnel ; cela résulte, d'ailleurs, des termes du paragraphe 4 qui, en prescrivant l'affichage des heures d'*étude* et de repos, a bien entendu viser cette classe d'établissements.

(2) *Op. cit.,* n° 48.

(3) Rapport à la Chambre des députés, (Séance du 8 juillet 1890.)

adresse, qu'il ne semble pas possible, en présence des termes du paragraphe 4, d'exiger des directeurs.

Le but de cette formalité, spéciale aux établissements de charité, a été de porter à la connaissance des enfants les dispositions tutélaires de la loi et d'en imposer le respect à ceux qui seraient tentés de l'éluder (1).

§ II

Hygiène et Sécurité

Sous cette rubrique, le législateur a envisagé les inconvénients résultant du travail et a indiqué les moyens qu'il jugeait nécessaires pour les prévenir ou les réparer dans une certaine mesure.

Dans une première section, nous examinerons les prescriptions qu'il a édictées dans le but d'assurer la sécurité des ouvriers, en leur interdisant certains travaux ou en réglementant les conditions dans lesquelles les travailleurs protégés pourront être admis dans les établissements classés comme dangereux, et celles qui ont trait à l'hygiène et à la bonne installation des ateliers. Dans la seconde partie, nous verrons quelles sont les obligations des chefs d'entreprise lorsque, par suite de négligence ou par suite de manquement aux prescriptions de la loi, est survenu un accident.

(1) Discours de M. Montaut. (Ch. des députés, séance du 8 juillet 1890.)

A. — TRAVAUX DANGEREUX, INSALUBRES OU CONTRAIRES
AUX BONNES MŒURS

Deux sortes de mesures ont été prises par le législateur pour protéger les ouvriers : les unes concernent les personnes, les autres visent les établissements de travail.

Ces dispositions sont contenues dans les articles 12, 13, 14 et 16. Les articles 14 et 16 visent la tenue des ateliers en général. Les articles 12 et 13 sont relatifs aux personnes qui y sont employées : c'est par l'examen de ces articles que nous allons commencer.

L'article 12 pose en principe que les différents genres de travail présentant des causes de danger, ou excédant les forces, ou dangereux pour la moralité, seront interdits aux femmes, filles et enfants. L'article 13 dispose que ces trois catégories de travailleurs ne pourront être employés dans des établissements insalubres ou dangereux, où ils seraient exposés à des manipulations ou à des émanations préjudiciables à leur santé, qu'à des conditions spéciales.

Ces deux articles se bornent à poser un principe : ils renvoient pour indiquer les détails d'application à des réglements d'administration publique. La raison de cette façon de procéder est la difficulté d'édicter dans une loi définitive des mesures qui peuvent, dès le lendemain, se trouver sans objet ou même contraires au but proposé, par suite de la variation quotidienne des conditions de l'industrie ; « il convient, en ces matières, de prévoir les progrès et de laisser une certaine latitude à l'action administrative. » (1)

____

(1) Commission supérieure : exposé des motifs (12 mars 1886).

Il en avait d'ailleurs été de même sous les lois antérieures. L'article 7 de la loi de 1841 avait laissé à des règlements le soin d'élever le minimum de l'âge et de réduire la durée du travail à l'égard de certains genres d'industrie, et d'interdire aux enfants l'entrée de certains ateliers ou l'accomplissement de certains travaux, pour cause de danger ou d'insalubrité.

La loi de 1874, dans son article 12, renvoyait également à des décrets pour déterminer les travaux dangereux ou fatigants à interdire aux enfants : le décret du 13 mai 1875 interdisait l'emploi des enfants dans les ateliers contenant des machines dangereuses ; le décret du 2 mars 1877 indiquait quels étaient les travaux autorisés sous certaines conditions ou à partir d'un certain âge, notamment touchant le port ou la traction des fardeaux ; enfin celui du 31 octobre 1882 déterminait les travaux interdits d'une façon absolue aux enfants de moins de seize ans.

L'article 12 de notre loi reproduit l'article 12 ancien, s'en rapportant toutefois à de nouveaux règlements pour indiquer quels sont les genres de travaux interdits ; il abroge ainsi les décrets rendus antérieurement. Mais il apporte à la loi précédente trois innovations : d'abord il est applicable aux femmes, puis aux enfants des deux sexes de seize à dix-huit ans, comme les autres dispositions de la loi, enfin il ajoute aux travaux dangereux ou fatigants, que seuls la loi de 1874 avait eus en vue, les travaux dangereux pour la moralité.

A ces prescriptions concernant l'interdiction de certains travaux, dangereux en eux-mêmes, l'article 13 en ajoute d'autres, touchant les travaux « qui présentent des dangers « en raison de la nature même de l'industrie qui est exer- « cée. » (1)

<hr>

(1) Lagrésille, n° 146.

L'article 13 de la loi de 1874 avait déclaré que, dans les établissements classés comme dangereux ou insalubres par le décret du 31 décembre 1866, l'emploi des enfants serait interdit ou ne serait autorisé qu'à des conditions déterminées par des réglements ; et, pour le cas où les enfants auraient à courir un danger dans les établissements non classés comme dangereux, il ajoutait que l'interdiction s'appliquerait à toutes les opérations où l'ouvrier est exposé à des manipulations ou à des émanations préjudiciables à sa santé ; il indiquait en outre, en attendant le réglement, certains établissements et certains travaux interdits. Le décret, rendu, à la date du 14 mai 1875, en application de l'article 13, donnait la liste des établissements où l'emploi des enfants était interdit et celle où il était autorisé à certaines conditions, ainsi que ces conditions : il ne comprenait que des établissements classés ; ces listes furent complétées par les décrets des 3 mars 1877, 22 septembre 1879, 31 octobre 1882, 14 mai 1888 et 26 janvier 1892. (1)

L'article 13 nouveau, en abrogeant les anciens décrets et en étendant aux femmes et aux jeunes gens de plus de seize ans le bénéfice de ses dispositions, ne se réfère plus à la nomenclature officielle des établissements classés ; il laisse l'administration libre de dresser la liste des établissements insalubres ou dangereux, mais, pour permettre au réglement de reconnaître ces établissements, il en donne une définition : ce sont ceux où l'ouvrier est exposé à des manipulations ou à des émanations préjudiciables à sa santé.

Le réglement d'administration publique, rendu en exécution des articles 12 et 13 de la loi du 2 novembre 1892, est intervenu à la date du 13 mai 1893. (2)

(1) Nusse et Périn, p. 60.
(2) D. P., 94, 4, 90.

Conformément à l'article 12, il indique d'abord quels sont les travaux interdits comme dangereux. Ce sont, pour tous les travailleurs protégés, le graissage, le nettoyage, la visite ou la réparation des machines en marche (art. 1), auxquels il faut ajouter l'époussetage, qui doit être considéré comme travail de nettoyage (1) ; pour les enfants de moins de dix-huit ans, la mise en mouvement des appareils en sautillant sur une pédale ou faire tourner des roues horizontales (art. 3) ; pour ceux de moins de seize ans, la mise en action au moyen de pédales des métiers dits « à la « main » (art. 4), le travail aux scies circulaires ou aux scies à ruban (art. 5), aux lames tranchantes et cisailles (art. 6), le cueillage, dans les verreries où le soufflage se fait par la bouche, d'un poids de verre de plus de mille grammes et le soufflage par la bouche dans les fabriques de bouteilles et de verre à vitres (art. 7), le service des robinets à vapeur (art. 8), le travail, comme doubleurs, dans les ateliers où s'opère le laminage et l'étirage de la verge de tréfilerie, sauf si les doubleurs sont garantis par des appareils protecteurs (art. 9), les travaux exécutés à l'aide d'échafaudages volants pour la réfection ou le nettoyage des maisons (art. 10) (2). la mise en marche des machines à coudre au moyen de pédales (art. 12) (3) ; enfin, pour les enfants de moins de treize ans, le cueillage et le soufflage du verre (art. 7).

D'autres travaux sont prohibés comme dangereux pour la

(1) Trib. correct. de Rouen, 7 juin 1883. (Cité par Bouquet, p. 426.)

(2) Le décret du 31 octobre 1882 interdisait l'emploi des enfants sur les toits comme aides des couvreurs ou plombiers. Le décret du 13 mai 1893, sur l'avis du Comité consultatif des arts et manufactures et de la Commission supérieure du travail, n'a pas maintenu cette interdiction, par le motif qu'il faut habituer, dès le jeune âge, au danger de se tenir sur les toits ceux qui se destinent à ces professions.

(3) Cette interdiction a été introduite sur l'avis de la Commission supérieure du travail.

moralité : c'est la confection d'écrits, d'imprimés, d'affiches, de dessins, gravures, peintures, emblêmes, images ou autres objets dont la vente, l'offre, l'exposition, l'affichage ou la distribution sont réprimés par les lois pénales (1) comme contraires aux bonnes mœurs (art. 13, § 1) ; ces sortes de travaux sont interdits à tous les travailleurs visés.

Enfin sont réglementés, comme excédant les forces des travailleurs, les travaux suivants : pour les enfants au-dessous de seize ans, la mise en action des roues verticales, qui n'est autorisée que pendant une durée d'une demi-journée divisée par un repos d'une demi-heure au moins (art. 4) ; pour ceux de moins de dix-huit ans, le soufflage à la bouche est toléré, à condition de mettre un embout personnel à la disposition de chaque enfant (art. 7, § 3) ; enfin, l'article 11 détermine les conditions suivant lesquelles les enfants seront admis à porter ou à traîner des fardeaux. Le décret fixe le poids maximum qui peut être porté (10 kilogrammes pour les enfants au-dessous de quatorze ans ; 15 kilogrammes pour ceux de quatorze à dix-huit ans ; 5 kilogrammes pour les ouvrières de moins de seize ans ; 10 kilogrammes pour celles de seize à dix-huit ans). Il se contente, au contraire, d'interdire de faire traîner ou pousser par les jeunes ouvriers et ouvrières, tant à l'intérieur des établissements industriels que sur la voie publique, des charges correspondantes à des efforts plus grands que ceux qui viennent d'être indiqués, laissant à un arrêté ministériel le soin de déterminer les conditions d'équivalence des deux genres de travail. L'arrêté du 31 juillet 1894 (2) fixe, suivant l'âge et le sexe, la limite supérieure de la charge qui peut être poussée ou traînée et qui diffère selon l'instrument de traction : wagonnets circulant sur voies ferrées, brouettes,

(1) V. la loi du 2 août 1882, art. 1.
(2) *Bull. de l'Off. du travail*, 1894, p. 477.

voitures à trois ou quatre roues, dites pousseuses, charrettes
à bras et haquets. Cet arrêté n'est pas applicable aux mines,
minières et carrières qui restent soumis au décret du
3 mai 1893 (1); cela résulte d'une lettre du Ministre du
Commerce du 11 mai 1895 (2), cela résultait d'ailleurs des
termes mêmes du décret du 13 mai 1893 et de l'arrêté, qui
fixaient les limitations seulement pour « les manufactures,
« usines, ateliers et chantiers. »

Les infractions nombreuses aux règles concernant les
fardeaux ont appelé à différentes reprises l'attention du
ministre compétent, sous la loi de 1874. C'est ainsi que, dans
une instruction du 28 janvier 1876, le Ministre du Commerce recommandait au préfet de police, ainsi qu'à plusieurs préfets des départements, de faire constater les
contraventions commises sur la voie publique par les gar-
diens de la paix : une circulaire du 15 février de la même
année, en faisant connaître aux inspecteurs divisionnaires
la décision du ministre, les invitait spécialement à veiller à
l'application de cette partie de la loi. Une lettre du 7 juin
1878 faisait savoir au préfet de police que la Commission
supérieure était d'avis d'appliquer les prescriptions de la
loi, en matière de surcharge, aux industriels tels que bouchers, épiciers, qui ne fabriquent ou ne transforment aucun
produit (3). On peut se demander jusqu'à quel point cette
interprétation est légale : nous avons vu en effet, au début
de l'analyse de la loi, que l'on avait laissé en dehors des
établissements visés les magasins et autres établissements
de commerce ; il en était ainsi sous la loi de 1874.

Avant d'en finir avec les surcharges, disons que la Cour

---

(1) L'article 2 de ce décret prohibe les charges excessives, mais sans
fixer de limite.
(2) *Bull. de l'Off. du travail*, 1895, p. 378.
(3) Bouquet, p. 377, 378, 379.

de cassation a décidé qu'il suffisait, pour qu'il y ait contravention, que l'âge de l'enfant soit constaté et que le *quantum* fixé par la loi soit dépassé, sans qu'on puisse alléguer pour excuse que le procès-verbal n'énonce ni le nom de l'enfant, ni le poids. (1)

Le décret du 13 mai 1893 indique également, en application de l'article 13, quels sont les établissements insalubres ou dangereux dont l'accès est interdit aux ouvriers, ou dont l'entrée n'est tolérée qu'à des conditions spéciales qu'il détermine.

Il interdit, d'abord, complètement : pour tous les travailleurs visés, les ateliers où se trouvent des machines actionnées à la main ou par un moteur mécanique, dont les parties dangereuses ne sont point couvertes de couvre-engrenages, garde-mains et autres organes protecteurs (art. 2). Ce sont les ateliers où se trouvent les machines dont l'accès est interdit, et non pas l'usine tout entière ; mais le seul fait de l'emploi d'un travailleur protégé dans un atelier où la disposition des appareils crée un péril pour les ouvriers constitue une contravention, sans qu'il soit nécessaire que ce péril ait été constaté par l'inspecteur préalablement à la faute commise (2) : cela ne peut d'ailleurs faire aucun doute maintenant, en présence des termes formels de la loi et du décret. Si le chantier est en plein air, on devra veiller à ce que les ouvriers protégés se tiennent constamment à distance des machines non garanties (3). Il faut faire entrer dans la catégorie des instruments dangereux les tondeuses de drap mécaniques, et en conséquence proscrire l'entrée des ateliers qui les renferment, si elles ne sont pas recouvertes. (4)

----

(1) Cass., 9 juin 1883. (Dans Bouquet, p. 438.)
(2) Cass., 9 juin 1883. — V. Bouquet, p. 419.
(3) Mesnard, n° 50.
(4) Trib. correct. de Rouen, 28 décembre 1883. (Dans Bouquet, p. 422.)

L'article 2 du décret qui nous occupe porte l'interdiction de l'entrée des ateliers qui renferment des machines actionnées aussi bien à la main que par un moteur. Le décret du 13 mai 1875 contenait une interdiction semblable. La cour de Paris (1) avait déclaré qu'il n'y avait pas de contravention lorsqu'il survenait un accident occasionné par une machine à main, parce que l'article 14 n'ordonnait de mesures protectrices que pour les moteurs mécaniques, que le règlement ne pouvait étendre cette prescription aux machines à la main sans violer la loi. Au contraire, la Cour de cassation a jugé que « la disposition de l'article « 14 ne fait pas obstacle à ce qu'en vertu de l'article 12 « précédent un décret détermine les différents genres de « travaux périlleux ou excessifs à interdire aux enfants, et « qu'en rangeant dans ces travaux la mise en jeu de toute « machine, dont les parties dangereuses et saillantes n'au- « raient pas été recouvertes d'organes protecteurs, le décret « reste dans les limites de la délégation de la loi. » (2) Cette décision a confirmé la manière de voir de la Commission supérieure qui avait déclaré que les prescriptions des articles 12, 13 et 14 « n'avaient aucun caractère limitatif » et « n'étaient dans l'esprit du législateur qu'une amorce « d'une réglementation plus complète laissée à des règle- « ments d'administration publique. » (3)

La question reste la même sous l'empire de la loi de 1892, puisque les termes des articles 12, 13 et 14 de la loi et du décret nouveau sont à peu près semblables. Il est certain qu'il semble y avoir contradiction entre le décret et la loi, puisque l'article 14, qui est plus limitatif, vient après les articles sur lesquels le décret s'appuie ; cependant, il ne faut

(1) Arrêt du 7 mai 1890.
(2) Cass., 23 juin 1892. (Dans Bouquet, p. 432.)
(3) Rapport sur l'année 1890.

pas oublier que la loi autorise presque toujours l'administration à étendre ou à restreindre les principes qu'elle pose : c'est ce qui explique la décision de la Cour de cassation (1).

Le décret du 13 mai 1893 (art. 14) interdit également, pour tous les travailleurs, les ateliers où ont lieu les travaux énumérés dans le tableau annexé au décret et indiquant les motifs de cette interdiction : c'est, pour la plupart, à cause des émanations nuisibles, des vapeurs délétères ou des poussières dangereuses occasionnées par le travail, ou par crainte d'empoisonnement. Il faut remarquer qu'on doit excepter de cette liste l'aiguisage et le polissage des métaux qui ont lieu par voie humide. (2)

L'article 15 interdit aux enfants au-dessous de dix-huit ans l'accès des ateliers affectés aux travaux dénommés dans le tableau B, pour cause d'émanations ou comme nécessitant un travail prudent et attentif.

Sont également interdits, comme dangereux pour la moralité, aux enfants de moins de seize ans et aux filles mineures, les ateliers où se confectionnent des écrits, imprimés, affiches, gravures, peintures, emblèmes, images et autres objets qui, sans tomber sous l'application des lois pénales, sont cependant de nature à blesser leur moralité (art. 13, § 2).

Enfin, le décret n'autorise, pour tous les travailleurs protégés, le travail dans les ateliers dénommés au tableau C annexé au décret, que sous les conditions spécifiées audit tableau (art. 16) ; il indique, avec les motifs de l'interdiction ou de la réglementation, pour chaque sorte d'établissement, quelles sont les parties accessibles, quels sont les ateliers interdits et à quels travailleurs et jusqu'à quel âge doivent s'appliquer ces mesures.

(1) *Sic*, Mesnard, p. 64.

(2) D'après la lettre du Ministre du Commerce du 2 avril 1894. (*Bull. de l'Off. du travail*, 1894, n° 5).

Ce décret a été modifié depuis par le décret du 21 juin 1897 (1), qui a complété l'énumération du tableau C (mesure relative aux ateliers de cardage des déchets de soie) et par celui du 20 avril 1899 (2) qui a modifié la nomenclature du tableau C et supprimé une classe d'établissements dans celle du tableau A (mesure relative aux abattoirs et triperies, qui passent du 1er tableau dans le 3e).

Nous arrivons maintenant à l'étude de l'article 4, visant la tenue des ouvriers et prescrivant des mesures de salubrité et d'hygiène nécessaires à la santé des travailleurs, ainsi que les conditions indispensables à leur sécurité.

Notre article 14 reproduit presque textuellement l'article 14 de la loi de 1874, « mais ces dispositions n'ont été « maintenues qu'à titre provisoire en attendant l'adoption « au Parlement de mesures plus détaillées et plus « générales. » (3)

Ces mesures, en effet, font l'objet de la loi du 12 juin 1893 sur l'hygiène et la sécurité, qui s'applique à tous les ouvriers, hommes et femmes, adultes et enfants, et dont le projet, qui avait été déposé par le Ministre du Commerce en 1891, était, lors du vote de la loi de 1892, en discussion devant les Chambres.

L'article 14 nouveau apporte cependant à la loi de 1874 deux modifications : il ajoute aux prescriptions concernant les ateliers la nécessité d'un éclairage convenable et il remplace le mot *enfants* par celui de *personnel*, en parlant de la sécurité et de la salubrité des travailleurs. On s'est alors demandé si, par l'emploi d'un terme moins précis, le législateur n'avait pas entendu étendre les prescriptions

---

(1) *Recueil général des lois*, 1897, p. 277.
(2) *Journal Officiel*, 28 avril 1899 ; *Bull. de l'Off. du Travail*, mai 1899, p. 455.
(3) Rapport Waddington.

édictées à tous les ouvriers, même adultes : cela semblait résulter des travaux préparatoires (1) ; toutefois, la Commission supérieure (2) avait décidé le contraire, estimant que, la loi ne réglementant que le travail des filles, femmes et enfants, l'article 14 ne pouvait s'appliquer qu'à ces trois catégories d'ouvriers.

Cette question n'a plus d'intérêt aujourd'hui puisque la loi du 12 juin 1893 a reproduit, dans son article 2, presque exactement les termes de l'article 14 de la loi de 1892 : les dispositions concernant l'hygiène des ateliers ne sont donc plus spéciales aux enfants et aux femmes. On s'est même demandé si la loi nouvelle, en reprenant ces dispositions, n'avait pas abrogé celles de la loi de 1892, et il s'est trouvé des auteurs pour soutenir cette opinion (3). Il y a à cela un double intérêt : les pénalités sont différentes suivant que l'on appliquera l'une ou l'autre loi ; puis la loi de 1893 prévoit dans son article 6, parmi les éléments de la contravention, une mise en demeure des inspecteurs du travail préalable au procès-verbal, mais seulement, il est vrai, lorsqu'il s'agit de l'application des règlements qu'elle annonce. Nous verrons tout à l'heure qu'en ce qui concerne la mise en demeure l'intérêt n'est pas considérable et pourquoi. Reste la question de savoir si les sanctions de la loi de 1892 doivent s'appliquer, en cas de contravention, aux prescriptions concernant l'hygiène, si par conséquent on peut considérer l'article 14 comme toujours applicable.

Il a été dit, lors des travaux préparatoires, que les mesures de l'article 14 ne seraient que provisoires, et, d'un autre côté, la loi du 12 juin 1893 a bien déclaré abroger les dispositions qui lui étaient contraires. On ne peut en dire autant

(1) Rapport Ch. Ferry au Sénat (20 juin 1889.)
(2) Séance du 26 novembre 1892.
(3) Pic, p. 216.

de notre article, puisqu'elle l'a recopié, pour ainsi dire ; c'est ce qu'a pensé la Cour de cassation, puisque, dans un arrêt récent (1), elle a visé le texte de l'article 14 de la loi de 1892. Toutefois, il convient de remarquer que, si les prescriptions des paragraphes 2 et 3 de l'article 14 ont été reproduites par l'article 2 de la loi de 1893, identiquement et sans aucune addition, pour celles du paragraphe 1er qu'elle a aussi reproduites, elle s'est formellement rapportée du soin de leur application à des décrets d'administration publique. On peut donc considérer les prescriptions du paragraphe 1er de l'article 14 comme abrogées et remplacées par celles, semblables mais plus explicites, de la loi de 1893. D'ailleurs, la loi de 1892 a gardé toute sa valeur pour les établissements qui n'ont point été visés par la loi de 1893, tels que les mines, minières et carrières.

L'article 14 édicte, nous venons de le voir, deux sortes de prescriptions : les unes concernent les établissements en général, les autres s'appliquent spécialement aux établissements contenant des appareils mécaniques.

Les premières mesures, imposées aux patrons de tous les établissements soumis à la loi (établissements visés dans l'article 1er et leurs dépendances), peuvent se classer sous quatre chefs : état constant de propreté (ces soins peuvent être donnés par les ouvriers, pourvu qu'on se conforme aux prescriptions relatives à la durée du travail et des repos) ; éclairage et ventilation suffisants; conditions de sécurité (ce qui exclut les installations dangereuses) ; enfin, conditions de salubrité, consistant dans l'absence de danger résultant de l'état de l'édifice, qui ne doit pas être malsain (l'article 13 ayant traité de l'insalubrité résultant du travail).

On s'est plaint (2) du peu de précision de la loi à l'égard

---

(1) Cass. 28 mars 1896.
(2) Mesnard, n° 51. — Bouquet, p. 164.

des précautions à prendre par les patrons pour remplir les conditions de salubrité et de sécurité, étant données surtout les sanctions pénales résultant de la violation de ces règles. La loi s'en rapportait sur ces points à l'appréciation des inspecteurs et des tribunaux. Mais la loi du 12 juin 1893, en reproduisant cette première partie de l'article 14, a renvoyé, pour l'application de ces règles, à des réglements d'administration publique, qui ont déterminé d'une façon détaillée les mesures à prendre. (1)

C'est uniquement pour l'application de ces réglements que l'article 6 prescrit aux inspecteurs, avant de dresser procès-verbal, de mettre les chefs d'industrie en demeure de se conformer aux dispositions de ces réglements. Pour les autres prescriptions de la loi de 1893 comme pour celles de la loi de 1892, la mise en demeure est inutile. C'est ce qui a été jugé par la Cour de cassation, qui décide que « si la loi du 12 juin 1893, en soumettant tous les établis-
« sements industriels déjà régis par la loi du 2 novembre
« 1892, lorsqu'ils emploient des enfants ou des femmes, à
« des règles de sécurité ou d'hygiène déjà en partie pres-
« crites par cette dernière loi, subordonne dans son article
« 6 toute mise en œuvre de leurs sanctions pénales à une
« mise en demeure préalable, permettant aux industriels
« d'en discuter l'opportunité, elle ne le fait qu'à titre
« exceptionnel et seulement pour celles de ces règles dont
« elle confie la détermination ultérieure au pouvoir régle-
« mentaire ; qu'en ce qui touche les infractions à celle
« des prescriptions, tant de sécurité que d'hygiène que la
« loi détermine elle-même, elle les laisse soumises à la
« constatation et à la poursuite directes et immédiates,
« conformément d'ailleurs aux lois antérieures sur la ma-
« tière comme aux règles du droit commun. » (2)

(1) Décret du 10 mars 1894, (Cohendy, *Recueil des lois indust.*, p. 99).
(2) Cass., 28 mars 1896, (*Bull. de l'insp. du travail*, 1896, n° 3, p. 222.)

Sous la loi de 1874, la jurisprudence avait décidé que les mesures que la loi a prescrites d'une façon précise sont obligatoires pour les patrons, sans qu'il soit besoin de leur donner des avertissements, et qu'en conséquence les inspecteurs peuvent dresser contre eux des procès-verbaux sans les avoir prévenus au préalable (1). Ainsi la mise en demeure n'est exigible que pour les prescriptions des réglements rendus en application des dispositions remplaçant celles du paragraphe 1er de l'article 14.

Voici maintenant quelles sont les prescriptions indiquées par la loi avec détail, applicables sans mise en demeure préalable et imposées seulement aux patrons d'établissements renfermant des appareils mécaniques : elles sont contenues dans les paragraphes 2 et 3 de notre article, qui disposent que les roues, courroies, engrenages ou tous autres organes pouvant offrir une cause de danger, seront séparés des ouvriers, de telle manière que l'approche n'en soit possible que pour les besoins du service. Le patron est d'ailleurs libre de séparer, comme il l'entendra, et au mieux de ses intérêts, les machines dangereuses des ouvriers visés, pourvu que la protection de ceux-ci soit suffisante et efficace.

Les puits, trappes et ouvertures de descente doivent être clôturés de manière à ce que ne puissent y tomber les personnes qui passent auprès.

Il n'est pas nécessaire, pour qu'il y ait contravention, que la cause de danger résultant de l'appareil ait été constatée antérieurement ; il avait été jugé de même sous la loi de 1874. (2)

Avant d'en finir avec les obligations que la loi impose aux chefs d'industrie pour la tenue de leurs ateliers, il

(1) Nimes, 21 avril 1883, (Bouquet, p. 430.) — Grenoble, 9 mars 1882, (Bouquet, p. 434.)

(2) Cass., arrêt déjà cité, 9 juin 1883.

nous reste à voir une disposition concernant la moralité des établissements industriels.

L'article 16, reproduisant l'article 15 de la loi de 1874, prescrit aux patrons de veiller au maintien des bonnes mœurs et à l'observation de la décence publique. On ne retrouve point pareille chose dans la loi du 12 juin 1893. Cet article convenait en effet spécialement aux établissements qui occupent en même temps des hommes, des femmes et des enfants. Il est applicable à tous les établissements et à toutes les parties de l'établissement, et non plus seulement aux ateliers comme sous la loi de 1874.

La prescription de l'article 16 n'est pas une simple obligation morale, mais une obligation pénale (1), sanctionnée non seulement par la loi de 1892, mais encore, si le défaut de surveillance a eu pour effet de favoriser, exciter, ou faciliter la débauche des mineurs, par les articles 334 et 335 du Code pénal. (2) Cela a été déclaré au Sénat et même un membre de cette assemblée avait fait remarquer que notre article, faisant double emploi avec les articles précités du Code pénal, pouvait être supprimé comme inutile. Mais il fut maintenu sur l'observation que, les inspecteurs n'ayant pas qualité pour faire appliquer les articles du Code pénal, il fallait leur donner le pouvoir spécial de faire respecter la morale publique.

Les inspecteurs ont d'ailleurs un pouvoir d'appréciation assez large, car l'article est conçu dans des termes assez vagues, trop vagues même pour un texte pénal.

Les prescriptions de l'article 14 que nous venons d'analyser sont l'objet d'une double sanction : c'est ce que nous allons examiner dans le paragraphe suivant, en voyant à

(1) Bry, p. 341.
(2) Lagrésille, n° 177.

quelles conséquences donne lieu l'arrivée d'un accident et de quelle façon la loi s'est préoccupée d'en assurer la réparation et d'en conjurer les suites.

B. — ACCIDENTS

L'inobservation des prescriptions que nous venons de voir donne lieu à l'application des pénalités prévues par les lois de 1892 ou de 1893, suivant les cas.

En outre, si un accident est survenu par suite de l'inexécution de la loi, les patrons sont passibles des peines portées dans les articles 319 et 320 du Code pénal, qui punissent d'amende ou de prison quiconque, par maladresse, imprudence, inattention, négligence ou inobservation des lois et règlements, a involontairement commis un homicide ou causé des blessures.

Mais, en prescrivant des précautions techniques, la loi n'a pas seulement eu pour but d'empêcher les accidents, elle a encore voulu prévenir les imprudences des ouvriers ; c'est ce qu'a décidé la Cour de cassation sous la loi de 1874 (1). En conséquence, le patron doit prendre toutes les précautions nécessaires pour préserver les enfants de toutes les chances d'accident, même de celles qui pourraient provenir de leur maladresse ou de leur imprudence personnelle (2) ; et même il a été jugé que si l'accident est arrivé à un enfant par suite de son inattention ou de sa négligence, l'enfant pourra

---

(1) Cass., 22 février 1883. *(Gazette du Palais.* 83, 1, 437*.

(2) Paris, 12 décembre 1881. *(Gazette du Palais.* 82, 1, 933*. — Paris, 19 mars 1886. *(Gaz. du Pal.,* 86, 1, 554.* — Besançon, 23 juin 1884, *(Gaz. du Pal.,* 84. 2. Sup. p., 136.)

demander à son patron des dommages-intérêts, s'il est établi
que toutes les précautions n'étaient pas prises. (1)

La loi du 9 avril 1898, concernant les responsabilités des
accidents dont les ouvriers sont victimes dans leur travail (2),
va même plus loin que ces décisions judiciaires, puisqu'elle
déclare les chefs d'industrie responsables des accidents survenus par le seul fait du travail ou à l'occasion du travail
sans se préocuper de savoir s'ils sont en défaut. C'est que
la loi de 1898 part de ce principe, que l'emploi « de ma-
« chines dont l'usage est si périlleux que la moindre
« inadvertance peut causer la mort de ceux qui les utili-
« sent » est déjà une « véritable imprudence inévitable
« d'ailleurs, mais dont il est juste de faire supporter en
« partie les conséquences à ceux qui en profitent le plus
« directement, c'est-à-dire aux chefs d'industrie » (3). C'est
pourquoi elle met à leur charge la réparation des dom-
mages causés par les accidents, en fixant les indemnités
auxquelles *ont droit* les ouvriers, indemnités qui varient
selon les cas.

Dès lors qu'un accident survient, le patron est en faute et
doit une réparation pécuniaire : il ne pourra y échapper
qu'en prouvant que la victime de l'accident l'a intention-
nellement provoqué. La loi a retourné le fardeau de la preuve

(1) Tribunal civil de la Seine, 26 février 1884. *(Gaz. du Pal.* 84. 1.
506.)

(2) Cette loi est applicable, non plus seulement aux enfants, mais à
• tous les ouvriers employés dans les établissements industriels dont elle
donne une énumération plus étendue que celle qui figure dans la loi de
1892 (exception faite toutefois pour les établissements de bienfaisance et
d'enseignement.)

La loi de 1898 laissant de côté les travaux agricoles, une loi récente du
30 juin 1899 en a étendu l'application aux accidents causés dans l'agriculture par l'emploi de moteurs inanimés.

(3) Mesnard, n° 52.

que la jurisprudence avait considéré, quant à la responsabilité civile, comme incombant à l'ouvrier.

La jurisprudence admettait donc deux théories différentes, suivant le point de vue considéré. Au point de vue de la responsabilité civile, c'était l'ouvrier qui devait faire la preuve de la faute du patron, car personne n'est présumé de plein droit en faute. Au point de vue pénal, le délit, consistant dans l'inobservation de la loi, étant prouvé, le patron, pour éviter les conséquences de la réparation, devait faire la preuve que l'accident à lui imputé n'avait pas pour cause le délit par lui commis, mais la propre faute de l'ouvrier. On avait essayé de concilier ces deux systèmes. Aujourd'hui cette difficulté a disparu en présence de la loi du 9 avril 1898 qui met la preuve à la charge du chef d'industrie. Nous n'insisterons pas davantage sur cette question, ni sur les motifs qui ont déterminé le législateur. La loi nouvelle a été l'objet de la part des industriels de nombreuses protestations et réclamations qui ont été portées devant le Parlement (1) ; l'administration a eu, à diverses reprises, l'occasion d'en réglementer, par des décrets, l'application (2). L'examen de ces questions nous entraînerait trop loin : elles méritent d'ailleurs une étude approfondie.

Lorsqu'un accident survient dans un établissement industriel, le chef d'industrie doit en faire la déclaration au maire

(1) Ces réclamations ont amené le vote de la loi du 24 mai 1899 (D. P., 99, 4, 40) sur *les opérations de la Caisse nationale d'Assurances*, qui a reculé (art. 2), au 1ᵉʳ juillet 1899, la date de la mise en vigueur de la loi de 1898. L'article 33 avait déclaré que la loi ne serait applicable que trois mois après la publication des règlements qu'elle prévoit : ces décrets ayant paru au *Journal Officiel* le 1ᵉʳ mars 1899, la loi devait entrer en vigueur le 1ᵉʳ juin suivant.

(2) Trois décrets du 28 février 1899 (*Journ. Off.*, 1ᵉʳ mars), en application des articles 26, 27 et 28 de la loi. — Décrets des 30 juin et 18 août 1899.

Une loi du 24 mai 1899 (*Journ. Off.*, 25 mai) a étendu, en vue de l'application de la loi de 1898, les opérations de la Caisse nationale d'assurances en cas d'accidents.

de sa commune : ainsi l'exige l'article 11 de la loi du 9 avril 1898. Cet article n'est que la reproduction de l'article 15 de la loi du 2 novembre 1892, lequel constituait une innovation et n'avait été introduit dans la loi que provisoirement, en attendant le vote de la loi sur les accidents, dont le projet avait été voté en première lecture le 13 février 1890 par la Chambre des députés ; il avait d'ailleurs déjà été reproduit par l'article 11 de la loi du 12 juin 1893, qui l'avait ainsi rendu applicable pour tous les travailleurs, sauf ceux des mines. La loi de 1898, qui s'étend aux mines, en rendant cette mesure obligatoire pour tous les chefs d'industrie, a formellement abrogé les articles 15 de la loi de 1892 et 11 de la loi de 1893. Cette abrogation emporte également abrogation des décrets rendus en application de ces articles ou des parties de ces réglements qui concernent les déclarations d'accidents. (1)

C'est donc maintenant uniquement l'article 11 de la loi de 1898 qui prescrit aux industriels leur devoir en cas d'accident ; cette mesure n'étant plus spéciale aux enfants, nous allons l'examiner brièvement.

Dans quel cas y a-t-il lieu de faire une déclaration ? Il faut déclarer, dit le paragraphe 1er de l'article 11, tout accident ayant occasionné une incapacité de travail. Ces expressions précisent qu'il s'agit d'accidents survenus à des personnes et non à des machines : il en était de même sous la loi de 1892 ; mais, aux termes de l'article 15, il fallait déclarer les accidents ayant causé à l'ouvrier une blessure. Ces termes étaient un peu vagues et l'on s'était demandé, lors de la discussion (2), ce qu'il fallait entendre par ces mots « blessures et accidents », et s'il fallait déclarer les

---

(1) Décret du 21 avril 1893 rendu en application de l'article 15. — Circul. aux préfets du 24 avril, et aux inspecteurs du 25 avril 1893.

(2) Discours de M. Blavier. (Sénat, séance du 4 juillet 1889.)

simples coupures au doigt. Le rapporteur avait expliqué que la loi n'entendait viser que les accidents empêchant les ouvriers de reprendre le travail immédiatement ; le décret du 21 avril 1893 n'exigeait des industriels que la déclaration des accidents entraînant une incapacité de travail d'au moins trois jours. La loi de 1898 a sanctionné cette solution en modifiant ainsi les termes de l'article 15.

Par qui la déclaration doit-elle être faite ? Par les chefs d'entreprise ou par leurs préposés. La loi de 1892 disait : « par le chef d'entreprise, ou à son défaut et en son absence, « par son préposé » ; mais on était généralement d'avis que, même si le patron était présent, la déclaration pouvait être faite par le préposé, qu'il eût été abusif d'obliger le patron à se déplacer personnellement. La loi nouvelle, en supprimant les mots « à son défaut ou en son absence », confirme cette opinion. Mais si la déclaration n'a pas été faite par le patron ou le gérant, outre que ce manquement aux obligations de la loi entraine contre eux une sanction pénale (1), elle pourra être faite par la victime ou ses représentants (paragraphe 3) ; elle pourra même être faite concurremment, cela résulte de la rédaction du paragraphe 3 : « la *même* « déclaration pourra être faite par la victime ou ses repré- « sentants. »

A qui la déclaration doit-elle être faite ? Au maire de la commune où est situé l'établissement. Le maire doit en donner immédiatement récépissé au déclarant, ainsi que du certificat médical qui doit être joint à la déclaration. Il doit également dresser, séance tenante, un procès-verbal de la déclaration. Enfin, le maire doit aviser immédiatement de l'accident l'inspecteur divisionnaire ou départemental du

---

(1) Art. 14 : « Sont punis d'une amende d'un à quinze francs les chefs « d'industrie ou leurs préposés qui ont contrevenu aux dispositions de « l'article 11... »

travail, s'il s'agit d'un accident purement industriel, ou l'ingénieur ordinaire des mines, lorsque l'accident a été commis dans les entreprises d'extraction.

Dans quel délai la déclaration doit-elle être faite ? Dans les quarante-huit heures à partir de l'accident ; toutefois, le maire ne pourrait se refuser à recevoir une déclaration une fois le délai passé.

Dans quelle forme la déclaration doit-elle être faite ? Elle doit contenir les noms et adresses des témoins de l'accident ; cette mesure a pour but de faciliter l'enquête de l'inspecteur.

Il doit y être joint un certificat de médecin indiquant l'état du blessé, les suites probables de l'accident, et enfin l'époque à laquelle il sera possible d'en connaître le résultat définitif. C'est au médecin qu'il appartient de voir quelles suites comporte l'accident. Le patron est seulement tenu de produire le certificat médical en même temps que la déclaration : ces deux obligations se complètent.

Pour régler tous les détails de cet article, sont intervenus deux règlements d'administration publique : l'un (décret du 30 juin 1899) indique quels sont les accidents à déclarer, en quelle forme doivent être faits la déclaration, le certificat médical, l'avis à l'inspecteur, l'avis au juge de paix qui doit lui être transmis par le maire, aux termes de l'article 12, dans le cas de blessure entraînant la mort ou une incapacité permanente, absolue ou partielle, de travail ; l'autre (décret du 18 août 1899) complète le premier en établissant des modèles de déclaration qui seront remis par les inspecteurs aux patrons. Une circulaire du Ministre du Commerce et de l'Industrie, en date du 21 août 1899 (1), rendue pour

---

(1) Une circulaire antérieure du Ministre de la Justice, en date du 10 août 1899 (*Rec. gén. des Lois*, 1899, p. 254), adressée aux procureurs généraux, avait, au point de vue de la déclaration des accidents, tracé à peu près les mêmes règles.

l'application de ces décrets, et qui donne aux préfets des conseils sur les règles qu'ils prescrivent, explique que bien que l'article 11, « à la différence des dispositions corres-
« pondantes et presque identiques contenues dans l'article
« 15 de la loi du 2 novembre 1892 et dans l'article 11 de
« la loi du 12 juin 1893, n'eût point délégué à un règle-
« ment d'administration publique le soin de déterminer la
« procédure de déclaration, il a paru indispensable d'assu-
« rer l'exécution uniforme de la loi nouvelle sur ce point. » (1)
Cela était en effet nécessaire, par suite de l'abrogation des décrets rendus en application des articles 15 et 11 des lois précitées.

(1) *Bull. de l'Off. du Travail*, septembre 1899, p. 779.

Contrôle

Pour assurer l'exécution de la loi, il était nécessaire d'établir un contrôle spécial. L'expérience, a dit un ancien ministre du Commerce italien, l'expérience « a montré que « les autorités ordinaires qui veillent à la sécurité publique « sont peu capables d'assurer l'observation des lois relatives « au travail des enfants, soit que la compétence technique « leur fasse défaut, soit que d'autres occupations impor- « tantes absorbent leur attention et leurs soins. » (1) Pour que ce contrôle soit efficace, il faut qu'il soit organisé sur des bases solides ; la loi de 1841, qui a créé la fonction d'inspecteur du travail, avait été impuissante à cet égard : la loi de 1892 a porté remède à cette situation.

Le contrôle est aujourd'hui exercé par le service de l'ins-pection du travail, et par les commissions supérieure et départementales.

$$\S\ I^{er}$$

Inspection du travail

C'est à la loi du 22 mars 1841 qu'il faut remonter pour trouver l'origine de l'institution des inspecteurs du travail : l'article 10 de cette loi chargeait le gouvernement d'établir des inspecteurs pour veiller à son exécution. Mais dès le

(1) Paroles de M. Cairoli, ancien ministre de l'Agriculture et du Com-merce à Rome, rapportées par M. Waddington. (Séance de la Chambre du 17 juin 1890.)

début, pour exercer cette surveillance, on institua des commissions composées d'hommes « dont la situation *était* « entourée de la considération générale, et qui *avaient* à « cœur de contribuer au bien public » (1), mais dont malheureusement les fonctions étaient gratuites ; aussi leur surveillance ne fut-elle jamais bien sérieuse. L'expérience prouva bientôt la nécessité de recourir, pour avoir un contrôle véritable, à des fonctionnaires salariés. Un projet en ce sens fut déposé en 1847 à la Chambre des pairs, par le baron Dupin, qui proposait la création de quatre inspecteurs généraux ayant chacun sous ses ordres un inspecteur divisionnaire ; mais la Révolution de 1848 ne permit pas de le discuter. Un nouveau projet, déposé au Sénat le **28 juin 1870**, n'eut pas plus de succès ; ce fut la guerre, cette fois, qui l'empêcha d'aboutir.

Ce n'est qu'en 1874 que l'inspection fut organisée d'une manière sérieuse. Encore cette organisation n'était-elle point exempte de tout reproche. La surveillance était assurée par trois ordres de services : les inspecteurs divisionnaires nommés par le gouvernement, les inspecteurs départementaux nommés par les conseils généraux et agissant sous la direction des inspecteurs divisionnaires ; enfin, les commissions locales, établies par les conseils généraux, dont les fonctions, gratuites, étaient de visiter les établissements et de contrôler le service des inspecteurs. Ces commissions, aux pouvoirs mal définis et dont le contrôle amena de fréquents conflits avec l'inspection, ne fonctionnèrent jamais de façon régulière. Le mode de nomination des inspecteurs manquait aussi d'unité.

La loi de 1892 a complétement réorganisé le service de la surveillance, en établissant un mode nouveau de nomination des inspecteurs, en précisant leurs pouvoirs et en suppri-

(1) Circulaire du 25 septembre 1854.

mant les commissions locales pour les remplacer par des
commissions départementales.

Dès avant la loi de 1874, le service de la surveillance
dans les mines avait été assuré d'une façon efficace par le
décret du 7 décembre 1868 qui avait attribué aux ingénieurs des mines les fonctions d'inspecteurs, mais qui les
chargeait en même temps du contrôle dans les manufactures.
Les lois de 1874 et de 1892 n'ont fait que confirmer cette
situation, seulement toutefois en ce qui concerne les mines.

Nous allons d'abord voir quelles sont les attributions des
inspecteurs du travail, quels sont leurs pouvoirs et comment
fonctionne ce service ; nous verrons ensuite les mêmes
questions au sujet des ingénieurs des mines.

A. — INSPECTEURS DU TRAVAIL

C'est l'article 17 qui consacre l'institution des inspecteurs du travail, institution qui avait été créée, comme
nous venons de le voir, par les lois antérieures. Il leur trace
également leur mission, mais il ne fait que poser le principe, la manière dont elle doit être remplie étant tracée par
les articles 20 et 21.

Les articles 18 et 19 s'occupent du mode de nomination
des inspecteurs, de la composition et de l'organisation de ce
corps : c'est ce que nous allons voir tout d'abord.

La loi de 1874 avait fixé à quinze le nombre des inspecteurs divisionnaires, qui étaient nommés par le ministre sur
la présentation d'une liste dressée par la Commission supérieure du travail. Ce nombre avait été augmenté et porté à
vingt-un par le décret du 27 mars 1885 (1), rendu en

(1) D. P., 85, 4, 85.

application de la loi du 16 février 1883, qui autorisait cette augmentation et chargeait les inspecteurs de l'application du décret-loi du 9 septembre 1848. La loi de 1874 créait des inspecteurs départementaux, mais laissait aux conseils généraux le soin de les nommer, sans indiquer le nombre et sans fixer de conditions de présentation ou d'admissibilté.

La loi de 1892 a apporté à cet état de choses diverses modifications. D'abord, tout en maintenant les deux classes d'inspecteurs, elle unifie leur mode de nomination, portant que les uns comme les autres seront nommés par le Ministre du Commerce et de l'Industrie, sous l'autorité duquel le service de l'inspection est placé (1). On a dit, pour justifier la nécessité de la création d'inspecteurs du travail, qu'il fallait charger de l'exécution des lois de réglementation des surveillants spéciaux, qu'en effet, « pour bien remplir un man- « dat, une fonction, il n'est rien de mieux qu'une respon- « sabilité d'autant plus définie qu'elle est personnelle », (2) et que, l'expérience l'a prouvé, pour accomplir cette mission spéciale, on ne pouvait s'en rapporter aux fonctionnaires ordinaires.

Pour donner plus de force et plus d'unité au service de l'inspection, pour assurer d'une façon uniforme l'exécution de la loi, il eût peut-être été utile de créer, comme il en existe en Angleterre, un poste d'inspecteur en chef chargé de la direction générale ; actuellement cette direction est répartie entre la Commission supérieure et le ministère du commerce.

Les inspecteurs divisionnaires sont chargés de la surveil- lance des régions industrielles formant des circonscriptions comprenant un ou plusieurs départements. La loi ne déter-

---

(1) Le service de l'inspection est rattaché à la direction du travail et de l'industrie, bureau de l'industrie et du travail dans les manufactures.

(2) Rapport Waddington.

mine pas l'étendue des circonscriptions et ne limite pas leur nombre ni celui des inspecteurs divisionnaires : ce soin est laissé à un décret rendu en forme de réglement, après avis du Comité des arts et manufactures et de la Commission supérieure.

Le gouvernement a, en vertu du pouvoir qui lui était confié, fixé, dans le décret du 13 décembre 1892 (1), à onze le nombre des inspecteurs divisionnaires, et a déterminé les circonscriptions et les résidences de ces inspecteurs ; ce nombre, ainsi que la limitation des régions peuvent être modifiés suivant les besoins du service.

Les inspecteurs départementaux, que la loi réorganise, sont placés sous l'autorité de l'inspecteur divisionnaire, dans la circonscription duquel se trouve le département à la tête duquel ils sont nommés ; les inspecteurs divisionnaires correspondent seuls avec le Ministre du Commerce et de l'Industrie sous les ordres de qui ils sont directement. Les inspecteurs départementaux ont les mêmes pouvoirs et les mêmes droits que les inspecteurs divisionnaires, au point de vue pénal (constatation des contraventions) ou administratif (visite des établissements et contrôle) ; mais ces pouvoirs sont strictement limités à l'étendue de leurs départements, et ils doivent toujours en référer dans les cas douteux à leur chef hiérarchique, à qui ils sont tenus de transmettre leurs procès-verbaux avant de les faire parvenir au parquet (2). La circulaire ministérielle du 19 décembre 1892 a précisé les devoirs des inspecteurs et les rapports de ces deux classes de fonctionnaires, ainsi que ceux qu'ils peuvent avoir avec les autorités administratives ou judiciaires.

Les fonctions de l'inspection départementale peuvent être

(1) *Lois nouvelles*, 1892, 3, 182.
(2) Circulaire ministérielle du 19 décembre 1892.

remplies par des femmes ; les paragraphes 2 et 4 de l'article 18 prévoient en effet des inspectrices départementales. Au contraire, le poste d'inspecteur divisionnaire doit toujours être dévolu à des hommes.

Nous avons dit que c'est le Ministre du Commerce et de l'Industrie qui nomme, par simple arrêté, les inspecteurs départementaux ; on a voulu assurer l'unité du service de l'inspection et donner une origine commune à ces deux ordres de fonctionnaires qui ont la même mission et les mêmes fonctions. Le système de la loi de 1874, qui faisait dépendre des conseils généraux les inspecteurs départementaux, était illogique, car il les soustrayait en partie à l'autorité de leurs chefs, et, en tout cas, rendait leurs rapports plus difficiles (1).

Comme pour les inspecteurs divisionnaires, l'article 18 a laissé à un décret le soin de déterminer les départements dans lesquels il y aura lieu de créer des inspecteurs départementaux, ainsi que celui de fixer le nombre, le traitement et les frais de tournées de ces inspecteurs.

On a ainsi tout à fait soustrait à l'influence des conseils généraux tout ce qui a trait à l'inspection, en confiant au gouvernement, après avoir pris l'avis d'autres autorités, la charge de décider de l'existence d'un poste d'inspecteur dans tel département. C'est le décret du 13 décembre 1892, que nous avons déjà vu, qui a réglé ces détails ; il fixe à quatre-vingt-douze le nombre des inspecteurs et inspectrices départementaux (2), et détermine les sections territoriales qui leur sont affectées et leurs résidences (3) ; il crée cinq

(1) Mesnard, n° 67.

(2) Un décret du 27 décembre 1892 maintenait provisoirement les quinze inspectrices existant dans le département de la Seine, le décret précédent en ayant fixé le nombre à dix.

(3) Ce nombre et cette détermination peuvent être et ont d'ailleurs déjà été modifiés, car il s'agit de l'exécution du décret et non pas de celle de la loi, qui ne pourrait être changée que par le Parlement.

classes d'inspecteurs départementaux et trois classes d'inspecteurs divisionnaires, et fixe leurs traitements, ainsi que celui des inspecteurs stagiaires, poste sur lequel nous allons revenir ; enfin il fixe aussi leurs frais de tournées et de bureau. Un décret du 10 avril 1894 a apporté quelques modifications à l'établissement des circonscriptions et résidences ; enfin un arrêté ministériel du 3 mars 1893 a indiqué la circonscription de chaque inspecteur ou inspectrice départemental dans un certain nombre de départements, conformément à l'article 3 du décret qui lui avait laissé ce soin. Avant d'en finir avec le décret, disons qu'il a fixé également les postes affectés à des inspectrices, postes spéciaux qui ne pourraient être attribués à des inspecteurs, indifféremment ; celles-ci ne visitent que les établissements employant uniquement des femmes et ne se servant pas de moteurs mécaniques.

La nomination des inspecteurs du travail est laissée au Ministre du Commerce et de l'Industrie, mais à certaines conditions : il ne peut, aux termes de l'article 19, nommer que les candidats ayant satisfait aux conditions et au concours que fixe la loi nouvelle ; et la nomination au poste d'inspecteur titulaire ne sera définitive, aux termes du même article, qu'après un stage d'un an.

L'obligation d'un stage constitue une innovation ; c'est d'ailleurs une très bonne mesure. Le fait d'avoir été admis au concours ne donne droit qu'au poste de stagiaire : ce n'est qu'après une année, pendant laquelle le nouveau fonctionnaire pourra faire ses preuves, que sa nomination deviendra définitive. Le traitement des stagiaires est, nous l'avons vu, fixé par le décret du 13 décembre 1892.

L'obligation du concours pour les candidats à l'inspection est aussi une innovation. La loi de 1874 n'exigeait du ministre que de choisir les inspecteurs divisionnaires sur des listes de présentation de candidats ayant le titre d'ingénieur ou le diplôme de l'Ecole centrale, ou ayant dirigé pendant cinq ans un établissement de cent ouvriers au moins, listes dressées par la Commission supérieure. La nouvelle mesure est générale et s'applique à tous les inspecteurs, divisionnaires comme départementaux : il faut qu'ils remplissent certaines conditions d'admissibilité et il faut qu'ils aient subi avec succès les épreuves d'un concours. La tâche de fixer les conditions auxquelles doit satisfaire tout candidat au poste d'inspecteur, ainsi que le programme du concours, est confiée à la Commission supérieure par l'article 22, que nous étudierons plus loin : la Commission supérieure a arrêté ces conditions dans une délibération du 26 novembre 1892, approuvée par arrêté du ministre du commerce du 7 décembre suivant.

Le ministre ne peut nommer que les candidats qui sont admis suivant ces règles.

Le même article 22 contient des dispositions transitoires aux termes desquelles les inspecteurs divisionnaires nommés en vertu de la loi de 1874 et en fonctions au moment de la mise en vigueur de la loi de 1892 pouvaient être répartis, suivant les exigences du service, entre les divers postes d'inspecteurs divisionnaires et départementaux, sans être assujettis à subir le concours ; et enfin les inspecteurs départementaux pouvaient être conservés sans subir un nouveau concours.

Les inspecteurs du travail, appelés à rédiger des procès-verbaux qui font foi en justice, sont obligés de ce chef de prêter, avant leur entrée en fonctions, un serment professionnel qui est réglementé par deux circulaires, l'une du Ministre du Commerce du 8 novembre 1875, et l'autre du Ministre de la Justice du 30 novembre de la même année (1). C'est le préfet du département de leur résidence, délégué

(1) V. Bouquet, p. 384 et 385.

spécialement à cet effet par le ministre, lorsque leur surveillance s'étend sur plusieurs départements, qui doit, aux termes de ces circulaires, recevoir leur serment, lequel n'est prêté qu'une fois et n'a pas besoin d'être renouvelé à chaque changement de résidence (1). Ces circulaires n'ont rien perdu de leur valeur depuis la loi nouvelle.

A ce serment professionnel s'ajoute un serment spécial : celui de ne point révéler les secrets de fabrication, et, en général, les procédés d'exploitation dont ils pourraient prendre connaissance dans l'exercice de leurs fonctions (art. 18, § 5). C'est pour éviter le danger d'indiscrétions qui pourraient causer des préjudices aux industriels que la loi a ajouté cette formule au serment général de bien et loyalement remplir leurs fonctions que doivent prêter les inspecteurs ; c'est aussi pour attirer leur attention sur ce point et les mettre en garde contre le danger de parler, même sans intention de nuire, des secrets que leur mission les met à même de connaître.

Aussi toute violation est-elle punie, conformément à l'article 378 du Code pénal (art. 18, § 6), d'un emprisonnement d'un mois à six mois, et d'une amende de 100 à 500 francs, sauf application de l'article 463 du même code qui vise les circonstances atténuantes. Les inspecteurs devront donc rédiger leurs procès-verbaux avec beaucoup de soin pour éviter toute divulgation de secrets qui pourrait donner lieu à l'application de l'article en question. Cette sanction s'applique sans préjudice des pénalités disciplinaires qui peuvent être ajoutées par l'administration. Les deux serments doivent être prêtés par les inspecteurs départementaux, aussi bien que par les inspecteurs divisionnaires.

L'article 17, § 1, nous l'avons dit, fixe les attributions générales des inspecteurs : ils sont chargés d'abord d'assurer

____

(1) Circulaire ministérielle du 19 décembre 1892.

l'exécution de la loi du 2 novembre 1892, sauf dans les exploitations de mines, minières et carrières où l'exécution de la loi est confiée par le paragraphe 3 aux ingénieurs et contrôleurs des mines ; nous verrons plus loin, dans un paragraphe spécial, quelle est, à cet effet, la mission des ingénieurs.

Les inspecteurs ne jouissent pas seuls du droit de constater les contraventions à la loi de 1892 : les officiers de police judiciaire, juges d'instruction, procureurs, commissaires de police notamment, juges de paix, etc., ont, concurremment avec eux, le droit de rechercher les infractions à cette loi (1), car leur compétence est générale. Ils n'ont d'ailleurs pas besoin de consulter les inspecteurs pour procéder aux enquêtes ; c'est ce qui a souvent eu lieu, surtout en matière d'accidents, malgré les conseils des Ministres de l'Intérieur et de la Justice, recommandant aux fonctionnaires placés sous leur autorité de prendre en ces matières l'avis des inspecteurs, plus à même, en vertu de leurs fonctions, de juger de l'opportunité des poursuites (2). Il est évident, en effet, qu'il faut laisser le soin de la surveillance à ces fonctionnaires, institués spécialement à cet effet, et que si, par suite des circonstances, l'initiative a été prise par les fonctionnaires ordinaires, il sera sage de consulter les inspecteurs sur la suite à donner aux constatations relevées. Mais les inspecteurs ne sont pas eux-mêmes officiers de

(1) Cela a été reconnu dans la discussion (Lagrésille, n° 184).

(2) Circulaire du Ministre de la Justice du 1ᵉʳ mars 1876 aux Procureurs généraux, sur l'intervention des inspecteurs divisionnaires dans les enquêtes sur les accidents :

Circulaire du 14 avril 1881 aux Procureurs généraux, les invitant à faire connaître aux inspecteurs divisionnaires la suite donnée aux procès-verbaux ;

Circulaire du 27 avril 1881, sur la notification aux inspecteurs divisionnaires des jugements rendus en matière de contravention à la loi de 1874 (Dans Bouquet, pages 387, 389, 390).

police judiciaire ; il faudrait pour cela que la loi l'eût déclaré formellement. En conséquence, ils ne sont pas justiciables de la juridiction établie par l'article 438 du Code d'instruction criminelle, en faveur des officiers de police judiciaire pour les crimes et délits commis dans l'exercice de leurs fonctions. (I)

L'article 17 charge encore le service de l'inspection de l'application de la loi du 9 septembre 1848, relative à la durée du travail des adultes dans les manufactures (maximum de douze heures). Par suite de la négligence des commissaires de police chargés de la faire exécuter, cette loi était tombée en désuétude : une loi du 17 février 1883 l'a remise en vigueur et a confié son application aux inspecteurs du travail ; la loi nouvelle n'a fait que consacrer cette situation.

Enfin, notre article charge également les inspecteurs, « concurremment avec les commissaires de police » est-il dit textuellement, de l'exécution de la loi du 7 décembre 1874 relative à la protection des enfants employés dans les professions ambulantes et théâtres forains. Une disposition de notre loi (art. 8) complète sur ce point la loi du 7 décembre 1874, déclarant applicable aux concerts et théâtres sédentaires les prescriptions nouvelles.

Deux lois récentes rentrent encore dans les attributions des inspecteurs : ce sont la loi du 12 juin 1893 sur l'hygiène et la sécurité des travailleurs et celle du 9 avril 1898 relative aux accidents. L'article 4 de la première les charge formellement de l'exécution de la loi et des réglements rendus pour son application ; l'article 31 de la seconde dispose que les infractions aux articles 11 et 31 de cette loi pourront être constatées par les inspecteurs du travail.

____

(1) Sirey, *Codes annotés,* n°ˢ 13 à 18.

Les inspecteurs divisionnaires doivent adresser au Ministre du Commerce et de l'Industrie un rapport annuel (rédigé d'après un rapport semblable qui doit leur être envoyé par les inspecteurs départementaux de leur circonscription). Ce rapport, relatif au fonctionnement du service et à l'application de la loi, et auquel sont joints des états récapitulatifs des accidents constatés, des procès-verbaux dressés et des établissements visités, est destiné à être communiqué à la Commission supérieure pour lui servir à la rédaction du rapport qu'elle doit adresser elle-même au Président de la République ; il peut être publié, et, en fait, ces rapporteurs sont toujours publiés à la suite de celui de la Commission supérieure. (1)

Outre ces attributions générales et en dehors de la surveillance qui leur est confiée, les inspecteurs ont une mission spéciale dont les charge l'article 21 : c'est celle d'établir « la statistique des conditions du travail industriel » dans la région qu'ils sont appelés à surveiller. En l'absence d'une définition de ces termes, il faut se reporter aux travaux préparatoires qui établissent que le législateur a entendu parler de la situation industrielle à un point de vue général ; cette statistique doit donc porter sur tous les établissements industriels de la région, sur le personnel ouvrier *tant majeur que mineur*, sur les salaires et la durée du travail, sur les travaux exécutés, la valeur et la quantité des produits. Cette statistique doit servir à établir un rapport d'ensemble résumant ces communications et publié chaque année par les soins du Ministre du Commerce et de l'Industrie.

Nous allons examiner maintenant la manière dont fonctionne le service de l'inspection. Pour accomplir la mission de surveillance qui leur est confiée, les inspecteurs se voient accorder par l'article 20 trois sortes de droits en dehors des

____

(1) Circulaire du 19 décembre 1892.

attributions spéciales que leur confèrent différents articles, attributions sur lesquelles nous nous sommes expliqué en étudiant ces articles et que nous n'allons faire que rappeler.

Les inspecteurs doivent en effet, aux termes de l'article 1er, § 4, prescrire, dans les ateliers de famille où le travail se fait à l'aide de chaudières à vapeur ou de moteur mécanique et dans ceux où l'industrie exercée est classée au nombre des établissements dangereux ou insalubres, des mesures de sécurité et de salubrité à prendre conformément aux articles 12, 13 et 14. L'article 2, § 4, leur permet de requérir l'examen médical de tous les enfants au-dessous de seize ans, déjà admis dans les établissements visés par la loi, pour constater si le travail dont ils sont chargés excède leurs forces et, dans ce cas, d'exiger leur renvoi immédiat de l'établissement, sur l'avis conforme du médecin. En cas de chômage résultant d'une interruption accidentelle ou de force majeure, ils peuvent lever temporairement, dans n'importe quelle industrie et pour un délai déterminé, l'interdiction du travail de nuit (art. 4, *in fine*.) Ils peuvent, aux termes de l'article 7, lever temporairement l'obligation du repos hebdomadaire et les restrictions relatives à la durée du travail, dans certaines industries déterminées par un décret, et pour les travaux visés par l'article 5. Ils peuvent requérir un duplicata de l'affiche qui doit être apposée dans les salles de travail et qui doit leur être envoyée (art. 11, § 2) ; ils doivent viser le tableau indicatif des conditions du travail qui doit être placé dans les établissements de bienfaisance ou d'enseignement, et doivent recevoir l'état nominatif imposé aux chefs de ces établissements (art. 11, §§ 4 et 5). Enfin, avis des déclarations d'accident doit leur être donné par les maires (art. 15, § 4).

L'article 20 leur donne le droit d'entrée dans les établissements industriels soumis à la loi ; tous les établissements peuvent être visités par l'inspecteur, notre article ayant dit

que le droit de visite s'appliquait à *tous les établissements
visés dans l'article* 1er : ne sont donc exceptés que les ateliers
de famille qui n'emploient ni chaudière, ni moteur mécanique. La loi n'ayant apporté au droit d'entrée aucune
restriction, les inspecteurs peuvent pénétrer dans les établissements, à toute heure du jour et de la nuit (seulement
dans ceux qui fonctionnent la nuit) et sans réquisition.

On a objecté, pour contester aux inspecteurs le droit de
pénétrer la nuit dans les établissements, que les perquisitions domiciliaires ne peuvent avoir lieu que le jour. Or, il
ne s'agit pas ici de perquisition domiciliaire, mesure d'instruction judiciaire qui a pour but de constater un crime ou
un délit connu, mais d'une mesure de surveillance administrative, dont le motif est de voir dans quelles conditions est
exécutée la loi. D'ailleurs, les perquisitions ne peuvent être
exercées que par les officiers de police judiciaire : nous
savons qu'on ne peut appliquer cette qualité aux inspecteurs.
Enfin, sans aller jusqu'à considérer les manufactures où
travaillent un grand nombre d'ouvriers comme des « lieux
« où tout le monde est admis indistinctement, tels que ca-
« fés, cabarets et boutiques » (1), comme des lieux publics en
un mot, on ne peut toutefois les regarder comme domiciles
particuliers ; ce sont des endroits d'un caractère spécial,
mais qui se rapprochent plutôt de la première acception que
de la deuxième.

Si, au contraire, on ne travaille pas habituellement la
nuit dans les établissements, les inspecteurs peuvent-ils y
pénétrer, après le coucher du soleil, pour s'assurer si l'interdiction du travail de nuit est respectée ? La Cour de
cassation a jugé que l'on doit considérer comme lieu privé
les établissements publics après l'heure de la fermeture quand,

____

(1) Décret des 19-22 juillet 1791.

de fait, ils ne sont pas ouverts (1) ; on doit, dans le silence de la loi, appliquer cette décision aux établissements industriels. Mais si des traces extérieures permettaient à l'inspecteur de constater la présence d'ouvriers à l'usine pendant la nuit, on ne pourrait concevoir que celui-ci n'ait pas le droit de pénétrer dans l'établissement pour dresser procès-verbal de l'infraction.

Quelle doit être la conduite des inspecteurs lorsqu'ils exercent leur droit de visite vis-à-vis des dépendances des établissements industriels ? La circulaire du 19 décembre 1892 leur prescrit leur devoir à cet égard. « Il convient « d'apporter dans ces visites du tact et de la discrétion, car « les locaux font souvent partie du domicile privé de l'in- « dustriel. L'inspecteur pourra presque toujours se rendre « compte des conditions de salubrité des locaux pendant le « jour, alors qu'ils sont inoccupés ; à moins de circons- « tances exceptionnelles, il s'abstiendra d'y pénétrer lors- « qu'ils seront habités par le personnel employé par le chef « de l'établissement. Il convient que, surtout lorsque l'atelier « se confond avec le logement même de l'ouvrier, les visites « y soient faites pendant les heures ordinaires du travail ; « les inspecteurs s'abstiendront surtout de s'y présenter la « nuit, et autant que possible aux heures de repas. Le « contrôle ne sera ni vexatoire, ni même gênant pour les « familles ouvrières. » Disons, en passant, qu'aux termes de cette circulaire, les inspecteurs sont munis d'une carte de service destinée à les faire reconnaître des industriels.

Les inspecteurs peuvent avoir besoin de se faire aider d'experts ; la loi de 1874 le permettait aux membres des commissions locales, et on avait étendu cette autorisation aux inspecteurs. La loi de 1892 ne dit rien sur ce point,

(1) Cass., 19 mars 1829, 12 nov. 1840, 17 nov. 1860 (D. P., 60, 5, 417). — Cass., 2 mars 1866 (D. P., 69, 5, 407).

étant donné qu'elle exige des inspecteurs une capacité spéciale en matière mécanique ; il semble donc que cette autorisation soit supprimée.

Le droit de visite comprend celui d'inspecter le matériel et le personnel de l'établissement : cela a été reconnu lors de la discussion ; et si l'on a supprimé la mention de la loi de 1874 qui donnait aux inspecteurs le droit de visiter les enfants, c'est que ce droit s'étend, non plus seulement aux enfants, mais encore aux filles et aux femmes, ainsi d'ailleurs qu'au matériel.

Le second droit, conféré par l'article 20 aux inspecteurs, a trait au contrôle des registres, livrets et règlements intérieurs, concernant les heures de travail et de repos, le travail de nuit, le jour de repos hebdomadaire, etc, prescrits par les articles 5, 10 et 11, que les inspecteurs peuvent toujours se faire représenter. Ils peuvent également exiger qu'on leur exhibe le certificat d'aptitude physique mentionné à l'article 2.

Enfin, les inspecteurs ont le droit de constater les contraventions et d'en dresser des procès-verbaux ; ce troisième droit comprend tous les autres et les résume : c'est le meilleur moyen de surveillance, la manière la plus efficace d'assurer l'exécution de la loi (1).

Les procès-verbaux doivent, sous peine de nullité, être datés et signés par leurs auteurs. Il n'est pas nécessaire que les procès-verbaux des inspecteurs soient affirmés devant le maire ou le juge de paix : ainsi en avait décidé une circulaire ministérielle du 25 septembre 1854 ; la loi nouvelle n'a rien innové sur ce point.

---

(1) « Un procès-verbal est la constatation écrite par un fonctionnaire, « tenant de la loi un pouvoir spécial, des faits qu'il a lui-même vérifiés et « des déclarations qu'il a reçues. » (Malpeyre et Mesnard, *Traité des contraventions de simple police.*)

Aux termes de la circulaire du 19 décembre 1892, les inspecteurs doivent mentionner chaque contravention, rappeler l'article de la loi qui s'y rapporte, donner des explications sommaires sur les incidents et reproduire les explications fournies par l'industriel. C'est pour permettre aux tribunaux de juger en connaissance de cause et d'apprécier réellement l'affaire que ces mentions sont exigées. En cas de récidive, la circulaire ajoute qu'il est indispensable de rappeler les dates du procès-verbal et du jugement précédents.

Les procès-verbaux des inspecteurs font foi, dit le paragraphe 2 de l'article 20, jusqu'à preuve contraire, c'est-à-dire que les faits qui y sont relatés sont tenus pour vrai, tant que l'inculpé ne prouve pas que l'affirmation apportée par l'inspecteur est inexacte. Ils ne font foi que des choses constatées, mais non des circonstances qui les ont accompagnées ou des appréciations de l'inspecteur.

Ces procès-verbaux sont dressés en double exemplaire dont l'un est envoyé au préfet du département et l'autre déposé au parquet (art. 20 § 3). Il est bien évident qu'il s'agit du préfet du département et du parquet de l'arrondissement où le fait qui a donné lieu au procès-verbal a été constaté. Mais, s'il n'a pas été dressé en double exemplaire, le procès-verbal est-il nul ? Nous croyons, avec M. Mesnard (1), qu'il faut adopter la négative, la loi n'ayant pas prononcé explicitement la nullité pour cette omission et cette formalité n'étant pas essentielle.

D'après la circulaire du 19 décembre 1892, les procès-verbaux des inspecteurs départementaux doivent être envoyés, dans les trois jours, à l'inspecteur divisionnaire qui les vise et apprécie s'il y a lieu ou non d'en saisir le parquet, et, dans le cas où il estime qu'il y a lieu d'y

____

(1) *Op. cit.*, n° 77.

donner suite, il doit les envoyer dans un délai de quinze jours. L'article 20 n'avait pas fixé de délai : il n'y avait que celui de la prescription ; mais la circulaire a jugé, avec raison, que les difficultés de cette sorte doivent être dénouées le plus rapidement possible.

Les procès-verbaux des inspecteurs ne sont pas le seul moyen de constater les contraventions. C'est le mode le plus habituel évidemment, mais les infractions peuvent être établies par les moyens de preuves du droit commun et notamment par les procès-verbaux des officiers de police judiciaire : cela avait été jugé sous l'empire de la loi du 22 mars 1841 (1) ; la loi nouvelle a confirmé cette décision d'une manière formelle en disposant que les prescriptions de l'article 20 ne dérogent point aux règles du droit commun quant à la constatation et à la poursuite des infractions à la loi (art. 20 § 4).

Mais si les officiers de police judiciaire conservent leurs droits à l'égard de la constatation des infractions, jouissent-ils des pouvoirs attribués aux inspecteurs de pénétrer dans les établissements, de contrôler les registres et d'inspecter le personnel ? Aux termes du droit commun, ils ne peuvent entrer dans un domicile privé qu'en vertu d'un mandat du juge d'instruction. Mais la Cour de cassation avait jugé « qu'il « suffisait que l'entrée de l'établissement n'eût pas été « refusée et que le maître eût répondu aux interpellations du « commissaire de police pour que la régularité du procès-« verbal de ce fonctionnaire ne pût être contestée. » (2) Allant même plus loin un autre arrêt décidait « que les « commissaires de police avaient, comme les inspecteurs, « le droit de s'introduire dans les établissements, à toute « heure et sans réquisition, pour se faire rendre compte de

(1) Cass., 15 mars 1862 (D. P. 62, 1, 444).
(2) Cass., 30 juin 1860 (D. P. 60, 5, 389).

« l'exécution des dispositions concernant le travail des
« enfants et dresser procès-verbal des contraventions qui
« y seraient commises. » (1) La loi de 1874, au contraire,
disposait que les prescriptions relatives aux droits des
inspecteurs ne dérogeaient point aux règles du droit commun, quant à la constatation et à la poursuite des infractions
à la loi : ces mots spécifiaient le pouvoir des officiers de
police et leur retiraient le droit de surveillance que la Cour
de cassation leur avait reconnu ; les travaux préparatoires
font foi que c'était dans ce but précis qu'on avait ainsi
rédigé ce paragraphe. La loi de 1892, en reproduisant
textuellement cette partie de la loi de 1874, a consacré
cette solution.

Les officiers de police n'ont donc plus le droit de pénétrer
dans les établissements industriels pour surveiller d'une
façon permanente : ce droit est exclusivement réservé aux
inspecteurs ; ils ne peuvent plus y entrer que, suivant le
droit commun, pour constater une infraction dénoncée ou
soupçonnée. (2)

La loi, en effet, en donnant aux inspecteurs des pouvoirs
spéciaux, n'a pas entendu supprimer les pouvoirs, conférés
par le Code d'instruction criminelle aux officiers de police
judiciaire, de poursuivre et de réprimer, d'une façon générale, les infractions aux lois pénales, mais elle a, en créant
un corps spécial de fonctionnaires, dispensé ces officiers de
prendre dans les établissements auxquels elle s'applique
des mesures de surveillance préventive. C'est ainsi que la
circulaire du 1er mars 1876 recommandait aux magistrats
qui ont à diriger des enquêtes judiciaires de recourir à
l'expérience et aux connaissances spéciales des inspecteurs

______

(1) Cass., 15 mars 1853 (D. P. 60, 1, 512).
(2) *Sic*, Nusse et Périn, nos 15 ; Lagrésille, n° 231. — *Contrà*, Tallon,
p. 127.

et rappelant que « les chefs de parquet et juges d'ins-
« truction peuvent faire constater les infractions qui leur
« seraient dénoncées par toutes les voies de droit commun »
elle ajoutait que « le vœu de la loi est que les inspecteurs
« soient les surveillants ordinaires des ateliers. Ce serait
« nuire à leur autorité que de soumettre les procès-verbaux
« qu'ils transmettent aux parquets à un contrôle habituel
« de la part des agents de la police judiciaire. Les parquets
« devront donc s'abstenir de faire vérifier, soit par les
« commissaires de police, soit par la gendarmerie, les faits
« qui auront été l'objet des constatations régulières de la
« part des inspecteurs. » Une autre circulaire du 7 avril
1884, adressée par le Ministre de la Justice aux procureurs
généraux, leur prescrit de n'appeler les inspecteurs comme
témoins devant les tribunaux que si leur présence est
indispensable.

Certains auteurs ont regretté l'influence accordée aux
inspecteurs dans la constatation des contraventions et ont
désiré voir contrôler leurs procès-verbaux par les autorités
ordinaires, car ils sont trop souvent, dit-on, insuffisants et
incomplets. (1) On peut répondre que les inspecteurs, mieux
recrutés et possédant des connaissances techniques, rédigent
mieux qu'autrefois leurs procès-verbaux ; et si la circulaire
ministérielle prescrit de ne pas soumettre constamment ces
procès-verbaux à un contrôle vexatoire pour les inspecteurs,
c'est pour ne pas diminuer leur autorité, mais elle ne
défend pas aux parquets d'ordonner, s'ils le jugent nécessaire, des compléments d'enquête.

On a regretté également que les inspecteurs s'attribuent
le pouvoir de tolérer arbitrairement certaines infractions à
la loi. Est-ce si regrettable ? Le Ministre ne l'a pas pensé,

(1) Morillot, *France judiciaire*, 1er mars 1877, p. 108 ; Le Poittevin,
Dictionnaire des Parquets, tome II, p. 56.

puisque la circulaire du 19 décembre 1892 porte que
« lorsque l'établissement n'a pas encore été suspecté, il est
« bon de ne pas user de rigueur à la première visite. »
C'est que les prescriptions de la loi sont nombreuses et mi-
nutieuses et qu'il ne faut pas décourager, surtout au début,
les industriels par une application trop rigoureuse. C'est
pourquoi la circulaire ajoute : « Bien que les inspecteurs
« aient le droit et le devoir de dresser procès-verbal lorsqu'ils
« se trouveront en présence de contraventions graves ou d'un
« mauvais vouloir évident, ils doivent néanmoins tendre à
« donner à leur action un caractère plutôt préventif que ré-
« pressif. Lors de leurs visites, ils avertiront les industriels
« de ce qu'ils ont à faire pour se conformer à toutes les lois
« de protection du travail et leur fourniront, dans le plus
« court délai possible, les renseignements dont ceux-ci peu-
« vent avoir besoin. Il est expressément recommandé aux ins-
« pecteurs de ne jamais accepter l'hospitalité des industriels
« placés sous leur surveillance ». On verra que, grâce à des
tolérances intelligentes et impartialement accordées, les
inspecteurs sont arrivés à faire accepter la loi qui est maintenant, sauf sur certains points qui appellent une modification, généralement bien appliquée.

B. — INGÉNIEURS DES MINES

C'est, nous l'avons dit en voyant l'article 9, pour éviter
toute espèce de conflit entre le service des mines et les inspecteurs du travail, et pour ne pas scinder la surveillance
entre deux ordres d'inspecteurs et la rendre par suite ineffi-
cace, que l'article 17, dans son paragraphe 3, a confié, en
ce qui concerne les exploitations de mines, minières et

carrières, l'exécution de la loi aux ingénieurs et contrôleurs des mines.

Mais quels sont les travaux soumis au contrôle des ingé-nieurs ? N'ont-ils à s'occuper que des travaux souterrains des mines, minières et carrières, ou bien leur surveillance doit-elle s'exercer sur tous les travaux de la mine, ceux de la surface comme ceux du sous-sol ? On ne trouve dans la loi aucune indication qui permette de conclure dans un sens ou dans l'autre ; peu de choses également dans les travaux préparatoires. Toutefois, il faut remarquer que la loi du 19 mai 1874 (1) avait chargé, concurremment avec les ins-pecteurs, les *gardes-mines*, du soin de constater les contra-ventions lorsqu'il s'agissait de *travaux souterrains*. Or, cette dernière expression, qui avait été conservée dans le texte primitif de l'article de notre loi (2), organisant l'inspection des ingénieurs, a été remplacée par les mots « exploitations « de mines, minières et carrières. » Il semble donc bien que c'est la surveillance de tous les travaux exécutés dans les mines, ou, pour parler plus exactement, de tous les travaux qui se rattachent à une exploitation minière, qui est confiée aux ingénieurs. C'est d'ailleurs ce qui ressort de ce passage du rapport fait à la Chambre au nom de la Commission : « Nous avons maintenu les dispositions déjà votées, d'après « lesquelles pour les exploitations des mines, minières et « carrières, l'exécution de la loi est exclusivement confiée « aux ingénieurs et gardes-mines, chargés depuis long-« temps de la surveillance des travaux souterrains ; en nous « conformant au principe de la responsabilité unique, nous « éviterons les conflits qui se produisaient au sujet de l'ins-

____

(1) Article 18.

(2) Le paragraphe 3 de l'article 17 du projet, voté en 1888 par la Chambre et en 1889 par le Sénat, commençait par ces mots : « Toutefois, en ce qui concerne les travaux souterrains... »

« pection, et dont l'effet était nuisible à la bonne marche du
« service. » (1)

Le rapport indique en même temps la cause pour laquelle
on a distrait du service des inspecteurs la surveillance des
mines, et montre que des conflits existaient déjà sous l'ancienne loi ; ils n'auraient fait que s'aggraver si la surveillance du travail avait été exclusivement confiée aux inspecteurs.

Il aurait été d'ailleurs peu logique, ainsi que le constate
M. Bouquet (2), de faire inspecter, dans la même exploitation
minière, les travaux souterrains par les ingénieurs des
mines, et ceux de la surface par les inspecteurs du travail.

C'est ce qui est apparu à la Commission supérieure du travail ; aussi, est-ce sur son avis, et pour suppléer au mutisme
de la loi sur ce point, que le Ministre du Commerce et de
l'Industrie, sous l'autorité duquel notre article 17 (§ 3) a
placé les ingénieurs des mines pour le service qui nous
occupe, a déterminé, dans une instruction aux ingénieurs
en chef (3), quels sont les établissements soumis à leur
surveillance.

Il était nécessaire de préciser la portée des mots « exploi-
« tations de mines, minières et carrières », et d'indiquer
quelles dépendances de ces exploitations leur sont assez
intimement liées pour être considérées comme ne faisant
avec elles qu'un seul tout. C'est ce qu'a fait la circulaire
visée ; elle a donc déclaré comme uniquement soumises à la
surveillance des ingénieurs, à l'exclusion de celle des inspecteurs : « 1° Les dépendances des exploitations proprement
« dites des mines, minières et carrières (4) qui y sont rat-

(1) Richard Waddington, rapport cité.
(2) *Op. cit.*, p. 177.
(3) Circulaire du 4 mai 1893.
(4) Ces mots ont été définis d'après la loi du 21 avril 1810, sous l'article 9
(V. *suprà*, § 5 de notre section II).

« tachées expressément en vertu des stipulations sur la
« police des mines ; les dépendances qui rentrent incontes-
« tablement dans cette catégorie sont, en dehors des places
« mêmes, carreaux ou plâtres des mines, avec leurs voies
« de chargement et de déchargement, les ateliers de triage,
« criblage et lavage des combustibles ou des minerais
« établis à l'orifice ou au voisinage immédiat des puits et
« galeries ;

« 2° Les dépendances qui se rattachent industriellement
« et matériellement à une exploitation minière dans les-
« quelles l'exploitant se borne à une première transformation
« simple des produits par lui extraits, pourvu que ces
« dépendances se trouvent établies sur le carreau de la
« mine, minière ou carrière, ou dans son voisinage immédiat
« et reliées directement aux puits et galeries par des voies
« dépendant de l'entreprise, dont elles ne constitueraient
« qu'une branche accessoire et secondaire. »

La circulaire donne en outre, à titre d'exemple, quelques
indications plus précises, recommandant aux ingénieurs, en
cas de doute, d'en référer au ministre, lequel consultera
la Commission supérieure.

C'est d'ailleurs d'après l'avis formel de la Commission
que les ingénieurs devront comprendre parmi les établissements qui leur sont soumis : « les fabrications de coke et
« d'agglomérés reliées immédiatement à une mine de com-
« bustibles ; les ateliers de lavages des phosphates ; les
« ateliers de fendage d'ardoises, lorsqu'ils font partie de
« l'exploitation même de la carrière. » Au contraire, les
ateliers de taille et de sciage à la mécanique d'ardoises qui
n'ont plus avec la carrière une liaison matérielle immédiate
font retour au contrôle des inspecteurs et l'on doit établir
la même distinction pour les pierres et les marbres. Les
fours à chaux, les ateliers de cuisson et de blutage du
plâtre, les briqueteries et tuileries sont laissés à la surveil-

lance des inspecteurs. Nous le répétons, cette énumération n'est donnée aux ingénieurs qu'à titre d'indication et pour leur permettre de décider par analogie. Mais cependant les chefs d'industrie pourraient, sans délit, refuser à un inspecteur l'entrée d'une usine classée par la Commission supérieure comme relevant des ingénieurs des mines ou réciproquement ; toutefois, le procès-verbal, ainsi dressé bien qu'incompétemment, pourrait être annulé, mais il pourrait servir en justice à titre de renseignement et de commencement de preuve de la contravention. (1)

En assimilant les ingénieurs des mines, pour les établissements qui les concernent, aux inspecteurs du travail, la loi a entendu leur donner les mêmes pouvoirs : l'assimilation est d'autant plus complète qu'elle les a placés, dans ce but, sous l'autorité du Ministre du Commerce. La mission de surveiller l'application de la loi, les fonctions qu'elle confère et la protection accordée à l'exercice de ces fonctions, sont donc les mêmes pour les ingénieurs que pour les inspecteurs (2). Il en ressort que les ingénieurs et contrôleurs des mines peuvent entrer à toute heure dans les exploitations minières pour surveiller le travail, constater les infractions, rédiger les procès-verbaux, contrôler les registres et livrets, le tout sous les mêmes sanctions que celles qui sont portées, par l'article 29, contre ceux qui ont mis obstacle à l'accomplissement des devoirs des inspecteurs.

Toutefois, l'article 17, § 3, en disant que l'exécution de la loi est *exclusivement* confiée aux ingénieurs dans les mines, n'a pas voulu enlever aux officiers de police judiciaire (procureurs de la République, commissaires de police, etc.) le droit que leur donne la loi pénale de constater les délits et contraventions : elle a simplement, par ces mots, exclu l'in-

(1) Mesnard, n° 41.
(2) Lagrésille, *op. cit.*, n° 220 ; Bouquet, p. 178.

gérence dans ces établissements des inspecteurs du travail (1). C'est encore un point de ressemblance entre la situation des ingénieurs et celle des inspecteurs.

La circulaire du 4 mai 1893 en établit un nouveau, en prescrivant aux ingénieurs en chef d'adresser au ministre compétent un rapport général annuel sur l'application de la loi du 2 novembre 1892 dans les établissements miniers de leur circonscription, ainsi que des statistiques relatives aux accidents et aux procès-verbaux, comme le fait l'article 21 de la loi pour les inspecteurs.

L'organisation du service de contrôle des mines comprend des ingénieurs en chef, à la tête d'une région ou arrondissement minier (2), subdivisé en sous-arrondissements, sous la surveillance d'ingénieurs ordinaires, qui ont sous leur direction des contrôleurs de mines, dont le rôle correspond à peu près à celui des inspecteurs départementaux.

Des frais de tournées leur sont alloués par la circulaire précitée.

§ II

Commissions

A côté du service de l'inspection figurent les Commissions instituées ou réorganisées par les articles 22 à 26, et dont le but est de compléter la surveillance de la loi en veillant à son application vigilante, de donner des avis sur les

(1) *Sic,* Mesnard, n° 66.
(2) La France est divisée en 17 arrondissements minéralogiques, qui comprennent chacun un ou plusieurs départements.

réglements à faire, de présenter des rapports sur les améliorations désirables.

La Commission supérieure consacrée par l'article 22 avait
été instituée par la loi de 1874 (art. 23), qui lui accordait les
mêmes attributions ; la loi nouvelle n'a fait qu'en modifier
la composition.

Aux termes du premier paragraphe de l'article 22, la
Commission supérieure établie auprès du ministère du
Commerce et de l'Industrie est composée de neuf membres :
cinq d'entre eux sont nommés par le Président de la République, les quatre autres font partie du Parlement. Sous
l'ancienne loi, la Commission était également composée de
neuf membres, mais tous étaient nommés par le chef de
l'Etat.

Les cinq membres nommés par décret conservent leurs
pouvoirs pendant une période de quatre ans ; ils peuvent
être renommés.

Les commissaires appartenant au Parlement sont élus par
leurs collègues : deux par le Sénat, les deux autres par la
Chambre ; mais la loi ne fixant pas de limite à la durée de
leur mandat spécial, ils conservent leurs fonctions tant
qu'ils ne sont pas remplacés.

La Commission a le droit d'élire son président, car rien
dans la loi ne l'en empêche ; mais dans le silence de la loi,
c'est le Ministre du Commerce lui-même qui le nomme. Il
nomme également et rétribue le secrétaire de la Commission
qui n'a pas voix délibérative. Au contraire, les fonctions
des Commissaires sont purement gratuites.

Les attributions de la Commission supérieure sont les
mêmes que celles qui avaient été fixées par la loi de 1874 ;
elles sont de trois sortes. La Commission doit d'abord veiller
à l'application uniforme et vigilante de la loi. Le plus
souvent cette mission consiste à donner des avis sur l'interprétation des points douteux, mais elle lui donne aussi le

droit de s'assurer de la façon dont la loi est exécutée et de signaler au ministre les inégalités qui pourraient se présenter soit dans la répression, soit dans les tolérances accordées.

La seconde mission, distincte de la première, consiste à donner des avis sur les règlements à faire et généralement sur les diverses questions intéressant les travailleurs protégés. Cet avis est rendu obligatoire, par l'article 30, en ce qui concerne les règlements d'administration publique (1), mais le ministre n'est pas lié par la décision de la Commission (2) : il est seulement tenu de la consulter.

La forme de ces avis n'a pas été indiquée par la loi ; la Commission est donc libre de rédiger des rapports sur les questions ou sur les règlements qui lui sont soumis ou, ce qu'elle fait le plus généralement, de préparer les projets de règlements qui sont remis ensuite au Conseil d'Etat.

Enfin, la troisième attribution dont est chargée la Commission est d'arrêter les conditions d'admissibilité des candidats à l'inspection divisionnaire et départementale et le programme du concours qu'ils doivent subir. Les délibérations de la Commission, à cet effet, doivent, pour être exécutoires, être visées par un arrêté ministériel. Cette mission remplace celle qui, d'après la loi de 1874, l'obligeait à arrêter les listes de présentation des candidats pour la nomination des inspecteurs divisionnaires.

L'article 23 ajoute à ces attributions l'obligation, pour le président de la Commission supérieure, d'adresser chaque année au Président de la République un rapport général sur les résultats de l'inspection et sur les faits relatifs à l'exécution de la loi.

---

(1) Le ministre doit aussi, d'après l'article 30, prendre l'avis du Comité consultatif des arts et manufactures, et, en matière de travaux souterrains, celui du Conseil général des mines.

(2) Lagrésille, n° 319.

La loi de 1874 avait imposé la même obligation au président de la Commission qu'elle avait créée : le dernier rapport sur cette loi a été présenté le 17 juin 1892 (1).

La loi ne donnant aucune indication sur ce que doit contenir le rapport, c'est aux membres, et particulièrement au président de la Commission qui le signe, d'entrer dans tous les détails intéressants. Les rapports contiennent, outre une statistique des établissements soumis à la loi, les observations tirées des rapports des inspecteurs sur les points principaux, objets de leur surveillance, sur les infractions et la façon dont elles ont été réprimées, ainsi que sur les tolérances accordées, les accidents survenus, les procès-verbaux constatés, et sur la loi du 9 septembre 1848.

Le rapport, pour la transmission duquel il n'est pas fixé de délai, doit être, dans le mois de son dépôt, publié au *Journal Officiel*.

Outre la Commission supérieure, la loi de 1892 a créé des commissions départementales, destinées à remplacer les commissions locales, instituées par les articles 20, 21 et 22 de la loi de 1874 et qu'elle déclare abolir.

Les anciennes commissions étaient chargées de contrôler le service de l'inspection, et, pour ce faire, elles avaient le droit de visiter les établissements industriels. Elles étaient composées de membres nommés par le préfet sur une liste de présentation arrêtée par le Conseil général, qui nommait également les inspecteurs départementaux ; il devait y en avoir une par arrondissement.

Ces commissions ont mal fonctionné. Voici ce qu'en disait le rapporteur de la Commission supérieure, à propos de l'examen du projet qui est devenu la loi de 1892 : « Dans « beaucoup de circonscriptions, elles n'existent même pas ; « constituées après le vote de la loi, elles ne se sont jamais

____

(1) V. Lagrésille, annexe III, p. 327.

« réunies, et le préfet a négligé de les reconstituer lorsqu'elles
« sont arrivées à l'expiration de leur mandat... D'autres... ont
« mal compris le rôle qui leur est attribué par la loi, et, ani-
« mées d'un zèle exagéré, elles cherchent à se substituer au
« service de l'inspection, sous prétexte de le contrôler...
« D'autre part il arrive que, par suite de différences d'inter-
« prétation, le membre de la commission locale autorise
« quand l'inspection interdit et réciproquement. Tout cela
« est très regrettable et ne fait qu'entraver l'application
« de la loi... » (1)

L'intention du législateur avait été d'organiser une inspection peu coûteuse et de décentraliser dans une certaine
mesure, en attribuant à des autorités locales un pouvoir de
surveillance. Mais le but n'a pas été atteint. La faute en
est surtout à la façon dont étaient constituées ces commissions : composées généralement de chefs d'industries,
soumis eux-mêmes au contrôle des inspecteurs, on conçoit
qu'ils aient trop souvent eu l'occasion d'être en désaccord
avec ceux-ci ; d'un autre côté, leur permettre de visiter les
établissements pouvait donner aux industriels concurrents
la crainte de voir surprendre leurs secrets de fabrication.

Pour remédier à cette situation, le législateur de 1892 a
pris le parti de les supprimer purement et simplement ; il
les a remplacées par de nouvelles institutions, dont les
attributions sont toutes différentes : les Commissions départementales.

Nommées par le conseil général, qui peut en constituer
plusieurs par département, mais qui est obligé d'en créer
au moins une, elles n'ont plus qu'un rôle purement consultatif. Le législateur a pensé qu'elles apporteront un concours
d'autant plus utile qu'elles ne pourront plus prétendre aux
attributions exécutives de l'inspecteur (2). Elles sont donc

(1) Cité par M. Waddington (Voir Rapport).
(2) Rapport Waddington.

uniquement chargées de présenter, sur l'exécution de la loi
et les améliorations dont elle peut être susceptible, des
rapports qui doivent être transmis au Ministre du Commerce
et de l'Industrie et communiqués à la Commission supérieure.

La loi n'ayant déterminé ni le nombre des membres de
ces commissions, ni comment ces membres seraient nommés,
c'est aux conseils généraux de le fixer et de déterminer la
durée de leurs pouvoirs ; ce nombre peut n'être pas le
même pour toutes les commissions. Toutefois, l'article 24
indique que certaines autorités doivent en faire partie de
droit : ce sont les inspecteurs divisionnaires et départementaux, les président et vice-président du conseil de prud'hommes
du chef-lieu ou du principal centre industriel du département, et, s'il y a lieu, l'ingénieur des mines, chacun dans
leur circonscription respective.

La circulaire ministérielle du 19 décembre 1892 ajoute
que chaque inspecteur divisionnaire est membre de droit de
toutes les commissions départementales fonctionnant dans
la circonscription placée sous sa surveillance, et qu'il en
sera de même de l'inspecteur départemental chargé de plusieurs départements ; si un département possédant plusieurs
inspecteurs et inspectrices départementaux n'a qu'une seule
commission, tous les inspecteurs et inspectrices font partie,
de-droit, de cette commission.

Pour les autres membres, le choix du conseil général
est libre.

Le rôle très réduit des commissions départementales, et la
façon aussi peut-être dont elles sont composées, les a em-
pêchées de fonctionner d'une manière efficace et elles n'ont,
comme le constate une récente circulaire, manifesté jusqu'à
ce jour qu'une très faible vitalité. Quelques-unes ne se sont
réunies qu'une ou deux fois, d'autres jamais : cependant,

dans tous les départements, les conseils généraux les ont constituées, comme la loi leur en faisait l'obligation.

Le Ministre du Commerce s'est ému de ce défaut d'activité. Il a pensé que la cause s'en trouvait dans la manière dont elles ont été composées, les conseils généraux n'ayant appelé, à côté des membres de droit, et outre des membres de conseils d'hygiène, que des patrons ; il a cru qu'il convenait d'y faire entrer un certain nombre de représentants des associations patronales et ouvrières, pensant que « le rap- « prochement, à l'intérieur de ces commissions, d'ouvriers « et de patrons délégués les uns et les autres de groupe- « ments organisés ne saurait manquer de donner lieu à « des échanges de vues du plus haut intérêt. » Aussi, dans cette vue, a-t-il adressé aux préfets une circulaire pour les prier de soumettre ces considérations aux conseils généraux. (1)

Il est peu probable que, même en tenant compte des modifications qu'apporterait l'application de cette circulaire, les commissions départementales aient jamais un rôle bien actif.

A côté des commissions départementales, les conseils généraux doivent, aux termes de l'article 25, créer dans chaque département des comités de patronage, dont l'objet, bien différent de celui des commissions, est de protéger les apprentis et enfants employés dans l'industrie et de veiller au développement de leur instruction professionnelle : ce sont là purement des institutions charitables. La loi, peu explicite sur leurs attributions, leur laisse le soin de les réglementer et de rédiger leurs statuts, qu'elle soumet seule- ment à l'approbation des préfets, et, dans le département de la Seine, des Ministres de l'Intérieur et du Commerce.

____

(1) Circulaire du 17 août 1899 *(Journ. Off.*, 19 août 1899; *Bull. de l'Off. du travail*, septembre 99, p. 77.)

Ces comités sont administrés par des commissions composées de sept membres, dont quatre nommés par les conseils généraux et trois par les préfets : ils sont renouvelables tous les trois ans, et les membres sortants peuvent être appelés à en faire partie de nouveau.

Ces fonctions sont d'ailleurs gratuites.

C'est là une innovation de la loi de 1892, qui a été introduite sur la proposition de M. Tolain, président de la commission du Sénat.

SECTION V

Pénalités

Nous avons eu maintes fois, au cours de cette étude, l'occasion de dire que la loi de 1892 était une loi pénale. En examinant le fonctionnement du service de l'inspection, nous avons vu que, parmi les principales attributions des inspecteurs, figurait le pouvoir de constater par des procès-verbaux les infractions à la loi, permettant ainsi d'en assurer la répression. Une sanction est en effet nécessaire pour compléter la surveillance et assurer l'exécution des mesures prescrites.

La loi de 1874 avait également établi un ensemble de pénalités que le tribunal correctionnel était chargé d'appliquer. La loi de 1892, revenant au système de la loi de 1841, rend au tribunal de simple police la connaissance des infractions, qui ne sont plus que de simples contraventions ; comme conséquence, la peine applicable, qui était, d'après la loi de 1874, une amende de 16 à 50 francs, a été également abaissée : elle est aujourd'hui la même que celle qu'avait prévue la loi de 1841 et que prévoit la loi de 1851, pour les cas où elle est encore en vigueur.

On pourrait s'étonner de voir diminuer le chiffre de l'amende, si l'on ne remarquait que les cas d'infraction sont beaucoup plus nombreux sous la loi nouvelle et que le cumul des amendes doit être prononcé en matière de contravention, alors qu'il ne peut l'être en cas de délit; enfin, il peut arriver que les manquements aux prescriptions de la loi soient aussi souvent le fait de la négligence des patrons que de leur mauvaise volonté : il suffira d'une simple amende de police pour les mettre dorénavant en garde. Les peines correctionnelles doivent, au contraire, être réservées pour les faits « qui supposent de la part de leur auteur une « intention coupable ou tout au moins une omission « répréhensible aux yeux de la loi morale. » (1)

L'article 26 déclare punir d'une amende de 5 à 15 francs les infractions aux prescriptions non seulement de la loi, mais encore des règlements d'administration publique relatifs à son exécution ; la peine est la même pour toutes les infractions. Elle est applicable également en ce qui concerne les enfants placés en apprentissage et qui sont soumis aux règles de la loi. Il en était de même sous la loi de 1874, bien que le législateur ne l'ait dit formellement, mais les auteurs s'étaient mis d'accord sur ce point. (2)

Du caractère de contravention de simple police, que revêtent les infractions à la loi de 1892, il résulte que la prescription qui les atteint est, au point de vue de l'action publique, d'un an, conformément à l'article 640 du Code d'instruction criminelle et, pour la peine, de deux ans (art. 639 du même code). Une seconde conséquence, c'est que l'auteur de l'infraction ne peut alléguer sa bonne foi. Il avait déjà été admis, sous l'empire de la loi de 1874, que les infractions, bien que constituant des délits, ne pouvaient faire l'objet d'une excuse tirée de la bonne foi ; il en doit être de même depuis la loi de 1892 : cela a été d'ailleurs déclaré pendant la discussion. (3)

---

(1) Mesnard, n° 95.
(2) Nusse et Périn, p. 135.
(3) Il s'agit « de contraventions pour lesquelles, d'après les principes « généraux, la question de la bonne ou de la mauvaise foi ne se pose pas.» (Séance de la Chambre du 7 février 1891.)

Toutefois, la loi prévoit un cas où l'excuse sera admise. Le paragraphe 3 de l'article 26 déclare que « la peine ne « sera pas applicable si l'infraction à la loi a été le résultat « d'une erreur provenant de la production d'actes de nais- « sance, livrets ou certificats contenant de fausses énonciations « ou délivrés pour une autre personne. » On a voulu éviter aux industriels d'avoir à contrôler les pièces qu'on leur soumet, ce qui serait pratiquement impossible pour ceux qui emploient un nombreux personnel. Mais, pour que cette excuse soit admise, il faut que celui qui veut s'en prévaloir prouve qu'il y a eu erreur, car s'il avait connu l'inexactitude des documents incriminés, il serait en contravention ; le patron serait puni des peines portées contre les falsificateurs de livrets ou d'actes, s'il avait fait usage sciemment de pièces fausses ou appartenant à autrui.

Il est encore un cas dans lequel la bonne foi peut être invoquée, c'est quand les pièces exigées ont été détruites par force majeure, incendie, inondation, etc., et que le patron n'a pas eu le temps matériel de les faire reconstituer. On peut d'ailleurs considérer le premier cas d'excuse comme une application du principe que la force majeure enlève à un fait tout caractère délictueux : la peine ne sera pas applicable, dit notre paragraphe 3, c'est qu'en effet il n'y a pas de contravention.

Deux autres conséquences découlent de ce que les infractions à la loi constituent des contraventions. D'abord la loi Bérenger (loi du 26 mars 1891) n'est pas applicable. Ensuite, il doit être prononcé autant de peines qu'il y a d'infractions constatées : cela a été déclaré formellement par le paragraphe 2 qui dispose que « l'amende sera appli- « quée autant de fois qu'il y aura de personnes employées « dans des conditions contraires à la présente loi. » Il ressort également de ce paragraphe que le cumul des amendes ne s'applique qu'autant qu'il s'agit d'ouvriers différents ou d'infractions différentes commises à l'égard du même ouvrier, mais que l'emploi d'une même personne dans des conditions contraires à la loi ne donne lieu qu'à une seule peine, même s'il a eu lieu plusieurs jours de suite (1). Sous la loi de 1874 il existait une disposition conçue dans les mêmes termes et la jurisprudence avait varié sur l'interprétation qu'on devait en donner. Des tribunaux avaient décidé qu'il ne fallait punir que d'une seule amende toutes les contraventions relevées à l'égard d'une seule personne (2) ; mais le plus grand nombre, au contraire, considéra comme une contravention continuée l'emploi illégal d'une même personne pendant plusieurs jours (3), mais en se prononçant pour le cumul, lorsque le même ouvrier a été employé en violation de dispositions différentes (4). La même solution a été appliquée depuis la mise en vigueur de la loi nouvelle (5) : c'est celle que nous avons adoptée.

Les circonstances atténuantes ne peuvent être admises à l'égard des condamnations prononcées en vertu de l'article 26. L'article 463 du Code pénal, qui y est relatif, n'est applicable aux lois pénales spéciales que si elles en autorisent l'application ; or, l'article 26 garde le silence sur ce point : il ne peut donc y avoir de doute, d'autant moins que l'article suivant, qui traite de la récidive, a bien soin au contraire de viser l'article 463.

(1) *Sic*, Mesnard, n° 101.

(2) Trib. correct. des Andelys, 12 janvier 1878. (D. P., 80, 3, 23.) — Nancy, 15 novembre 1883. (Bouquet, p. 453.)

(3) Cass., 9 juin 1883. (Bouquet, p. 330.) — Trib. correct. de Clermont-Ferrand, 16 février 1882. — Trib. de Compiègne, 29 mai 1883. — Trib. de Vassy, 1er septembre 1883.

(4) Trib. correct. de Compiègne, 3 juin 1879. (D. P., 80, 3, 23.) — Grenoble, 4 février 1882 (*Journ. des Prud'hommes*, 82. p. 179.) — Dijon, 11 février 1884. (D. P., 86, 2, 13.)

(5) Trib. de police de Troyes, 29 décembre 1893. (D. P., 94, 2, 185.) Cass., 9 novembre 1895. (*Gaz. des Trib.* 15 novembre 1895.)

Le tribunal compétent est, nous l'avons dit, le tribunal de simple police. C'est au parquet que sont adressés les procès-verbaux ; le procureur les renvoie au ministère public du tribunal de police lorsqu'il estime qu'il y a lieu de poursuivre.

Quelles sont les personnes punissables d'après l'article 26 ? Ce sont « les manufacturiers, directeurs ou gérants des « établissements visés. » Il faut entendre par ces mots les personnes qui dirigent effectivement l'établissement et non plus, comme sous la loi de 1841, les propriétaires qui laissent la direction à un gérant : il faut que le propriétaire gère lui-même son usine pour qu'il soit pénalement responsable ; cela avait déjà été admis par la loi de 1874 (1). Si le directeur, pour cause d'absence temporaire ou pour tout autre motif, délègue son autorité à un sous-directeur ou à un associé, il ne saurait être tenu (2), de même si le propriétaire ne fait que contrôler le travail sans entrer en rien dans l'organisation ou la surveillance du personnel (3). Mais il faut en ce cas que la délégation soit complète, car si le propriétaire continue à visiter la manufacture et à surveiller les ouvriers, il reste responsable (4). Enfin on ne peut faire retomber la responsabilité sur les simples surveillants ou contremaîtres, qui ne sont que des subordonnés (5).

Il faut ajouter, comme responsables, les loueurs de force motrice qui sont tenus des dispositions qui leur sont spécialement applicables (art. 11 relatif à l'affichage). (6)

---

(1) Trib. correct. des Andelys, 12 janvier 1878 (D. P., 80, 3, 23). — Trib. de Marseille, 7 décembre 1882 (Bouquet, p. 313). — Riom, 27 décembre 1882 (Bouquet, p. 316).

(2) Dijon, 11 février 1884 (D. P., 85, 2, 13).

(3) Cass., 18 février 1881 (D. P., 81, 1, 186).

(4) Amiens, 18 mars 1878 (Bouquet, p. 332).

(5) Trib. correct. de Reims, 23 septembre 1889 et Nancy, 25 octobre 1888 (Mesnard, n° 95).

(6) *Sic*, Lagrésille, n° 275.

Bien qu'ils ne soient pas punissables s'ils ne dirigent pas en fait leurs établissements, les chefs d'industrie sont « civilement responsables des condamnations prononcées « contre leurs directeurs ou gérants », ainsi en dispose le dernier paragraphe de l'article 26. Il y a là une dérogation au droit commun, car l'article 1384 du Code civil ne déclare les maîtres responsables que du dommage causé par leurs employés, c'est-à-dire des dommages-intérêts et des frais du procès. L'article 26 dispose que les patrons seront tenus des condamnations, il faut entendre du paiement de l'amende. Cette solution avait été admise sous la loi de 1874, dont l'article 25 contenait une disposition analogue (1).

La récidive est punie d'une façon spéciale : les pénalités sont augmentées, la juridiction n'est plus la même. On a voulu que l'industriel, qui violerait la loi d'une façon habituelle, ne puisse trouver un avantage à se laisser condamner à des peines peu importantes, qui seraient compensées par les bénéfices obtenus par des moyens illégaux.

L'article 27, qui prévoit les peines à appliquer en cas de récidive, en fixe également les conditions : il faut pour qu'il y ait récidive que le contrevenant ait déjà subi une condamnation, que cette condamnation ait été prononcée dans les douze mois antérieurs au fait poursuivi et pour un fait identique.

La première condition de l'état de récidive c'est le fait d'avoir subi une condamnation antérieure : un patron qui n'aurait été déclaré que civilement responsable ne serait pas dans ce cas, mais il suffirait que la condamnation ait été prononcée, sans qu'il ait été besoin de l'exécuter.

Il faut que la première condamnation ait été prononcée pour une contravention identique au fait poursuivi : ces mots

_____

(1) Nusse et Périn, n°ˢ 329, 330.

s'appliquent aux contraventions relevées pour les infractions au même article de la loi, (ainsi deux contraventions
consistant l'une à faire veiller les femmes après onze
heures et l'autre à les employer le jour consacré au repos
hebdomadaire ne sont pas identiques) ; (1) mais ce sera
surtout une affaire d'appréciation des tribunaux, car il est
évident qu'il y a des articles qui se rapportent à des choses
différentes (art. 10, 11 et 5 par exemple) et qu'on ne
pourrait, dans ce cas, considérer sans abus, comme identiques, deux prescriptions aussi différentes que celles concernant l'affichage et les relais, toutes deux contenues dans
l'article 11.

Faut-il, pour qu'il y ait identité de contravention, qu'il
y ait identité d'établissement ; en d'autres termes, l'industriel qui, ayant été condamné une première fois, a
commis la deuxième infraction identique dans un établissement distinct de celui où le premier fait s'est
passé, doit-il être considéré comme récidiviste ? Il semble
que, puisqu'il n'y a pas récidive d'un article de la loi à un
autre, il ne doive pas y en avoir d'un établissement différent
à un autre. M. Mesnard, qui est de cet avis, ajoute les
raisons suivantes : le législateur est plutôt enclin à punir
le chef d'industrie qui s'obstine dans une même exploitation
à désobéir à la loi ; ensuite, deux établissements peuvent
avoir été soumis au contrôle de deux services d'inspection
différents et alors, dans ce cas, en l'absence de casier judiciaire spécial en simple police, il n'y a pas de moyen pratique de vérifier si l'inculpé a déjà été condamné de ce
chef (2). Toutefois, il faut considérer comme même établis-

____

(1) Cette interprétation résulte des explications qui ont été données à
cet égard au Sénat lors de la discussion. — En ce sens, Trib. correct. de
Toulouse, 29 janvier 1893. (D. P., 94, 2, 182.)

(2) Mesnard, n° 105. p. 125.

sement celui dont l'industrie n'a pas changé quand même les bâtiments seraient différents.

Sous la loi de 1874, le contrevenant était en état de récidive quand il avait déjà été condamné pour une infraction quelconque à la loi. Le projet de loi de 1892 avait reproduit l'article 26 de la loi de 1874, mais on a jugé que, par suite de la multiplicité des cas d'infraction, il eût été trop rigoureux de maintenir un pareil système.

Enfin, la troisième condition pour qu'il y ait récidive, c'est que le fait qui donne lieu à une nouvelle poursuite ait été commis dans les douze mois qui suivent la première condamnation : c'est la date constatée par le procès-verbal qui doit être retenue.

La récidive est punie d'une amende de 16 à 100 francs. C'est le tribunal correctionnel qui est, dans ce cas, compétent. La loi de 1874 avait porté le maximum à 200 francs, le minimum étant de 50 ; mais elle avait aussi fixé un maximum au chiffre des condamnations prononcées contre la même personne pour les diverses infractions faisant l'objet des mêmes poursuites : ce maximum était de mille francs. La loi de 1892 n'ayant rien reproduit de tel, le chiffre total des condamnations résultant d'une même poursuite n'est plus limité.

Mais bien que la juridiction ait été changée, les faits de récidive n'en sont pas moins considérés comme des contraventions : la loi se sert de ce terme à différentes reprises dans l'article 27 pour désigner les infractions commises par les personnes qui se mettent en état de récidive. Ce sont donc des délits-contraventions, comme il en existait sous la loi de 1874 à l'égard des infractions à cette loi. La conséquence de cette manière de voir, c'est que la bonne foi ne peut être admise comme excuse, sauf dans le cas prévu par le paragraphe 3 de l'article 26, qui a trait aux erreurs qui ne sont pas imputables aux contrevenants. Mais en résulte-t-il également cette autre conséquence que la prescription applicable est celle des contraventions ? Les auteurs admettent d'ordinaire que c'est la nature de la peine qui doit détermininer la durée de la prescription (1) ; la jurisprudence est également en ce sens. Donc, comme il s'agit d'une peine correctionnelle, la prescription serait ici de trois ans pour l'action publique et de cinq ans pour l'application de la peine (2).

« En cas de pluralité de contravention entraînant les « peines de la récidive, l'amende sera appliquée autant de « fois qu'il aura été relevé de nouvelles contraventions », (art. 27, § 3). C'est encore une conséquence de ce que les faits de récidive sont considérés comme des contraventions. Mais il faut se rappeler ce qu'on a dit à propos de l'article 26 : ce ne sera donc que lorsqu'une contravention de même nature aura été relevée à l'égard du même ouvrier qu'il y aura récidive ; on ne pourra prononcer qu'une seule peine contre l'industriel qui aura employé pendant plusieurs jours un ouvrier contrairement à une même disposition de la loi, mais il y aura deux amendes contre celui qui aura commis à l'égard de la même personne deux infractions différentes. C'est la solution admise par la Cour de cassation.

Enfin, le dernier paragraphe déclare formellement applicable en cas de récidive l'article 463 du Code pénal sur les circonstances atténuantes, en disposant toutefois qu'en aucun cas, l'amende, pour chaque contravention, puisse être inférieure à cinq francs. C'est sur chaque amende et non sur l'ensemble que doit porter l'application des circonstances atténuantes. (3)

L'article 27 apporte aux pénalités applicables en cas de

---

(1) Faustin Hélie, *Traité de l'instruction criminelle*, tome II, n° 1055.
(2) *Contra*, Nusse et Périn, n° 311.
(3) Lagrésille, n° 296.

récidive une aggravation en permettant au tribunal correctionnel d'ordonner l'affichage du jugement de condamnation. C'est là une peine facultative, laissée à l'appréciation des magistrats qui devront tenir compte des circonstances ; elle est applicable uniquement en cas de récidive.

Le paragraphe 2 du même article ajoute une nouvelle peine qui consiste dans l'insertion du jugement, aux frais du contrevenant, dans un ou plusieurs journaux du département. C'est également une faculté pour le tribunal de l'ordonner et elle ne peut l'être que dans le même cas de récidive. Le tribunal peut ordonner l'insertion dans un seul journal, il peut n'ordonner que l'insertion ou l'insertion et l'affichage en même temps : toutes ces questions sont laissées à son appréciation.

Une dernière infraction est prévue par l'article 29 : c'est celle qui consiste à apporter un obstacle quelconque à l'accomplissement des devoirs d'un inspecteur. Tout fait d'obstruction est puni d'une amende de 100 à 500 francs et en cas de récidive, l'amende sera portée de 500 à 1,000 francs.

La loi de 1874 contenait une semblable disposition, mais elle ne visait que les propriétaires d'usine et les patrons. La loi de 1892 s'applique à quiconque a mis obstacle à la surveillance, « l'expérience, dit le rapporteur à la Chambre, « ayant démontré la nécessité de substituer au texte limi- « tatif de la loi de 1874 une rédaction beaucoup plus « générale. » Peuvent donc maintenant être punis de ce chef, les gérants ou contre-maîtres, les ouvriers et même les tiers n'appartenant pas à l'établissement. La sanction nouvelle diffère encore de celle édictée par la loi de 1874 en ce qu'elle constitue un délit correctionnel, tandis qu'auparavant elle était considérée comme délit-contravention (1). Lors des

(1) Nusse et Périn, n° 65.

premières discussions au Parlement, on avait admis aussi ce caractère pour les fausses déclarations faites à l'inspecteur, qui étaient punies des mêmes peines, et on avait étendu ce caractère aux autres obstacles visés par le même article. Mais dans la dernière délibération du Sénat, le rapporteur, le ministre et le président du Sénat ont déclaré que les faits d'obstruction supposaient une intention délictueuse et constituaient de véritables délits, soumis à la juridiction du tribunal correctionnel (1). C'est une différence avec les infractions de l'article 26, qui sont de pures contraventions et avec la récidive qui est un délit-contravention ne supposant pas la bonne foi : elle pourra au contraire, pour les faits de l'article 29, être admise comme excuse ; une autre conséquence, c'est que c'est la prescription des délits qui s'applique ici. L'article 463 du Code pénal, relatif aux circonstances atténuantes, est applicable d'après le paragraphe 1er de notre article.

En quoi consiste l'infraction prévue par l'article 29 ? Tout fait qui a pour effet d'empêcher l'inspecteur d'accomplir son devoir constitue un obstacle : refus de laisser l'inspecteur pénétrer dans l'établissement ou dans un atelier, congédiement des ouvriers soumis aux règles de la loi lors de la visite inspectoriale, refus de présenter les registres ou livrets. Enfin, les fausses déclarations, écrites ou verbales, sur un fait soumis à l'inspection, sont considérées comme fait d'obstruction. Le texte primitif de notre article contenait un paragraphe qui prévoyait ce cas distinctement et lui appliquait les mêmes peines, mais lors de la discussion au Sénat on fit remarquer que la fausse déclaration n'était qu'un mode d'obstruction et qu'il était inutile de la mentionner d'une manière spéciale. (2)

---

(1) Sénat. Séance du 29 mars 1892. (*Journ. Off*. 30 mars 1892, p. 320).
(2) Sénat, séance du 29 mars 1892 (*Journ. Off.*, 30 mars 1892, p. 319).

Il a été également entendu, lors des travaux préparatoires, qu'il n'était pas besoin que l'obstacle apporté ait été
suivi de résultat, de la retraite de l'inspecteur ou de l'impossibilité pour lui d'exercer ses fonctions. Toute tentative,
tout essai est puni comme le fait même, et non pas comme
tentative mais comme délit (1). Mais pour cela, il faut que
l'inspecteur soit dans l'exercice de ses fonctions, qu'il ait
exhibé sa carte et fait connaître sa qualité.

Les inspecteurs, n'étant pas officiers de police judiciaire,
ne peuvent requérir la force publique lorsqu'on leur oppose
de la résistance : ils ne peuvent que sommer les officiers de
police judiciaire, commissaires de police, juges de paix,
etc., de leur prêter main-forte.

Les outrages ou menaces envers l'inspecteur sont punis
des peines portées dans l'article 224 du Code pénal, contre
ceux qui ont commis un outrage par paroles, gestes ou menaces envers tout agent dépositaire de la force publique, ou
tout citoyen chargé d'un ministère de service public : ces
peines sont un emprisonnement de six jours à un mois, et
une amende de seize à deux cents francs, ou l'une de ces
deux peines seulement. Les violences ou voies de fait entraî-
neraient l'application de l'article 230 du Code pénal, qui prononce contre les mêmes personnes un emprisonnement
d'un mois à trois ans et une amende de seize à cinq cents
francs. (2)

Les peines portées par les articles 29 de la loi de 1892,
et 224 et 230 du Code pénal, s'appliquent également lorsqu'il s'agit d'ingénieurs des mines, qui ont pour les établissements dont la surveillance leur est confiée les mêmes
droits que les inspecteurs. (3)

(1) Rapport Waddington.
(2) « En cas d'injures ou de voies de fait, il est presque superflu
« d'ajouter que les articles 224 et 230 du Code pénal devront être appli-
« qués. » (Rapport Waddington).
(3) Lagrésille n° 311.

APPENDICE

Condition des apprentis d'après les lois du 2 novembre 1892 et du 22 février 1851

La loi de 1892, avons-nous dit en en commençant l'étude, a déclaré, dans son article 31, que ses dispositions étaient applicables aux enfants placés en apprentissage et employés dans un des établissements qui lui sont soumis aux termes de l'article 1er. Mais, d'un autre côté, la condition des apprentis est réglée, d'une manière générale, par la loi du 22 février 1851, qui ne fait pas de distinction à l'égard des établissements dans lesquels ils peuvent être placés. Pour connaître exactement leur situation, il faut donc combiner ces deux lois.

Or, de cette combinaison, il résulte ceci : c'est que la loi de 1892 n'a pas abrogé intégralement la loi précédente, qui est maintenue dans son ensemble (1), mais

(1) L'article 31 n'a entendu abroger que les dispositions de la loi de 1851 qui étaient inconciliables avec celles de la loi de 1892 et non pas la loi de 1851 toute entière. Cela résulte aussi bien du texte même de la loi, — qui déclare bien, dans son article 32, abroger la loi du 19 mai 1874 et les décrets rendus en exécution de ses dispositions, mais qui ne parle pas le moins du monde dans cet article de la loi de 1851, — que des travaux préparatoires. Le texte primitif de l'article 31, reproduisant l'article 30 de la loi de 1874, (qui s'était également déclarée applicable aux apprentis) énumérait les dispositions de la loi déclarées applicables aux apprentis et ajoutait que « la loi de 1851 continuerait à recevoir son

seulement les dispositions de cette loi qui pourraient se trouver en contradiction avec celles de la loi nouvelle. Elle a donc remplacé par de nouvelles prescriptions certaines réglementations de la loi de 1851, et elle a ajouté à ces obligations toutes celles dont la loi de 1851 ne s'était pas occupée (1), laissant d'ailleurs subsister les dispositions de la première loi lorsqu'elles ne sont pas inconciliables avec celles qu'elle-même édicte, mais cela seulement dans certains établissements : ceux qu'elle énumère. De sorte qu'en fin de compte il faut distinguer, pour connaître la législation applicable aux apprentis, suivant les établissements dans lesquels ils sont employés.

Dans les usines, manufactures, ateliers, établissements de charité ou d'instruction professionnelle et autres établissements énumérés dans l'article 1er de la loi de 1892 et que nous avons étudiés précédemment, c'est cette loi, combinée comme nous venons de le dire avec la loi de 1851, qui est applicable ; dans les autres établissements restés en dehors de cette énumération, et notamment dans le commerce, c'est la loi de 1851 seule qui doit régir les apprentis.

Nous allons examiner d'abord la situation que fait aux apprentis la loi de 1851 ; nous verrons ensuite le résultat de la combinaison des deux lois.

Dans les bureaux, magasins et établissements de commerce, le travail des apprentis, non réglementé par la loi de 1892, qui ne s'occupe pas de ces établissements, est uniquement protégé par la loi de 1851.

« exécution dans ses autres prescriptions. » Pour éviter des difficultés d'interprétation comme en avait déjà donné l'article 30 ancien, le Sénat a substitué au texte originaire le texte actuel, supprimant ainsi le passage qui maintenait spécialement les dispositions de la loi de 1851 non visées par la loi de 1892, mais l'intention du législateur n'a pas été d'abroger la loi de 1851, sans quoi il eût inscrit cette abrogation dans l'article 32.

(1) Mesnard, n° 123.

Aucune limite d'âge n'a été fixée pour l'admission des apprentis ; il est vrai que la loi du 28 mars 1882 prescrit aux enfants de fréquenter l'école jusqu'à treize ans, sauf s'ils ont obtenu le certificat d'études primaires pour lequel ils peuvent subir l'examen dès l'âge de onze ans, et que généralement ce n'est qu'au sortir de l'école que l'on place les enfants en apprentissage. Mais ce n'est pas là une condition essentielle, apportant modification à la loi de 1851, puisque l'article 15 de la loi de 1882 permet aux commissions municipales scolaires de dispenser d'une des deux classes de la journée les enfants employés dans l'industrie et arrivés à l'âge d'apprentissage. L'article 15 concorde ainsi avec l'article 10 de la loi de 1851 qui oblige les patrons d'apprentis âgés de moins de seize ans, et qui ne savent lire, écrire ou compter, à leur laisser prendre, sur leur journée de travail, le temps et la liberté nécessaires à leur instruction, sans que ce temps puisse toutefois excéder deux heures par jour.

La durée du travail est réglée par l'article 9, qui dispose que le travail effectif ne peut dépasser dix heures par jour pour les apprentis âgés de moins de quatorze ans. Pour les apprentis âgés de quatorze à seize ans, la durée du travail ne peut dépasser douze heures. Le dernier paragraphe de l'article 9 dispose même qu'il ne peut être dérogé à ces prescriptions que par un arrêté rendu par le préfet, sur l'avis du maire. Au-delà de seize ans, la loi ne limite pas de durée pour le travail journalier, mais le patron, en employant, par suite d'une prolongation excessive de la journée de travail, l'apprenti à un travail au-dessus de ses forces, se met en contravention avec l'article 8 et peut se voir condamner à des dommages-intérêts. (1)

Le paragraphe 3 de l'article 9 interdit le travail de nuit :

(1) André et Guibourg. *Le Code ouvrier*, p. 238.

aucun travail de nuit ne peut être imposé aux apprentis âgés de moins de seize ans. Il donne en même temps une définition du travail de nuit : est considéré comme travail de nuit, tout travail fait entre neuf heures du soir et cinq heures du matin. C'est la même définition que celle de la loi de 1892 ; mais il y a entre les deux lois, à l'égard de la prohibition du travail de nuit, plusieurs différences. La loi de 1892 interdit d'une manière formelle ce genre de travail, tandis que la loi de 1851 se contente de dire qu'il ne peut être imposé, de telle sorte qu'il peut avoir lieu du consentement des intéressés. La loi de 1851 ne protège de cette interdiction que les apprentis des deux sexes de moins de seize ans ; la loi de 1892 étend la prohibition aux jeunes gens jusqu'à dix-huit ans, et aux filles et aux femmes de tout âge. La même dérogation préfectorale peut être apportée à ce paragraphe qu'au précédent.

Le repos hebdomadaire, fixé au dimanche, nouvelle différence avec la loi de 1892 qui laisse les parties libres de le fixer, est prescrit par le paragraphe 5 du même article, qui ajoute que, pendant les jours de fêtes reconnues ou légales, les apprentis, dans aucun cas, ne peuvent être tenus vis-à-vis de leurs maîtres à aucun travail de leur profession. Le paragraphe suivant apporte à cette règle une dérogation, mais seulement dans le cas où il existe une convention ou un usage à cet égard ; le travail pourra être autorisé les jours de repos, c'est-à-dire les dimanches et fêtes, à deux conditions : que ce ne soit que pour ranger l'atelier, et que ce travail ne puisse se prolonger au-delà de dix heures du matin. L'interdiction, au contraire, est complète suivant la loi de 1892.

Les règles relatives à l'hygiène se réduisent à cette simple phrase, la dernière de l'article 8 : « Il *(le patron)* ne l'em-« ploiera jamais *(l'apprenti)* à ceux *(aux travaux)* qui se-« raient insalubres ou au-dessus de ses forces. »

Ces prescriptions sont sanctionnées par l'article 20 qui punit les contrevenants, à l'article 9 notamment, d'une amende de cinq à quinze francs, prononcée par le tribunal de simple police. En cas de récidive, le juge de police peut en outre prononcer un emprisonnement d'un à cinq jours, mais l'article 21 dispose que l'article 463 du Code pénal sur les circonstances atténuantes est applicable.

Dans les usines, manufactures et ateliers, en un mot dans l'industrie, le travail des apprentis est en outre soumis à la loi de 1892. Voici quelles sont les modifications qu'elle apporte aux dispositions que nous venons d'analyser.

L'article 2, en fixant une limite pour l'âge d'admission, et en exigeant un certificat d'aptitude physique, modifie l'article 9 qui ne demandait aucune condition d'âge ni d'aptitude physique.

L'article 3 apporte une nouvelle modification quant à la durée du travail : elle est de dix heures, jusqu'à seize ans et non plus jusqu'à quatorze ans, et de onze heures de seize à dix-huit ans, alors qu'à partir de seize ans elle n'était plus limitée par la loi de 1851.

On s'était demandé, sous la loi de 1874, si l'article 3 de cette loi était applicable aux apprentis : il permettait d'employer les enfants pendant douze heures par jour à partir de douze ans, alors que l'article 9 ne fixe leur journée qu'à dix heures jusqu'à quatorze ans. Certains auteurs (1) soutenaient l'affirmative ; au contraire, le rapporteur avait considéré l'article 9 de la loi du 22 février 1851 comme étant toujours en vigueur (2). Il n'y a plus lieu de poser de question analogue aujourd'hui, en présence des termes généraux de l'article 31. On a vu que le projet de loi, récemment

_____

(1) Nusse et Périn, p. 74.
(2) Tallon, p. 154.

voté à la Chambre (1), porte, d'une façon uniforme, la durée du travail à onze heures pour les enfants jusqu'à dix-huit ans et les femmes, mais elle sera réduite à dix heures au bout d'un certain délai.

L'article 4 interdit, sauf exception, tout travail de nuit jusqu'à dix-huit ans. Nous venons de dire que la loi de 1892 modifie le repos hebdomadaire en en laissant le choix libre aux parties ; elle prescrit en outre l'affichage, dans l'atelier, du jour choisi. (art. 5.)

L'article 6 relatif au travail de nuit des enfants du sexe masculin dans les usines à feu continu est applicable aux apprentis : rien de semblable ne se trouve dans la loi de 1851.

L'emploi des femmes dans les travaux souterrains est interdit et celui des jeunes garçons est réglementé par l'article 9 de la loi de 1892 ; il s'applique aux jeunes gens qui travailleraient dans les mines en qualité d'apprentis. La question faisait doute sous la loi de 1874 qui n'avait pas visé, dans son article 30, l'article 7 relatif aux travaux souterrains. Cependant, la plupart des auteurs (2) pensaient que c'eût été un moyen d'éluder la loi que de ne pas l'appliquer aux apprentis, car cela eût permis aux industriels miniers de passer avec les enfants des contrats d'apprentissage pour les soustraire aux réglementations de l'article 7. C'est pour éviter des difficultés analogues et le doute, que n'eût point manqué de faire naître l'omission de tels articles, que le législateur de 1892 a supprimé l'énumération des articles applicables aux apprentis et a disposé, d'une façon générale, que la loi tout entière leur était applicable.

(1) Projet discuté à la Chambre et voté en première délibération, les 20, 21 et 22 décembre 1899 *(Journ. Off.* des 21, 22 et 23 décembre, Ch. annexes), modifiant l'article 3 de la loi de 1892 et l'article 1er du décret-loi du 9 septembre 1848.

(2) Nusse et Périn, n° 218.

Les obligations relatives au livret et aux registres, imposées par l'article 10, sont également applicables aux patrons des apprentis : ce qui ne les dispense pas des formalités prescrites par les articles 2 et 3 de la loi de 1851, qui disposent que le contrat d'apprentissage est fait par acte public ou sous seing privé et doit contenir des mentions relatives à l'état civil, au domicile de l'apprenti, à la date et à la durée du contrat d'apprentissage.

Les articles 12 et 13 complètent l'article 8 de la loi de 1851, qui se contentait de formuler d'une façon générale l'interdiction des apprentis aux travaux insalubres ou excessifs ; on peut même le considérer sur ce point comme abrogé en présence des termes de ces articles et des règlements auxquels ils renvoient. (1)

L'article 16, relatif aux bonnes mœurs, vient également compléter l'article 8, qui impose au maître la surveillance de la conduite des mœurs de l'apprenti même en dehors de l'atelier.

Deux sortes de peines sanctionnent ces dispositions : les peines de la loi de 1892 sont seules applicables aux faits exclusivement prévus par elle (âge d'admission) ; au contraire, les peines de la loi de 1851 peuvent être appliquées seulement aux infractions qu'elle seule a prévues (surveillance de l'apprenti au dehors.)

Mais quand le fait délictueux est prévu à la fois par les deux lois, sont-ce les peines de la loi de 1851 ou celles de la loi de 1892 qui sont applicables ?

La loi de 1874 (art. 30) ne modifiait que « la juridiction « et la quotité de l'amende indiquées au premier paragraphe « de l'article 20 de la loi du 22 février 1851 », (2) faisant,

(1) Lagrésille, n° 340.

(2) L'article 20 de la loi de 1851 est ainsi conçu : « Toute contravention « aux articles 4, 5, 6, 9 et 10 de la présente loi, sera poursuivie devant « le tribunal de police et punie d'une amende de cinq à quinze francs.

« Pour les contraventions aux articles 4, 5, 9 et 10, le tribunal de police

des infractions à ses dispositions, des délits correctionnels ; mais elle ne changeait rien aux paragraphes 2 et 3 de l'article 20 précité, relatifs à la récidive. La loi de 1892 a rétabli la simple police et les peines portées dans le paragraphe 1er de l'article 20 pour les poursuites faites en premier lieu. On pourrait croire que l'article 31, en imposant aux patrons d'apprentis les dispositions de la loi nouvelle, n'a pas voulu supprimer les pénalités de la loi de 1851, laissées en vigueur par la loi de 1874. Mais cela paraît peu vraisemblable, et il est bien plus probable qu'en déclarant appliquer aux apprentis les dispositions de la nouvelle loi, l'article 31 a compris, parmi ces dispositions, les pénalités. (1)

Le résultat de cette interprétation, c'est la substitution de l'article 26 de la loi de 1892 à l'article 20 de la loi de 1851, et l'obligation pour les tribunaux de viser le premier et non le deuxième de ces articles. (2)

Il en est de même pour les articles 27 et 28 concernant la récidive ; il faudra donc se conformer aux conditions qui la constituent et supprimer la faculté de prononcer des peines d'emprisonnement. Il y aura lieu d'appliquer l'article 29 qui prononce une peine contre ceux qui apportent des obstacles aux devoirs des inspecteurs ; rien de semblable dans la loi de 1851.

« pourra, dans le cas de récidive, prononcer, outre l'amende, un empri-
« sonnement d'un à cinq jours.

« En cas de récidive, la contravention à l'article 6 sera poursuivie
« devant les tribunaux correctionnels, et punie d'un emprisonnement
« de quinze jours à trois mois, sans préjudice d'une amende qui pourra
« s'élever de cinquante francs à trois cents francs. »

(1) *Sic*, Mesnard, n° 123.
(2) Lagrésille, n° 347.

CHAPITRE III

Législations étrangères

La plupart des nations civilisées ont senti la nécessité d'une réglementation du travail des enfants : aussi, sans aucune entente, voit-on dès le milieu du siècle chaque état s'inquiéter du sort de ces ouvriers, et peu à peu se font jour, dans la législation, des mesures en ce sens. Et ce qu'il y a de remarquable, c'est l'analogie frappante des mesures prises : c'est que les besoins sont à peu près les mêmes partout.

C'est cette évolution qui a donné l'idée d'une réglementation internationale. On pourrait se demander même si une entente entre les nations est nécessaire, puisque le besoin de réforme s'est fait sentir à peu près partout, et que l'exemple donné par un pays a été suivi par les autres, que tout le mouvement de protection en faveur des travailleurs a été en quelque sorte spontané.

Mais il faut remarquer que les législateurs ont toujours été arrêtés dans leurs désirs par la crainte de la concurrence des pays voisins, crainte souvent justifiée, mais qui a limité les tendances réformatrices.

Ce sont les ouvriers qui, les premiers, ont songé à s'unir pour lutter contre les conséquences de la concurrence : diminution des salaires, augmentation du travail, etc.

Les économistes aussi se sont inquiétés de cette situation et ont proposé des moyens d'y remédier. Les socialistes en ont fait la base de leurs programmes. Tous ceux qui ont souci de l'amélioration de la condition des ouvriers ont désiré une entente à ce sujet.

L'idée avait fait du chemin : aussi les gouvernements, dès que l'initiative eut été prise par l'un d'eux, se sont-ils empressés de répondre à son appel. C'est la Suisse qui a fait la première tentative en ce sens. Reprenant une proprosition qu'elle avait, d'ailleurs sans succés, faite en 1880, elle invita en mars 1889 les gouvernements européens à une réunion à Berne pour le mois de mai 1890.

Sur ces entrefaites, un congrés international du commerce et de l'industrie, tenu à Paris du 23 au 28 septembre 1889, sous la présidence de M. Poirier, sénateur, émettait un vœu « estimant qu'à raison de la diversité des intérêts et des « mœurs, il y avait lieu de laisser à chaque nation le soin « de réglementer le travail des enfants et des femmes. » (1)

Quelques mois plus tard, sur l'initiative de l'empereur d'Allemagne, reprenant pour son compte la proposition du gouvernement suisse, se réunissaient à Berlin un certain nombre de délégués des nations industrielles de l'Europe centrale, chargés d'étudier officiellement la situation de la classe ouvrière et les moyens de l'améliorer. (2)

Le 4 février 1890, l'empereur signait deux rescrits qui ont eu une importance et un retentissement considérables. Le premier, adressé au chancelier de l'Empire, le chargeait

(1) *Bull. de la Soc. de législation comparée*, année 1890-91, p. 452.

(2) « Les notes remises aux ministres des affaires étrangères des pays « respectifs portaient que l'empereur proposait la convocation des repré- « sentants des gouvernements qui s'intéressent particulièrement à l'amé- « lioration du sort des ouvriers des mines et de l'industrie, à l'effet de se « concerter sur des questions d'une portée internationale. »
Bull. de Lég. comparée. 1890-91, p. 532 : (compte-rendu par M. J. Drioux).

de convier la France, l'Angleterre, la Belgique et la Suisse à une conférence où seraient examinées les questions relatives à l'organisation du travail. Le second, qui a été le point de départ de la réforme du code industriel, invitait le ministre du commerce à rechercher quelles étaient les réformes désirables et applicables à la loi sur l'industrie.

La conférence s'ouvrit le 15 mars 1890. Les délégués des nations spécialement invitées, auxquels s'étaient joints ceux de l'Autriche, de l'Italie, du Danemark, des Pays-Bas, du Portugal, de la Suède, de la Norvège, de l'Espagne et du Luxembourg qui avaient adhéré à la proposition, réunis en commissions spéciales qui délibéraient à huis clos, ont émis les vœux suivants, relativement à la réglementation du travail des enfants.

I. — *Réglementation du travail dans les mines*

1° Il faudrait arriver progressivement à reculer jusqu'à quatorze ans la limite d'âge à partir de laquelle les enfants pourraient être employés dans les mines aux travaux souterrains ; cette limite pourrait être abaissée à douze ans pour les pays méridionaux.

2° Dans le cas où la technique minière n'a pu écarter de l'exécution de ces travaux tout danger pour la santé, il faudrait limiter la durée du travail par voie législative ou administrative, ou par une entente entre patrons et ouvriers, selon ce qui conviendrait le mieux à chaque pays.

II. — *Réglementation internationale du travail du dimanche*

Il y aurait lieu de garantir, sauf les exceptions nécessaires dans chaque pays, le dimanche comme jour de repos aux ouvriers, et il serait à désirer que, pour déterminer les exceptions à cette règle, un accord intervint entre les divers gouvernements.

III. — *Réglementation du travail des enfants*

Les enfants au-dessous de douze ans, ou dix ans dans les pays méridionaux, ne devraient être employés dans aucune industrie : ils devraient avoir reçu auparavant une instruction primaire ; ne travailler, au-dessous de quatorze ans, ni pendant la nuit, ni le dimanche ; ne pas être occupés plus de six heures, avec un repos d'une demi-heure au moins ; ne pas être employés ou ne l'être qu'avec certaines précautions dans les travaux malsains ou dangereux.

IV. — *Réglementation du travail des jeunes gens*

Les jeunes gens des deux sexes, de quatorze à seize ans, ne devraient travailler ni la nuit, ni le dimanche ; la durée journalière du travail ne devrait pas dépasser dix heures, avec un repos d'une heure et demie au moins, sauf exceptions pour certaines industries ; dans les travaux dangereux et malsains, il y aurait lieu de protéger, d'une façon spéciale, les jeunes gens de seize à dix-huit ans, concernant la durée maxima de la journée de travail, le travail de nuit, le travail du dimanche et les besognes particulièrement dangereuses ou malsaines.

V. — *Réglementation du travail des femmes*

Il serait à désirer que les filles et les femmes au-dessus de seize ans ne travaillent ni durant la nuit, ni le dimanche.

VI. — *Exécution des dispositions adoptées*

Enfin, un dernier vœu concernant la création d'inspecteurs spéciaux de l'industrie, indépendants et chargés de dresser des rapports et statistiques, et dont les gouvernements échangeraient les travaux. (1)

Tels sont les vœux principaux qui ont été émis à cette conférence : ils sont, comme on l'a constaté, « assez pla- « toniques » ; il ne pouvait en être autrement puisque les délégués ne pouvaient engager leurs gouvernements respectifs, et que d'ailleurs les conditions de la réglementation ne peuvent être uniformes.

Les représentants des états adhérents, en effet, avaient réservé l'appréciation de leurs gouvernements. Certains mêmes, ceux de la France, par exemple, « se sont abstenus « de voter les résolutions contraires à notre législation, « ainsi, à titre d'exemple, le repos dominical » (2). Les autres, sans s'abstenir positivement, n'ont toutefois entendu voter que des vœux, sans aucun engagement de réalisation législative. Aussi, les résolutions du congrès commencent-elles toutes par des phrases ainsi conçues : il serait désirable que....., pour le cas où les gouvernements participants donneraient suite aux travaux de la conférence....., il y aurait lieu de.....

Le second motif qui a empêché la conférence de faire œuvre pratique n'est pas moins puissant : il est impossible d'établir pour tous les ouvriers une réglementation unique. Des causes nombreuses obligent chaque nation à légiférer de façon différente : les conditions économiques ne sont pas les mêmes ; tel état vient de naître à la vie industrielle, qui a atteint un degré très développé dans tel autre ; les ressources naturelles sont plus ou moins nombreuses ; le climat lui-même a son influence ; l'intelligence et l'activité des ouvriers doivent être également prises en considération.

(1) *Bull. de lég. comparée*, 1890-91, pages 533-534.
(2) Cauwès, *op. cit.*, tome III, n° 846.

Tout se tient en cette matière : autant de raisons qui s'opposent à l'établissement d'une législation uniforme.

Mais néanmoins, la conférence n'a pas été seulement une « vaine manifestation ». L'adhésion qu'ont donnée les états, la publicité des résolutions prises les obligeaient moralement à tenir compte de l'opinion publique et du mécontentement qu'eût provoqué chez les nations cosignataires un oubli trop manifeste des vœux adoptés, les forçaient en quelque sorte à donner, au moins dans une certaine mesure, une suite aux travaux de la conférence. Aussi, peut-on dire qu'elle a eu des conséquences importantes, puisqu'elle a démontré que certaines nations avaient souci d'améliorer le sort des ouvriers, et spécialement des enfants ouvriers ; qu'elles ont « publiquement manifesté leur intention d'étudier à fond « l'organisation du travail », intention qui a été réalisée au moins en partie.

Enfin, la conférence a été suivie d'effet, car c'est à la suite et en conséquence de cette réunion qu'ont été votées, en Allemagne la *Gewerbe-Ordnung* du 1er juin 1891, nouveau code industriel, remaniant et améliorant l'ancienne loi du 1er juillet 1883 ; en France, la loi du 2 novembre 1892, remplaçant celle du 19 mai 1874, relative à la protection des enfants et des femmes, et celle du 12 juin 1893 sur l'hygiène et la sécurité des travailleurs ; en Angleterre, la loi du 28 juin 1892 et celles du 20 juillet 1891 et du 6 juillet 1895 sur l'hygiène et les accidents.

Elle a démontré clairement la nécessité d'une réglementation du travail, et elle a marqué un pas dans la voie d'une réglementation internationale.

Nous allons passer en revue les législations de la plupart des pays d'Europe et d'Amérique qui se sont préoccupés de la réglementation du travail des enfants, en insistant particulièrement sur celles des nations manufacturières du nord de l'Europe (Allemagne et Angleterre) et des États-Unis d'Amérique. Disons tout de suite que ces lois présentent, avec la législation française, un assez grand nombre de points communs: presque partout, en effet, la loi ne fait que poser le principe, laissant à l'administration le soin de veiller à l'exécution ; presque toujours aussi la règle générale est accompagnée d'exceptions, et pour les tolérances, une assez grande latitude est laissée au pouvoir central.

ALLEMAGNE

La question ouvrière présente en Allemagne, surtout depuis l'unification et la constitution de l'empire, un intérêt considérable qui mérite de retenir l'attention et nécessite l'étude des lois qui la concernent d'une façon particulièrement détaillée.

La loi allemande sur l'industrie (*Gewerbe-Ordnung*), du 1ᵉʳ juillet 1883, a été modifiée par la loi du 1ᵉʳ juin 1891. Cette modification a été la conséquence de la conférence internationale qui s'est tenue à Berlin en 1890. C'est en effet à la suite et en réponse aux vœux de cette conférence que le gouvernement allemand déposa au Reichstag, le 6 mai 1890, son projet de modification de la Gewerbe-Ordnung. Le surlendemain un contre-projet était déposé (le 8 mai 1890), au nom des députés socialistes du Reichstag, par MM. Auer, Bebel et Liebknecht.

Enfin, les patrons réunis en assemblée générale des délégués de l'association centrale des Industriels allemands à Francfort-sur-le-Mein, le 22 mai 1890, après discussion du projet du gouvernement, rédigèrent une suite d'observations qui, après une nouvelle réunion, tenue à Berlin le 24 novembre 1891, furent remises à tous les députés sous forme d'amendements.

Le projet du gouvernement, après une premier lecture, les 17, 19 et 20 mai 1890, fut renvoyé devant une commission qui le modifia. Une deuxième délibération du projet, accompagné du rapport de la commission, eut lieu du 12 au 26 février 1891 ; interrompue par le vote du budget, elle fut reprise du 7 au 23 avril. Enfin la troisième lecture, du 4 au 6 mai, a été suivie du vote de la loi survenu le 8 mai 1891. La loi nouvelle fut promulguée le 1er juin suivant pour entrer en vigueur le 1er avril 1892 (1).

C'est donc le projet du Gouvernement, avec ses divers amendements et remaniements, qui est devenu la loi actuelle.

Les matières qui font l'objet de cette loi peuvent se ranger sous quatre chefs principaux :

1. Organisation du travail des ouvriers en général.

2. Organisation du travail des femmes, des jeunes gens et des enfants.

3. Mesures d'hygiène et de sécurité.

4. Sanctions et pénalités. (2)

Nous ne nous occuperons, dans cette étude, que des trois dernières parties, seulement toutefois en ce qu'elles ont trait au travail des enfants et des adolescents.

I. — Organisation du travail des femmes, des jeunes gens
et des enfants

A. — DÉFINITION DES ÉTABLISSEMENTS SOUMIS A LA LOI

Aux termes de la loi de 1883, sont soumis à la loi les fabriques, c'est-à-dire :

Les usines ;

Les chantiers de constructions terrestres ou navales ;

Les ateliers où l'on fait un usage courant de la vapeur.

(1) *Reichs-Gesetz blatt*, 1891, n° 118, p. 261 à 290. — *Annuaire de Législation étrangère*, 1892, p. 185-192.

(2) Maurice Bellom, *Etude sur la loi allemande relative à l'industrie et sur les projets de modification dont elle a été l'objet.* — Dans le *Bulletin de la Société de législation comparée*, année 1890-91, p. 171.

La loi nouvelle (art. 154) ajoute :

Les tuileries ;

Les carrières à ciel ouvert exploitées d'une manière suivie ;

Les ateliers exploités par une force élémentaire (vapeur, eau, gaz, électricité, vent, air). (1)

Enfin, elle assimile aux fabriques les mines, salines, ateliers de préparation mécanique et de construction, et les carrières à ciel ouvert.

B. — TRAVAIL DES JEUNES GENS

Il s'agit des jeunes gens de quatorze à seize ans.

1° *Durée du travail.* — Sont maintenues les dispositions alors en vigueur :

a. Durée du travail : dix heures maximum (art. 135, § 3)

b. Commencement et fin de la journée (art. 136, § 1) fixés à cinq heures et demie du matin et à huit heures et demie du soir.

c. Repos dominical obligatoire (art. 136, § 3).

Toutefois, la loi a ajouté les innovations suivantes :

Durée du repos. — L'article 136 de la loi de 1883 prescrivait un repos d'une heure, à midi, et deux repos d'une demi-heure, un avant et l'autre après midi. (2) L'article 136

---

(1) Un projet de loi de 1887 proposait d'assimiler aux fabriques les ateliers actionnés par une force élémentaire. L'article 154, § 2, de la loi donne à une ordonnance impériale le droit d'appliquer la loi aux ateliers domestiques dans lesquels sont employés des étrangers, sauf avis du Conseil fédéral qui peut autoriser des dérogations.

Les socialistes n'admettaient de dérogation que pour les exploitations agricoles sans moteurs, le travail domestique, la navigation maritime.

(2) La loi de 1883 (art. 136, § 2) obligeait les ouvriers à quitter l'atelier pendant les repos, si le travail n'y est complètement suspendu ; il en résultait les inconvénients suivants : passage d'un atelier chaud au froid

de la loi nouvelle distingue deux catégories d'ouvriers : ceux qui travaillent dix heures par jour sont soumis à la loi de 1883 ; ceux qui ne travaillent que six heures par jour sont soumis aux prescriptions relatives aux enfants, que nous allons voir plus loin.

2° *Dérogations.* — L'article 139 relatif aux femmes est applicable à ce point de vue aux jeunes gens, sauf sur quelques points particuliers. Cet article est la reproduction de l'article 139 de la loi de 1883.

Les dispositions concernant les jeunes gens sont donc les suivantes :

a. Des dérogations peuvent être accordées : 1° en cas d'événements naturels ou d'accidents interrompant la marche normale du travail, pour une période de quatre semaines, par l'autorité administrative supérieure, ou pour un plus long temps par le chancelier ; .2° en cas d'urgence, pour quinze jours au plus, par l'autorité inférieure.

b. Le Conseil fédéral peut autoriser une durée de travail supérieure à dix heures (au lieu de onze pour les femmes) dans les filatures, les usines à feu continu, et les établissements qui ne sont en activité que pendant une partie de l'année (§ 3). Toutefois, les jeunes ouvriers ne peuvent travailler plus de six heures par jour, si leur travail n'est pas interrompu par des repos d'une durée totale d'une heure au moins.

c. Le Conseil fédéral peut autoriser le travail de nuit pour les industries où il est déjà en usage, sans que la santé ni la moralité des ouvriers en ait à souffrir (§ 2).

A noter que la durée totale du travail est limitée, pour les

du dehors, nuisible à la santé ; charge imposée aux industriels par l'obligation de donner aux ouvriers un lieu de repos ; prix d'achat de terrain souvent élevé.

jeunes gens seulement, à soixante heures par semaine et soixante-dix heures dans les tuileries. (1)

3° *Surveillance administrative.* — Elle est visée par l'article 138 ; c'est l'article 138 de la loi de 1883 qui est maintenu et rendu également applicable aux femmes.

Le patron qui occupe les jeunes ouvriers doit adresser au préalable à la police une notification contenant le nom de la fabrique, les jours de la semaine pendant lesquels le travail aura lieu, l'heure du commencement et celle de la fin du travail.

Le patron doit également afficher dans les ateliers la liste des jeunes ouvriers employés, des heures de travail et de repos, et un extrait du règlement d'atelier.

C. — TRAVAIL DES ENFANTS

Le travail des enfants est ainsi réglementé :

1° *Age d'admission* (art. 135, § 1). — Les enfants ne peuvent être admis dans les ateliers et manufactures qu'à partir de treize ans. Ils sont de plus obligés d'avoir satisfait à la loi scolaire.

Ce sont là des innovations, l'ancienne loi, qui fixait à douze ans la limite de l'âge d'admission, disposant que les enfants de moins de quatorze ans ne pouvaient travailler que six heures par jour, à condition de fréquenter pendant trois heures une école reconnue officiellement.

____

(1) Deux ordonnances, en date du 1er février 1895 (*Annuaire de législation étrangère,* 1896, p. 88), ont été rendues en conformité de l'article 139, l'une réglementant le travail des jeunes gens dans les mines, l'autre concernant les enfants employés dans les forges et lamineries.

La loi nouvelle a pour but de supprimer des inconvénients d'un double caractère : au point de vue moral et au point de vue de l'instruction elle-même.

D'abord l'enfant qui, en quittant l'école, va passer le reste de son temps à l'atelier, se trouve en contact non plus avec ses compagnons d'âge, mais avec des adultes, et dans des conditions d'hygiène qui peuvent être préjudiciables à sa santé. Ensuite, au point de vue de l'instruction, l'enfant qui sort de l'atelier pour rentrer à l'école, fatigué par le travail, ne peut prêter une attention aussi soutenue que l'enfant qui sort de sa famille. D'ailleurs, le temps consacré à l'étude était insuffisant, trois heures seulement, alors qu'il en était passé six au travail manuel.

C'est pour obvier à ces inconvénients que la loi nouvelle exige que l'enfant ait quitté l'école pour entrer à l'atelier. Cependant, cette disposition présente un défaut : le manque d'uniformité du régime applicable aux enfants, la législation scolaire n'étant pas la même pour tout l'empire. Pour unifier le régime, il eût fallu adopter, comme âge d'admission au travail, la limite la plus élevée de la sortie de l'école (quatorze ans généralement) ; mais il en serait résulté un inconvénient plus grave, celui de laisser oisifs les enfants qui, dans certaines contrées, quittent l'école dès treize ans (en Bavière, par exemple).

2° *Durée du travail* (art. 135, § 1). — Le maximum de travail est de six heures avec des repos d'une durée totale d'une demi-heure seulement.

3° *Dérogations* (art. 139, § 3). — Dans les usines à feu continu où il ne peut exister de double poste pour le jour et la nuit, le maximum de six heures peut être élevé, par décision du Conseil fédéral, sans toutefois que la durée du travail hebdomadaire puisse dépasser trente-six heures. (1)

Le travail est interdit pour les enfants la nuit et le dimanche.

D. — TRAVAIL DES MINEURS DE VINGT-UN ANS EN GÉNÉRAL

Des mesures spéciales ont été introduites dans la loi nouvelle, dans le but d'améliorer la situation morale des jeunes ouvriers et de les rattacher au foyer paternel.

Les jeunes ouvriers allemands, grâce aux salaires élevés qui leur permettent de subvenir, non-seulement à leur subsistance, mais encore à leurs plaisirs, désertent de plus en plus la maison paternelle. En effet, aux termes de l'article 107 de la loi de 1883, les jeunes ouvriers devaient, pour être admis au travail industriel, être porteurs d'un livret, délivré sur la demande ou avec l'autorisation du père ou du tuteur. Mais, dès qu'ils sont en possession du livret, ils sont libres, au moins en Prusse (2), et capables de contracter un

(1) Un paragraphe 4 de l'article 135 du projet voté en première lecture permettait l'assimilation aux jeunes ouvriers des enfants de plus de treize ans.

Le but de cette mesure était d'éviter que, par suite de restrictions apportées au travail des enfants, les patrons, préférant occuper des jeunes gens de plus de quatorze ans, ne veuillent pas employer les enfants et les laissent dans l'oisiveté depuis leur sortie de l'école jusqu'à ce qu'ils soient entrés dans la catégorie des jeunes gens.

Les dérogations autorisées ne devaient être admises que pour des industries limitativement indiquées par le Conseil fédéral et sur présentation d'un certificat médical jugeant l'enfant assez robuste pour le genre de travail sur lequel porte la dérogation.

Malgré les garanties apportées à cette dérogation, et malgré les réclamations des représentants des États confédérés, ce paragraphe 4 fut supprimé par la commission en deuxième lecture, et ne fut pas adopté par le Reichstag, dans la crainte de créer un privilège au profit des États où la limite de la sortie de l'école est peu élevée.

(2) Loi du 2 juillet 1875, article 6.

louage et de toucher leurs salaires, tant que l'autorisation du père ou du tuteur n'est pas retirée (1). C'est à l'ouvrier et non à ses représentants légaux que le patron remet le livret quand le contrat est résolu.

Le jeune ouvrier est donc complètement assimilé au majeur dès qu'il a l'autorisation paternelle, qui ne peut lui être retirée qu'exceptionnellement. C'est pour porter remède à cette situation, pour rattacher au foyer le jeune ouvrier, au moins dans une certaine mesure, et autant qu'il est permis au législateur de le faire, en fortifiant l'autorité paternelle, que la loi nouvelle comporte un certain nombre de modifications à la législation antérieure.

Ainsi, le nouvel article 107 porte-t-il que le livret pourra, lors de la rupture du contrat, être remis non pas à l'ouvrier, mais à son père ou tuteur, et sur sa demande formelle, même lorsqu'il s'agit d'ouvriers de plus de seize ans, et jusqu'à leur majorité (2). Toutefois, dans le cas où le père serait indigne, l'autorité communale décidera, aux termes du même article, à qui devra être remis le livret.

Une seconde innovation, analogue à celle relative au livret, est introduite par l'article 113. L'ancien article 113

______

(1) Ou restreinte. Il ne peut d'ailleurs en être ainsi qu'à la condition que l'intérêt de tiers ne soit pas lésé (V. Bellom, *Revue citée*, p. 197.)

(2) Le projet du gouvernement portait que le livret *devrait*, pour les mineurs de seize ans, toujours être remis au père ou tuteur. Le Reichstag, qui avait d'abord admis cette obligation, l'a supprimée en deuxième lecture.

La situation qui était, par le projet, faite aux mineurs de seize ans, était la reproduction de celle faite aux mineurs de quatorze ans, par l'article 137 de la loi de 1883. En effet, les enfants étaient soumis à l'obligation de présenter une carte qui remplissait exactement le rôle du livret. La loi nouvelle a, en supprimant l'article 137 de l'ancienne loi, supprimé également la carte : les enfants sont donc, comme les jeunes gens, soumis à l'obligation du livret, mais toutefois dans des conditions un peu différentes, puisque le livret des enfants *devra*, comme l'ancienne carte, toujours être remis aux parents, alors que, pour le livret des jeunes gens, la loi porte qu'il *pourra* seulement leur être remis.

(loi de 1883) permettait à l'ouvrier de demander à son patron, au moment de le quitter, un certificat indiquant la durée et la nature de son travail, et une mention relative à sa conduite, s'il le réclamait. L'article 113 nouveau, en conservant ces dispositions, y ajoute la suivante : la mention peut être relative, en plus de la conduite, aux services rendus par l'ouvrier. En outre, les formalités concernant la remise du livret, lors de la rupture du louage, sont applicables au certificat.

Une nouvelle mesure de protection des jeunes ouvriers est contenue dans l'article 134, § 3, qui donne aux patrons le droit d'introduire, dans l'ordre ou règlement de travail, des prescriptions concernant la conduite de ceux-ci en dehors de la fabrique : on les assimile ainsi à des apprentis.

C'est encore pour réagir contre les tendances émancipatrices des mineurs que l'article 119, § 2, laisse aux communes le soin de décider, par voie de statut, pour toutes les industries ou pour quelques-unes seulement, que les patrons devront verser les salaires aux mains des parents ou tuteurs, et ne les payer aux ouvriers que sur l'autorisation écrite du père ou tuteur, ou sur le vu d'un certificat constatant qu'ils ont bien reçu le salaire de la dernière paie. (1) Une autorisation analogue est nécessaire aux mineurs pour rompre le contrat de travail (art. 134, § 4).

Enfin, une dernière mesure, contenue dans l'article 120, a trait à l'éducation professionnelle. L'ancien article 120 obligeait les patrons à laisser aux ouvriers mineurs de dix-huit ans le temps de fréquenter une école professionnelle. Le nouvel article, tout en conservant les prescriptions de l'ancien, donne aux autorités locales le pouvoir d'obliger les ouvriers à la fréquentation de ces écoles, et le moyen d'assurer cette fréquentation, n'en dispensant que les ou-

(1) Bellom, *loc. cit.*, p. 303.

vriers qui suivent une école reconnue par l'administration. Le même article interdit de donner l'enseignement pendant les offices religieux que les jeunes ouvriers sont mis en demeure de suivre. (1)

Ce ne fut pas sans discussion et sans protestation, soit de la part des industriels, soit de celle des jeunes ouvriers, soit encore de celle des députés socialistes, que ces mesures furent votées ; mais le gouvernement soutint son projet avec assez d'énergie pour le faire accepter intégralement. (2)

II. — *Mesures d'hygiène et de sécurité*

Deux articles seulement avaient trait à cette matière dans la loi de 1883 : l'article 120 qui, dans son paragraphe 1er, visait la protection de la santé et des mœurs des ouvriers de moins de dix-huit ans, et dans son paragraphe 3, applicable à tous les ouvriers, invitait les patrons des établissements, que leurs conditions spéciales rendent particulièrement dangereuses, à installer leurs usines de façon à sauvegarder la santé et la sécurité des ouvriers, lorsque le Conseil fédéral ne leur a pas donné des instructions spéciales ; et l'article 139, § 1, interdisant aux femmes certains travaux.

---

(1) Amendement de Sturm et de Puttkammer.

(2) D'une part, les industriels réunis à Francfort le 22 mai 1890, tout en reconnaissant l'heureuse influence des mesures proposées, les considéraient comme inapplicables; ils prétendaient qu'il était impossible de soumettre aux mesures prescrites tous les ouvriers et toutes les classes d'ouvriers, les conditions du travail étant très variées ; il était donc nécessaire d'accorder aux patrons des dérogations à la loi.

D'un autre côté, les jeunes ouvriers, qui voyaient restreindre leur liberté, manifestèrent leur mécontentement.

Enfin, les socialistes protestèrent contre les dispositions relatives au livret et contre le mode de paiement aux mains des parents (V. Bellom, *loc. cit.*, p. 200).

La loi nouvelle a remplacé ces dispositions par les suivantes.

Les patrons doivent installer leurs ateliers et appareils
et organiser le travail de manière à protéger la santé et la
vie des ouvriers, les éclairer de façon suffisante, aérer
convenablement et veiller à l'expulsion des poussières, gaz,
vapeurs et déchets. Ils doivent protéger les ouvriers contre
le contact des machines et contre les dangers résultant du
travail spécial à l'établissement, et tout particulièrement
contre l'incendie. Dans le règlement de travail, ils doivent
prescrire des mesures tendant à la sécurité des travailleurs. (1)

On voit l'immense progrès réalisé sur ce point, l'ancienne
loi n'ayant indiqué que des mesures sommaires et spéciales
aux établissements qu'elle qualifiait de dangereux, sans
les préciser. La loi nouvelle s'applique à tous les établissements industriels indistinctement.

L'article suivant (120 *b*) a trait à la moralité dont n'avait
parlé que pour mémoire l'article 120 de la loi de 1883.
Le paragraphe 2 de l'article 120 *b* prescrit la séparation
des sexes lorsqu'elle peut avoir lieu sans nuire au travail ;
le paragraphe 3 a souci d'éviter la promiscuité en imposant
la création de locaux suffisants pour le changement des
vêtements des ouvriers. Le paragraphe 4 a trait aux lieux
d'aisances, qui devront être assez nombreux et remplir les
conditions d'hygiène et de décence désirables.

L'article 120 *e* autorise le Conseil fédéral à déterminer la
durée du travail et du repos dans les établissements où la
santé des ouvriers est menacée par des fatigues excessives. (2)

---

(1) Article 120 *a*.

(2) Le Conseil fédéral avait déjà d'ailleurs usé de cette faculté, vis-à-vis
des industries dangereuses, en exécution de l'article 120, § 3, sous l'empire de la loi de 1883. Mais il s'était produit des abus, quant à la durée
du travail, dans certains établissements qui n'étaient pas spécialement
classés comme dangereux, d'où la nécessité d'y remédier.

Les autorités de police, qui ont concurremment avec le Conseil fédéral la mission de veiller à l'exécution de ces mesures, ne peuvent toutefois les imposer que comme mesures individuelles.

III. — *Sanctions*

Deux moyens d'assurer l'exécution de la loi : un système préventif et de surveillance, consistant en un contrôle chargé de relever les contraventions, et un système répressif se traduisant en une série de pénalités.

Le contrôle est assuré par le corps des inspecteurs de fabriques, qui fonctionnait déjà sous l'ancienne loi ; il n'y a eu sur ce point aucune innovation (art. 139). (1)

Les pénalités destinées à réprimer les contraventions sont les suivantes :

Une amende de 2,000 marks au maximum ou un emprisonnement de six mois au plus sanctionne les mesures relatives au travail des femmes, des enfants et des jeunes gens ;

Une amende de 600 marks au maximum pour les prescriptions concernant le repos dominical ;

300 marks au plus pour le manquement aux mesures sur l'ordre du travail ;

20 marks ou trois jours de prison pour celles relatives à l'hygiène et à la sécurité. (2)

La loi du premier juin 1891 contient un certain nombre de mesures applicables aux apprentis ; elle a modifié les

---

(1) Le projet socialiste contenait toute une organisation destinée à veiller au maintien des mesures de protection des ouvriers (Cf. Bellom, *loc. cit.*, p. 203).

(2) Les socialistes proposaient une amende de 1,000 marks et trois mois de prison pour sanction de l'interdiction du travail de nuit ou du dimanche.

prescriptions qui les concernent et qui étaient contenues dans la loi du 18 juillet 1881 (1), rétablissant comme sociétés libres les corporations qui avaient été abolies par la Gewerbe-Ordnung du 21 juin 1869, et réglementant l'apprentissage et les rapports des patrons et des apprentis, et dans la loi du 8 décembre 1884 (2), qui n'accordait qu'aux corporations le privilège d'avoir des apprentis.

Depuis, un nouveau projet, déposé par le gouvernement (1893), (3) propose de fédérer les corporations et de réorganiser complétement l'apprentissage.

ALSACE-LORRAINE

L'Alsace-Lorraine, terre d'Empire, après avoir été régie, jusqu'en 1888, par la loi française de 1841, a été soumise au régime de la loi allemande du premier juillet 1883.

Depuis le premier avril 1892, elle est réglementée par la loi du premier juin 1891.

Un inspecteur est chargé de la surveillance de la loi dans la province, qui le remunère sur son budget.

(1) *Ann. de lég. étr.*, 1882, p. 155.
(2) *Ann. de lég. étr.*, 1885, p. 87.
(3) Michel Bodeux, *Etudes sur le contrat de travail*, p. 288.

ANGLETERRE

C'est en Angleterre que l'on a eu pour la première fois
le souci d'améliorer le sort des enfants ouvriers et de les
protéger contre les exigences croissantes de l'industrie.
Il est vrai que c'est également en Angleterre qu'a pris naissance l'extension du machinisme industriel, et que s'est fait
sentir d'abord la nécessité d'une réglementation du travail.

Ainsi qu'on l'a vu au début de cette étude, c'est sur
l'initiative de sir Robert Peel que le Parlement anglais s'est
occupé des enfants ouvriers ; mais, timide encore dans cette
tentative, il s'est uniquement préoccupé de la santé et de la
moralité des travailleurs employés dans les fabriques de
coton (1).

Cette première mesure législative concernant le sort des
ouvriers, qui est aussi la première relative aux fabriques
(*factories act*), date de 1802 (2). Il faut d'ailleurs noter que
la législation anglaise concernant les fabriques a eu
presque pour unique objet la protection des femmes et des
enfants.

Depuis, cet acte a été successivement augmenté, de façon
à embrasser toutes les branches des industries textiles, puis
les autres industries de même genre, par les actes des
années 1819 (qui étendait le bill de 1802 aux manufactures
en général), 1825 (qui retranchait trois heures de travail

(1) V. Lagrésille, *op. cit.*, introduction, p. 13.
(2) Acte de la 42ᵉ année du règne de Georges III, ch. 73.

le samedi aux ouvriers de moins de seize ans), 1831 ; par le bill de 1833, qui limitait la journée de travail à neuf heures pour les enfants au-dessous de treize ans, à onze heures pour ceux au-dessous de dix-huit ans, interdisait le travail de nuit, créait un corps d'inspecteurs ; par les actes de 1834, 1844, 1845, 1846 et 1847, qui étendent le bill de 1833.

De nouvelles lois, spéciales à certains points ou à certaines industries, furent votées pendant la seconde moitié de ce siècle jusqu'en 1878 : ainsi, en 1847, parait le bill des dix heures de travail ; de nouveaux réglements en 1850, 1853 et 1856 ; on étend la réglementation en vigueur, en 1860, aux ateliers de blanchiment, en 1861, aux fabriques de dentelles ; en 1862, bill interdisant le travail de nuit.

Enfin, en 1878, toutes ces lois, formant un véritable arsenal, furent codifiées et refondues en une loi unique, coordonnant ainsi toute la législation relative aux fabriques et ateliers, sous le titre de « *Factory and Workshop act* » (1).

Bien que la loi de 1878, qui contient 107 articles, et six annexes, ait eu le souci d'embrasser toutes les mesures réglementaires du travail, elle a négligé certains détails et omis certaines industries, d'où l'obligation d'apporter à cette loi, qui semblait définitive, de nouvelles modifications.

Une autre série d'amendements va donc commencer : c'est le *Factory and Workshop act* de 1883, (2) qui étend la loi de 1878 à certaines industries insalubres, notamment aux fabriques de blanc de céruse et aux boulangeries, modifié lui-même par l'*act* de 1884 (47 et 48 Victoria, ch. 43, § 4), en ce qui concerne l'application et l'exécution de la loi. Une autre modification de la loi de 1878, relativement à l'Ecosse, parait en 1888 (51 et 52 Victoria, ch. 22). Enfin,

(1) 27 mai 1878 (41 et 42 Victoria, chap. 16). — V. *Ann. lég. étr.*, année 1879, p. 15 à 45.
(2) 46 et 47 Victoria, ch. 53, (*Ann. lég. étr.*, 1884, p. 24).

un dernier amendement, complétant sur quelques détails le code des fabriques, est voté en 1889 sous le nom de *Cotton cloth factories act* (52 et 53 Victoria, ch. 62).

A côté de ces dispositions, uniquement relatives aux fabriques et ateliers, on trouve un certain nombre de lois qui s'appliquent aux enfants employés soit dans les mines, soit dans le commerce ; il faut citer, notamment, sur ce dernier point, l'*act* réglementant la durée des heures de travail des enfants dans les boutiques. (1)

Ces diverses lois n'ont apporté que des modifications partielles ou de détail à la loi fondamentale de 1878 ; c'est cette dernière qui est restée la base de la législation protectrice du travail de l'enfance, c'est elle que nous allons sommairement étudier.

Avant de passer en revue les dispositions de l'*act* de 1878, il faut remarquer que cette loi considère comme enfants *(children)* les jeunes ouvriers de moins de quatorze ans, qu'elle désigne par l'expression de « *Young persons* » les travailleurs des deux sexes qui ont plus de quatorze ans mais moins de dix-huit, (au-delà de cet âge, les ouvriers sont considérés comme adultes,) et enfin, qu'elle appelle femmes *(women)* les ouvrières, mariées ou non, de plus de dix-huit ans (2). Nous ne nous occuperons pas du sort de ces dernières.

La première partie de la loi contient la réglementation générale des fabriques et ateliers.

La première section traite des prescriptions sanitaires et des devoirs des inspecteurs à cet égard. Il faut signaler,

(1) « *Shop hours regulation act* » du 25 juin 1886 (49 et 50 Victoria, ch. 35). — V. *Ann. lég. étr.*, 1884, p. 78.

(2) Rapport de M. Léo Caubet, consul général de France à Londres, adressé au Ministre des Affaires étrangères en 1891, sur les *Conditions du travail dans le Royaume-Uni de Grande-Bretagne et d'Irlande*, p. 73.

parmi les mesures de salubrité, celles relatives à la propreté, l'obligation d'aérer et de ventiler les ateliers, d'expulser les poussières et déchets ; la nécessité de prendre des précautions contre les émanations des égouts et des lieux d'aisance ; l'obligation de peindre à l'huile ou de passer à la chaux les murs et plafonds des ateliers, dans un certain délai, qui est réduit à six mois pour les fours de boulangers situés dans les villes. (1)

Les inspecteurs doivent s'entendre pour l'exécution de ces mesures avec les membres du service de salubrité chargés d'appliquer la loi sur l'hygiène.

Les précautions à prendre contre les accidents sont prévues dans la deuxième section. Ces mesures de sécurité sont de deux sortes : les unes sont obligatoires, ce sont celles qui concernent les monte-charges, les roues, volants et transmissions. Pour les autres, qui ne sont qu'éventuelles, les inspecteurs doivent prévenir les patrons des dangers qui peuvent résulter de la protection nulle ou insuffisante des courroies, engrenages, meules, ou des cuves ou bassins contenant un liquide chaud ou corrosif.

S'il survient un accident, le chef d'industrie doit en aviser dans les quarante-huit heures, sous peine de vingt-cinq francs d'amende, l'inspecteur et le médecin du district, qui fait un rapport. De même, tout patron qui veut établir une exploitation industrielle doit prévenir l'inspecteur.

Enfin, la troisième section a trait aux heures de travail des ouvriers.

Bien que la loi s'applique à tous les établissements industriels, elle a édicté, au moins au point de vue de la durée du travail, des prescriptions différentes, suivant qu'il s'agit d'industries textiles, d'industries non textiles ou d'ateliers domestiques.

(1) Lagrésille, *op. cit.*, p. 302.

C'est ainsi que les établissements sont classés en cinq catégories :

1° Industries textiles ;

2° Industries non textiles ;

3° Ateliers sans moteur mécanique ;

4° Ateliers où ne sont employés que des ouvriers de plus de dix-huit ans ;

5° Ateliers domestiques ou de famille.

Dans les industries textiles les règles sont les suivantes :

Pour les jeunes gens, de quatorze à dix-huit ans (art. 11), la durée du travail est de dix heures. Deux heures de repos doivent leur être accordées, dont une heure au moins avant trois heures de l'après-midi ; d'ailleurs, ils ne doivent pas travailler plus de quatre heures consécutives sans un repos d'une demi-heure. Le chômage commence dès le samedi après-midi (de midi à deux heures) : ce jour-là la durée du repos ne pourra être que d'une demi-heure consacrée au repas.

Les enfants (art. 12) ne peuvent travailler plus de six heures par jour, avec un repos d'une demi-heure, soit le matin, soit l'après-midi ; ou toute la journée pendant dix heures, avec un repos de deux heures, réglé comme celui des jeunes gens, mais seulement un jour sur deux. Ils ne peuvent être employés plus de quatre heures consécutives sans une demi-heure de repos. Le samedi, il leur est interdit de travailler l'après-midi. On ne peut non plus les employer pendant deux périodes de sept matinées ou de sept après-midi consécutives.

Dans les fabriques autres que celles de textiles, il est interdit d'employer les enfants le samedi de la semaine pendant laquelle ils auraient travaillé toute la journée : ils peuvent travailler pendant dix heures, avec deux heures de repos, mais tous les deux jours seulement. Le samedi, le travail cesse à deux heures. Il est défendu de faire travailler les enfants plus de cinq heures de suite, sans une demi-heure de repos pour prendre de la nourriture.

Les jeunes gens, dans ces établissements, peuvent être autorisés à travailler pendant dix heures et demie, mais avec deux heures et demie de repos. Le chômage commence également l'après-midi du samedi.

Lorsque les enfants « sont employés industriellement « dans leur propre famille » (1), c'est-à-dire dans les ateliers domestiques où il n'existe pas de moteur à vapeur, ils ne peuvent travailler que le matin ou l'après-midi, et pendant sept heures avec une demi-heure de repos ; les jeunes gens sont employés pendant quinze heures au maximum, mais y compris quatre heures et demie de repos, ce qui réduit la journée à dix heures et demie. Le samedi, pour les uns comme pour les autres, le chômage commence à quatre heures de l'après-midi.

Les repas doivent avoir lieu à la même heure pour tous les ouvriers d'un même atelier et ne peuvent être pris dans la salle de travail. La réglementation du travail dans les ateliers de famille constitue une différence remarquable avec la législation française, qui les a précisément exceptés des mesures qu'elle a édictées pour la protection de l'enfance.

L'âge d'admission des enfants dans tous les établissements est de dix ans.

Le travail du dimanche est interdit à tous les enfants et jeunes gens, ainsi que nous venons de le voir, mais sauf des dérogations prévues par la loi ; de plus, ils ont droit à huit journées et demie de congé par an, dont la moitié au moins du 15 mai au 1er octobre, le tout sous peine d'amende contre les patrons qui enfreindraient ces dispositions.

Parmi les dérogations, il en est une qu'il faut signaler, c'est celle qui permet aux Israélites de faire travailler les

(1) Pic, *Traité élém. de lég. indust.*, p. 253.

ouvriers de leur religion pendant la journée du dimanche, mais à la condition qu'ils n'aient pas travaillé la veille. Ils peuvent également les employer pendant une heure supplémentaire un jour de chaque semaine, quand ils ont chômé le samedi. Cette disposition (art. 50) avait inspiré une proposition analogue de M. Bamberger, qui la réclamait en faveur de ses coreligionnaires, lors de la discussion de notre loi de 1874 : elle n'aurait plus de raison d'être sous l'empire de la loi de 1892, qui a laissé libre le choix du repos hebdomadaire.

Les enfants de la première catégorie (dix à quatorze ans) doivent fréquenter une école, tous les jours de travail, au moins une fois, sauf quand ils sont employés toute la journée, mais alors ils doivent, la veille, aller deux fois à l'école. Le samedi et les jours fériés, ou les jours de congé pour la fabrique, ils en sont dispensés.

Pour constater l'application de ces prescriptions, les patrons doivent présenter à l'inspecteur des fabriques un certificat de présence délivré par l'instituteur.

C'est là le système du *demi-temps*, qu'on a essayé d'appliquer en France, mais qui n'a pas produit les résultats que l'on en attendait ; nous avons vu que la loi de 1892 l'a supprimé.

Les enfants de treize ans, munis d'un certificat analogue à notre certificat d'études, sont considérés comme faisant partie de la deuxième catégorie de protégés (*young persons*).

Les enfants de moins de seize ans doivent être munis de certificats de médecins constatant que leur état de santé leur permet d'accomplir le travail auquel ils sont employés, ou pour lequel ils ont été engagés. L'article 2 de la loi française de 1892 édicte une mesure semblable.

Le travail de nuit est interdit d'une manière générale, sauf pour les jeunes gens de plus de seize ans et du sexe masculin, à des conditions déterminées et dans les industries suivantes : forges, hauts-fourneaux, imprimeries et papeteries. Dans les verreries, les jeunes garçons seulement peuvent être occupés, pourvu que le maximum des heures de travail qui leur sont imposées ne dépasse pas soixante heures par semaine.

Au point de vue de l'hygiène et de la sécurité des ouvriers, le bill de 1878 contient quelques règles, notamment l'interdiction, ou l'admission sous conditions particulières, des enfants protégés dans les industries particulièrement dangereuses ou nuisibles à leur santé (étamage des miroirs par le mercure, fabriques de blanc de plomb, soufrage des allumettes, verreries, métallurgie).

Des mesures plus complètes et plus importantes concernant l'hygiène ont été prescrites par des lois postérieures, entre autres celle du 6 juillet 1895 (1) : elles sont relatives à la propreté, l'aérage, la ventilation, l'expulsion des poussières et déchets. Concernant la sécurité des travailleurs, il existe des mesures obligatoires pour les monte-charges, volants, roues et transmissions, qui doivent présenter des garanties suffisantes ; et des mesures éventuelles pour les courroies, meules, bassins contenant un liquide chaud ou corrosif. Une loi récente (6 août 1897) (2) recule jusqu'à seize ans pour les garçons et dix-huit ans pour les filles l'âge auquel les jeunes travailleurs peuvent être employés à des travaux dangereux, modifiant sur ce point la loi de 1878.

L'Angleterre possède une législation très complète sur le travail des mines. Elle a été refondue par l'act de 1887 (3). Au point de vue des enfants, on remarque qu'il est interdit d'employer aux travaux souterrains les enfants de moins de

(1) *Ann. lég. étr.*, 1896, p. 12.
(2) « *Dangerous performance act* » du 6 août 1897, ch. 52 ; *Ann. lég. étr.*, 1898, p. 5).
(3) *Ann. lég. étr.*, 1888, p. 21.

dix ans, et les filles de tout âge ; les enfants de dix à douze ans peuvent y travailler, mais avec une autorisation spéciale du sous-secrétaire d'État et à condition d'une limitation des heures de travail ; les garçons de douze à treize ans et ceux de moins de seize ans ne peuvent y être employés plus de cinquante-quatre heures par semaine.

S'il survient un accident ayant entraîné la mort ou une blessure grave, l'inspecteur et le médecin du district doivent être immédiatement prévenus, sous peine d'une amende de 125 francs (art. 31 de la loi précitée de 1895). Une loi du 20 juillet 1894 (1) est venue compléter cet article au point de vue de la responsabilité du patron.

L'exécution de ces lois est assurée par des inspecteurs des fabriques, qui ont été créés en 1833. Ils ont mission de visiter les établissements, de faire des enquêtes et de pour-suivre les infractions, même contre les parents, lorsqu'il est établi qu'ils étaient complices des patrons pour faire tra-vailler les enfants contrairement aux prescriptions de la loi. Ils sont également des conciliateurs lors des conflits entre patrons et ouvriers. Les amendes infligées en cas de contra-ventions sont nombreuses, mais les inspecteurs doivent user de tact et ne pas poursuivre d'une façon trop rigou-reuse les patrons qui font preuve de bonne volonté.

Ce corps de fonctionnaires est véritablement remarquable. Les inspecteurs sont accablés d'un travail considérable, mais ils remplissent leur tâche avec une telle ponctualité qu'ils ont réussi à faire appliquer la loi d'une façon régulière et organiser les conditions du travail d'une manière efficace, au moins dans la grande industrie, et ils ont montré assez de tact pour être bien considérés aussi bien par les patrons que par les ouvriers. Toutefois, en ce qui concerne les ateliers domestiques, la loi est restée lettre morte, étant

(1) *Ann. lég. étr.*, 1895, p. 154.

donné la grande difficulté du contrôle des inspecteurs (1).

Un point sur lequel s'est également portée leur attention, ce qui a amené un assez grand nombre de poursuites, c'est la réglementation des heures supplémentaires. A part ces deux points, la loi est bien observée.

(1) Rapport cité, p. 79.

AUSTRALIE

PROVINCE DE VICTORIA

La province de Victoria, érigée en état autonome, est, comme les états de l'Amérique du Nord, complètement maitresse de se donner des lois.

A l'exemple de l'Angleterre (1) et en imitation de la loi du 27 mai 1878, elle a réglementé le travail des enfants et des femmes dans l'industrie par la loi du 18 décembre 1885.

Cette législation vise tous les établissements où l'on emploie plus de six personnes, ou dans lesquels on emploie la vapeur ou autres forces mécaniques. Il n'y a d'exception que pour les ateliers de famille, dans lesquels on ne fait pas usage de la vapeur ou d'une force motrice quelconque.

Les enfants, qui ne sont admis au travail qu'à l'âge de treize ans, ne peuvent être employés plus de quarante-huit heures par semaine. (2)

Toutefois, dans les imprimeries, ils peuvent travailler huit heures par jour au maximum. On doit leur accorder une demi-heure de repos pour chaque période de cinq heures consécutives de travail.

(1) Nous verrons plus loin que l'exemple de la métropole a été également ment suivi au Canada, autre colonie anglaise autonome.

(2) Bellom, Tableau de comparaison entre les différentes nations étrangères. (*Bull. Lég. comp.*, 1890-91, p. 208).

Au point de vue du travail de nuit, les enfants sont partagés en deux catégories, et la réglementation est différente suivant le sexe. Pour les garçons, le travail de nuit est interdit d'une manière absolue jusqu'à quatorze ans ; de quatorze à seize ans, il est interdit également dans les imprimeries, mais toutefois il est toléré pour des nuits non consécutives. Les filles bénéficient jusqu'à seize ans de l'interdiction totale qui s'applique aux garçons de la première catégorie. Depuis seize ans, il peut être permis à cette règle des dérogations.

Quant au travail du dimanche, la législation australienne s'est contentée de se modeler sur la loi anglaise qu'elle a reproduite.

Les jeunes gens de seize à dix-huit ans sont soumis à des mesures différentes ; mais, là encore, il faut distinguer s'il s'agit de garçons ou de filles.

La journée n'est pas limitée pour les garçons, mais il faut qu'il leur soit accordé un repos d'une demi-heure pour cinq heures de travail consécutives.

Les filles sont régies par les mêmes prescriptions que les jeunes enfants, ainsi d'ailleurs que les garçons de plus de seize ans, employés dans les imprimeries seulement.

Cette dernière règle s'applique également quand il s'agit de travail de nuit : seuls, les filles et les ouvriers imprimeurs bénéficient des mesures concernant les enfants.

Les autres ouvriers ne sont pas réglementés sur ce point.

Encore ici, il faut se reporter à la loi anglaise pour connaître les règles du travail du dimanche.

Au-dessus de dix-huit ans, garçons et filles sont regardés comme adultes.

Les mêmes mesures qu'en Angleterre sont édictées concernant la sécurité et la salubrité des ouvriers. Cependant, la loi australienne vise particulièrement certains points, et

notamment veille au blanchissage des ateliers, à l'installation des fours de boulangers, à la ventilation mécanique.

Ce sont des inspecteurs des fabriques qui sont chargés
de veiller à l'application de la loi : leur mode de recrutement
et leurs attributions ont été copiés sur la loi anglaise.

AUTRICHE

La « Gewerbe-Ordnung » du 20 décembre 1859, loi inaugurant le régime de liberté industrielle et supprimant (en partie et en théorie au moins) les corporations de métiers, a été modifiée par la loi du 15 mars 1883, rétablissant l'apprentissage, et par la loi sur l'industrie du 8 mars 1885.

La première remarque que l'on doit faire en étudiant la législation réglementaire de l'Autriche, c'est de constater que les établissements industriels autrichiens sont divisés en deux grandes classes, les établissements de la grande et ceux de la petite industrie. Cette distinction est capitale, car toutes les mesures qui concernent ces établissements, diffèrent selon qu'ils appartiennent à l'une ou à l'autre classe.

Cette règle a été posée par l'ordonnance ministérielle du 18 juillet 1883, et elle a été sanctionnée par la loi sur l'industrie du 8 mars 1885, véritable code industriel de l'Autriche.

Il nous suffira de déterminer, d'après l'ordonnance précitée, les établissements de la grande industrie; les autres forment la deuxième catégorie.

Sont donc « considérées comme entreprises de grande in
« dustrie, toutes celles où les objets se fabriquent et se
« transforment dans les ateliers clos où travaillent plus de
« vingt ouvriers. La division du travail, l'emploi de ma
« chines, le fait que le patron n'accomplit aucune besogne
« manuelle, le chiffre de l'impôt, sont autant de marques

« auxquelles se reconnaît encore le grand établissement,
« celui dans lequel l'ouvrier, plus exposé, moins rapproché
« de ses chefs, plus abandonné à lui-même, a droit, aux
« yeux du législateur autrichien, à la protection des pou-
« voirs publics. » (1)

Les mesures de protection des enfants, comme toutes les
mesures réglementaires, sont dominées par cette règle fondamentale.

Ainsi, aux termes de la loi du 8 mars 1885 (2), les
enfants ne peuvent être admis dans les établissements industriels ordinaires qu'à partir de l'âge de douze ans ;
qu'à partir de quatorze ans dans les fabriques.

Les jeunes ouvriers sont rangés, au point de vue de la
protection, en trois catégories : au-dessous de quatorze ans,
de quatorze à seize ans, et de seize à dix-huit ans.

Le travail journalier, pour les enfants de douze à quatorze
ans, employés dans une petite industrie, ne peut être d'une
durée supérieure à huit heures, avec repos d'une heure et
demie au moins, et, autant que possible, une heure à midi.
Encore faut-il que l'enfant puisse fréquenter l'école, qui est
obligatoire jusqu'à quatorze ans, d'après la loi du 2 mai 1883
(art. 21), et le patron doit veiller à cette fréquentation,
sous certaines peines, notamment la perte du droit d'employer des enfants mineurs de quatorze ans.

Le travail durant la nuit, c'est-à-dire de huit heures du
soir à cinq heures du matin, et celui du dimanche sont interdits d'une façon générale ; toutefois, ils peuvent être
tolérés à titre exceptionnel. C'est l'autorité administrative
qui accorde les autorisations suivant les cas et les circonstances. La loi n'a fait que poser le principe de la dérogation ;

(1) Rapport adressé au Ministre des Affaires étrangères par M. Decrais,
ambassadeur de la République française à Vienne, 1890-91, p. 6.
(2) *Ann. lég. étr.*, 1886, p. 184.

une ordonnance du 27 mai 1885 (1) en a précisé les détails, indiquant la manière dont il doit y être procédé. C'est aux Ministres du Commerce et de l'Intérieur de déterminer les industries admises à en profiter.

Au-dessus de dix-huit ans, les ouvriers sont considérés comme adultes, comme dans la législation française, et soumis aux mêmes prescriptions que ceux-ci. Il est vrai que, dès l'âge de quatorze ans, les dispositions qui régissent les jeunes gens sont les mêmes, pour la plupart, au moins dans la grande industrie, que celles qui visent les adultes. La durée du travail, pour les uns comme pour les autres, est limitée à onze heures, y compris le temps du nettoyage, chauffage et éclairage, exceptionnellement à douze heures, avec un repos d'au moins une heure et demie par jour ; le travail est également interdit, sauf exception, la nuit et le dimanche.

Les mêmes mesures sont applicables aux femmes, aussi dès l'âge de quatorze ans.

Il est interdit d'employer les jeunes ouvriers à des travaux dangereux, insalubres ou qui pourraient nuire à leur santé.

La loi, en outre, édicte des mesures relatives à la propreté, à l'aérage, à l'expulsion des poussières, aux émanations, aux dangers résultant des industries chimiques et à la salubrité des logements. Elle a souci également de la sécurité des ouvriers, et prescrit des mesures relatives aux roues motrices, aux transmissions, courroies, cuves et chaudières.

Les patrons doivent tenir un registre contenant les noms, âges et demeures des jeunes ouvriers, les dates d'entrée et de sortie, et l'adresse des parents ou tuteurs.

La mission de veiller à la bonne exécution de la loi est confiée aux inspecteurs des fabriques, corps de fonction-

---

(1) *Bulletin officiel de l'Empire*, p. 84 et 86.

naires institué par la loi du 17 juin 1883 (1), et qui ont un triple rôle de surveillance, d'information et de consultation.

La loi sur l'industrie organise aussi, d'une façon très sérieuse, l'apprentissage. Elle a été, nous l'avons dit, précédée de la loi du 15 mars 1883 (2), qui a réorganisé l'apprentissage, et de l'arrêté ministériel du 17 septembre 1883, rendu en exécution de l'article 14, § 3, de cette loi qui en a fixé le temps de deux à quatre ans. (3)

Nous n'allons retenir de ces dispositions que ce qui a trait aux conditions du travail des apprentis, sans considérer l'intervention du législateur dans le contrat. Les patrons doivent surveiller l'apprenti, veiller à ce qu'il remplisse ses devoirs religieux et fréquente l'école jusqu'à quatorze ans, sous des peines assez sévères ; ils ne peuvent avoir d'apprentis de moins de douze ans.

Telles sont les règles principales concernant les mineurs ; elles sont bien observées en général, grâce à la surveillance active des inspecteurs qui constatent la diminution constante des contraventions.

(1) *Ann. lég. étr.*, 1884, p. 125.
(2) *Ann. lég. étr.*, 1884, p. 932.
(3) M. Bodeux, *op. cit.*, p. 257 et 258, n° 1.

BELGIQUE

La loi du 13 décembre 1889, (1) relative à la protection
du travail des enfants, des adolescents et des femmes dans
les établissements industriels, a comblé une lacune dans la
législation belge : il n'existait pas, en effet, auparavant, de
dispositions sur la matière, et le besoin s'en faisait vivement
sentir. Cependant, déjà, un arrêté royal du 28 avril 1884,
sur la réglementation du travail dans l'exploitation des
mines, contenait un article 69 ainsi conçu : « Il est défendu
« de laisser descendre ou travailler dans les mines des gar-
« çons âgés de moins de douze ans, et des filles âgées de
« moins de quatorze ans. » Cette disposition avait été observée, mais on avait contesté au gouvernement le droit
d'introduire une telle mesure par voie de règlement. Quoi
qu'il en soit, dans la plupart des charbonnages, soit volontairement, soit en exécution de cet arrêté, les patrons
avaient peu à peu interdit l'entrée des filles dans les mines.

La loi de 1889, pour l'élaboration de laquelle le législateur belge s'est inspiré de la loi française de 1874, donne
la nomenclature des établissements auxquels elle est applicable : ce sont les mines, minières, carrières, usines, manufactures, fabriques et établissements classés. Elle laisse
en dehors de ses prescriptions les ateliers de famille non
classés, mais à la condition qu'ils ne contiennent ni chaudière à vapeur, ni moteur mécanique, sans quoi ils rede-
viennent soumis à la loi.

(1) *Ann. lég. étr.*, 1890, p. 546.

Cette énumeration est, on le voit, presque analogue à celle donnée par l'article 1er de l'ancienne loi française du 19 mai 1874 des établissements qui y étaient soumis.

Les enfants, qui ne sont admis au travail qu'à l'âge de douze ans, sont divisés en deux catégories : de douze à quatorze ans, et de quatorze à seize ans. Au-dessus de cet âge, ils sont regardés comme adultes et, partant, ne sont plus soumis à la réglementation.

La durée du travail pour les deux classes, ainsi que pour les femmes, est de douze heures par jour, avec des repos d'une heure et demie au moins. Les enfants et les adolescents ne peuvent être employés plus de soixante-douze heures par semaine. Mais le travail de nuit, de neuf heures du soir à cinq heures du matin, est totalement interdit aux enfants de la première classe, alors qu'il peut être autorisé pour ceux de la seconde classe, seulement toutefois par arrêté royal.

Une nouvelle différence existe entre les deux catégories en ce qui concerne l'interdiction du travail du dimanche. Le travail peut être autorisé le dimanche par arrêté royal pour les jeunes ouvriers, dans certains cas spéciaux, tandis que, pour les enfants, l'autorisation de travailler sept jours par semaine ne peut être donnée qu'en cas de force majeure seulement.

En plus de ces règles générales, le gouvernement est autorisé par la loi à prendre des arrêtés pour déterminer certaines conditions, notamment des dérogations que la loi n'a fait qu'indiquer. C'est ainsi que, par les arrêtés des 6 novembre 1891 et 21 septembre 1894, le roi a prescrit des mesures particulières à certaines industries : il a interdit l'emploi des enfants et des adolescents aux travaux qui excèdent leurs forces ; il a déterminé l'emploi des enfants dans les établissements dangereux à des conditions spéciales ; il a enfin réduit la durée de la journée suivant la nature et le genre du travail.

Préalablement à tout règlement, le roi doit prendre l'avis du Conseil de l'industrie et du travail, de la députation du Conseil provincial et enfin du Conseil supérieur d'hygiène. (1)

Comme mesure de contrôle, les patrons sont obligés d'afficher, dans les chambres de travail, les dispositions de la loi et les arrêtés qui en fixent les moyens d'application, ainsi que les règlements d'ateliers.

Pour veiller au maintien de ces dispositions, la loi a créé un emploi d'inspecteur des usines dont la mission, spécialement limitée à la protection des enfants, des jeunes gens et des femmes, est de surveiller les établissements et de relever les infractions, sanctionnées par des pénalités.

Depuis, une loi récente, en date du 19 février 1895 (2), a été rendue en application des articles 3 et 8 de la loi du 13 décembre 1889 ; elle a donné une liste des établissements dangereux et des travaux excédant la force des enfants, ou présentant du danger pour leur vie ou leur santé, et qui leur sont interdits.

(1) Rapport de M. Bourrée, ministre plénipotentiaire de France à Bruxelles, au ministre des Affaires étrangères, 1891, p. 38.

(2) *Moniteur* des 25 et 26 février 1895 *(Ann. lég. étr., 1896, p. 427)*.

CANADA

S'inspirant de la loi du 27 mai 1878, qui régit la métropole, la colonie anglaise du Canada s'est dotée d'une législation protectrice du travail des enfants et des femmes : la loi du 9 mai 1885, qui a emprunté à l'Angleterre un certain nombre de ses dispositions.

Cette loi s'applique à tous les établissements à moteur mécanique, à moteur à vapeur ou à moteur hydraulique et aux établissements dans lesquels on occupe plus de vingt personnes (1).

L'âge d'admission au travail est différent suivant les sexes : fixé à douze ans pour les jeunes garçons, il est reculé à quatorze pour les filles.

C'est d'ailleurs la seule différence qui existe entre les deux sexes : toutes les autres prescriptions leur sont communes.

La durée du travail normal est de dix heures par jour avec un repos d'une heure à midi ; mais elle peut être augmentée, sans toutefois se prolonger au-delà d'un certain maximum, qui est fixé à douze heures et demie par jour. Néanmoins le maximum des heures de travail de la semaine ne peut dépasser soixante heures, de telle sorte qu'il doit se faire une compensation d'un jour sur l'autre.

Le travail de nuit est complètement interdit. Au point de vue de l'interdiction du travail du dimanche, la loi cana-

(1) Bellom, Tableau déjà cité. (*Bull. lég. comp.*, 1890-91, p. 208).

dienne s'est réglée sur la législation anglaise : elle distingue les industries suivant qu'elles sont textiles ou non.

Dans les industries textiles, le travail est interdit le dimanche seulement, sauf dérogation.

Pour les industries non textiles et les ateliers occupant plus de vingt ouvriers, le chômage commence dès le samedi après-midi.

Au dessus de quatorze ans, les jeunes garçons sont considérés comme adultes et dès lors ne sont plus soumis à la réglementation.

Au contraire, les femmes, qui ne peuvent être admises au travail qu'à partir de cet âge, ainsi qu'il a été dit ci-dessus, continuent à être soumises aux prescriptions relatives aux jeunes garçons de moins de quatorze ans et cela même au-delà de leur majorité. La protection des femmes est donc au Canada plus étendue qu'en la plupart des autres Etats.

La même loi contient, comme la loi anglaise, un certain nombre de mesures relatives à l'hygiène et à la sécurité des ouvriers : notamment en ce qui concerne les émanations d'égouts, la ventilation, les poussières, vapeurs, gaz et les lieux d'aisances. Elle prescrit aussi des précautions concernant les parties mobiles des machines, les bassins, cuves, chaudières, trappes et monte-charges, prohibe le nettoyage des appareils en marche et prévoit le danger d'incendie.

Enfin, comme en Angleterre, ce sont des inspecteurs des fabriques qui sont chargés de veiller à l'exécution de la loi.

PROVINCE D'ONTARIO

La province d'Ontario, spécialement, possède une législation sur les établissements de commerce.

Cette loi, dite *act sur les magasins et places autres que les fabriques* et qui a été sanctionnée par le gouvernement de la reine le 13 avril 1897 (1), laisse en dehors les fabriques qui restent soumises aux *factories acts*. Elle porte interdiction de l'emploi des enfants de moins de dix ans dans les magasins et contient des prescriptions analogues à celles applicables aux enfants employés dans l'industrie : elle soumet les établissements de commerce au contrôle de l'inspection.

(1) *Ann. lég. étr.*, 1898, p. 1020.

DANEMARK

Le Danemark est doué d'une législation industrielle complète : lois sur la protection du travail des enfants et des jeunes gens, sur les apprentis, sur l'hygiène et les accidents, sur le travail du dimanche.

Toutefois, il est à remarquer qu'aucune de ces lois ne régit le travail des femmes (1). Parmi les nombreuses prescriptions qu'elles édictent, une seule est formellement déclarée applicable aux femmes : elle a trait aux mesures à prendre pour prévenir les accidents de machines (2). Il y a là une lacune à combler, mais nous n'avons pas à nous occuper de ce point.

Les enfants et adolescents sont régis par la loi du 23 mai 1873 (3) « sur le travail des enfants et des jeunes gens « dans les fabriques et les ateliers exploités en fabrique, « ainsi que sur le contrôle public de ces établissements. »

Elle a été l'objet d'une proposition de modification vers 1880, et une commission a même été nommée à cet effet, mais ce projet n'a pas abouti.

(1) Rapport adressé au Ministre des Affaires étrangères par M. Ch. Thomson, ministre de France à Copenhague, sur les *Conditions du travail dans le royaume de Danemark*, 1890-91, p. 30.
(2) Loi du 12 avril 1889, art. 5, § 4.
(3) *Ann. lég. étr.*, 1874, p. 420.

La loi s'applique aux fabriques, et dans les cas douteux c'est le Ministre de l'Intérieur qui tranche par voie d'arrêté et décide s'il y a lieu de soumettre l'établissement visé à l'application de la loi.

L'âge d'admission au travail des enfants est fixé à dix ans (art. 2).

Jusqu'à quatorze ans, la durée du travail est de six heures par jour, y compris une demi-heure de repos.

Le travail de nuit est interdit de huit heures du soir à six heures du matin, ainsi que le travail pendant les dimanches ou jours fériés religieux.

Les jeunes ouvriers forment une autre catégorie de quatorze à dix-huit ans ; ils ne peuvent être employés plus de dix heures par jour, avec deux heures de repos.

Les autres dispositions concernant les enfants leur sont également applicables, notamment celles qui ont trait au travail de nuit ou du dimanche.

Pendant les repas, les jeunes ouvriers ne peuvent rester dans les ateliers où l'on travaille.

Les enfants et les filles ne doivent pas être mis en contact avec les ouvriers adultes pendant le travail ou les repos, autant toutefois que le permettent et le genre d'industrie et la disposition des lieux.

Il n'y a pas de mesures spéciales en ce qui concerne les travaux fatigants ou dangereux ; il est réservé à l'appréciation du Ministre de l'Intérieur d'interdire ces travaux aux enfants, s'il les juge nuisibles (art. 7).

Le ministre peut seul également accorder des dérogations aux prescriptions relatives à la durée du travail, en raison de certaines considérations (industries de saison), sans toutefois qu'il puisse être rien modifié, eu égard au travail de nuit.

Deux certificats doivent être exigés de l'enfant avant son admission : un certificat médical constatant son âge et attestant que sa santé lui permet de se livrer au genre de travail auquel il doit être employé, et un certificat de l'instituteur portant l'indication des heures qu'il lui faut passer à l'école et pendant lesquelles il lui est interdit de travailler.

C'est, on le voit, le système du *demi-temps* qui fonctionne dans ce pays.

Le chef d'industrie doit tenir un registre contenant les noms, domiciles et âges des jeunes ouvriers, ainsi que les noms et domiciles de leurs parents et les heures d'école.

Certaines mesures sont édictées relativement aux dangers d'accident. L'article 11 indique que les ateliers et les machines qu'ils contiennent « doivent être disposés de telle « façon que la vie, la santé et les membres des travailleurs « soient protégés de la manière la plus convenable » ; notamment, le nettoyage est interdit pendant la mise en mouvement de la machine.

Le contrôle de la loi est exercé par deux inspecteurs, chargés également d'adresser au ministre un rapport annuel. Chacune des inspections est divisée en six circonscriptions visitées par un assistant tenu à résidence.

Ils ont accès dans les établissements visés par la loi, à toute heure du jour et de la nuit, et jouissent d'autorisations très étendues pour se renseigner sur l'exécution de la loi. Ils vérifient aussi les registres et peuvent s'adresser à la police s'ils y sont obligés par la mauvaise volonté des patrons.

Avant d'employer un enfant, le patron doit faire parvenir à la police une déclaration écrite qui est transmise à l'inspecteur.

Les contraventions à la loi sont sanctionnées par l'application d'une amende de cinq à cent rigsdalers. Cependant, de plus fortes peines peuvent être appliquées en conformité « des règles générales de la législation. » (art. 15.)

Les parents qui ont consenti à laisser leurs enfants travailler, contrairement aux règles de la loi, sont considérés comme complices du patron et punis d'une amende de deux à dix rigsdalers. (1)

Les amendes sont versées à la caisse de l'assistance publique de la province.

Les inspecteurs relèvent, pour les crimes et délits, des articles du Code pénal visant les fonctionnaires publics.

Enfin, le dernier article (art. 21) de la loi charge les commissions de salubrité publique, ou à défaut la police, « de « veiller à ce que les fabriques et ateliers soient tenus pro- « prement, que l'air y soit suffisamment renouvelé, et que « ces établissements ne soient pas encombrés de travail- « leurs. »

Cette loi est bien appliquée : les inspecteurs n'ont à rele- ver que peu de contraventions. Il est vrai que cela tient à ce que des dérogations sont accordées assez facilement, d'autant plus que le Ministre de l'Intérieur, qui est seul, d'après l'article 7, autorisé à les accorder, délègue souvent pour le faire à sa place les officiers de police. Néanmoins, il n'y a pas d'abus à constater.

La loi de 1873, bien que n'ayant pas été modifiée, a été complétée par deux lois plus récentes, mais qui ont une portée différente.

La loi du 12 avril 1889 (2), « sur les mesures à prendre « en vue de prévenir les accidents pouvant résulter de l'em- « ploi des machines, etc. », s'applique à tous les ouvriers et non plus seulement aux enfants ; elle n'édicte aucune mesure d'hygiène ou de sécurité. (3)

Elle vise toutes les machines motrices, opératrices, et les appareils de transmission.

(1) Une mesure semblable est édictée en Angleterre contre les parents.
(2) *Ann. lég. étr.*, 1890.
(3) Rapport cité, p. 25.

Elle prescrit des mesures relatives aux transmissions, saillies des arbres, conducteurs électriques, volants, turbines et roues hydrauliques, moulins à vent, réservoirs contenant un liquide chaud ou corrosif, au nettoyage des appareils en marche, et au danger du contact des machines.

La surveillance et le contrôle de la loi sont confiés aux inspecteurs des fabriques créés par la loi du 23 mai 1873 et chargés spécialement des machines à vapeur ou à gaz, et à des contrôleurs pour les machines actionnées par l'eau, le vent ou une force animale.

Il existe, en outre de cette loi, un arrêté du 28 février 1877 (1), relatif aux fabriques d'allumettes, qui interdit d'employer les enfants de moins de quatorze ans à la fabrication des matières inflammables, ni à aucune opération concernant leur manipulation ; il prohibe leur entrée dans les séchoirs et ne les autorise à travailler que sous la surveillance des adultes.

La seconde loi que nous avons eu en vue est celle du 30 mars 1889 (2) sur les conditions des apprentis des deux sexes, qui contient un certain nombre de dispositions réglementaires, notamment pour l'hygiène et la sécurité des apprentis.

Il faut noter que le Danemark est, avec l'Allemagne, l'Autriche et la Hongrie, un des rares pays ayant une législation spéciale concernant l'apprentissage.

Sans entrer dans les détails de cette loi, en ce qui concerne la formation et la résolution du contrat et les devoirs et obligations des maîtres et des apprentis, nous allons voir seulement quelles en sont les dispositions protectrices.

La durée du travail de l'apprenti de moins de dix-huit

(1) Rapport cité p. 27.
(2) *Ann. lég. étr.*, 1890, p. 731.

ans est fixée, conformément à la loi du 23 mai 1873, et dans les établissements où elle est applicable, à six heures avec une demi-heure de repos, de dix à quatorze ans, et à dix heures avec deux heures de repos, de quatorze à dix-huit ans ; quant aux apprentis employés dans les établissements qui restent en dehors de l'application de la loi du 23 mai 1873, ils ne peuvent être obligés à plus de douze heures de travail, y compris deux heures pour les repos et repas.

Le travail de nuit, de neuf heures du soir à six heures du matin, ainsi que le travail, les dimanches et fêtes, à partir de neuf heures du matin, sont interdits. Des dérogations peuvent être accordées par le Ministre de l'Intérieur.

Les patrons doivent surveiller la conduite et les mœurs de l'apprenti, et ne pas l'employer à des travaux nuisibles ou trop fatigants, ou en dehors du métier.

Tel est l'ensemble des mesures concernant la protection des jeunes ouvriers danois.

ESPAGNE

Le développement industriel en Espagne est de date récente, et encore est-il circonscrit à un certain nombre de provinces, fort limité d'ailleurs. Aussi, les problèmes industriels et sociaux qui ont ému l'opinion publique et dont la recherche a amené de fréquentes modifications législatives, dans la seconde moitié de ce siècle, parmi les nations manufacturières du centre de l'Europe, Angleterre, France, Allemagne, n'ont-ils pas eu en Espagne un grand retentissement (1).

Ce n'est que tout récemment que les questions ouvrières ont pris un caractère aigu dans ce pays et principalement dans la province de Barcelone, la plus importante au point de vue manufacturier ; mais elles se sont compliquées de politique et c'est par suite des tendances ou séparatistes, ou socialistes, voire anarchistes, qui les ont dominées qu'elles ont si gravement préoccupé les hommes d'État de la péninsule, plutôt que par leur caractère industriel et social.

Quoi qu'il en soit et quelles que soient les causes qui aient retardé le mouvement ouvrier (la plupart tiennent aux mœurs et au caractère des habitants), il n'en est pas moins vrai qu'il existe actuellement un courant d'opinion en faveur des travailleurs, mais jusqu'alors il n'a pas produit de résultats pratiques.

(1) Rapport adressé au ministre des Affaires étrangères par M. Cambon, ambassadeur de France à Madrid, sur les *Conditions du travail*, 1890-91, p. 6.

C'est en 1871 que l'on voit apparaître le premier monument officiel de ce mouvement : une enquête parlementaire
sur l'état moral et matériel des classes laborieuses.

A la suite de cette enquête révélant l'état précaire des
ouvriers, on étudia les moyens d'y remédier, et d'améliorer
leur condition. Un certain nombre de propositions furent
présentées par le gouvernement ou par les membres des
Chambres, touchant le règlement des conditions du travail,
le moyen de prévenir ou de terminer les grèves, la santé
et l'hygiène, etc...

De tout cet ensemble de projets un seul fut voté : il est
devenu la loi du 24 juillet 1873 (1) sur le travail des enfants
dans les manufactures et l'hygiène des ouvriers.

L'âge d'admission des enfants dans les établissements
industriels est fixé à dix ans. Jusqu'à treize ans pour les
garçons et jusqu'à quatorze ans pour les filles, fonctionne
le système du *demi-temps*, c'est-à-dire que les enfants de
cet âge ne doivent travailler que durant cinq heures par
jour, le reste du temps devant être consacré à l'école. Les
garçons de treize à quinze ans, et les filles de quatorze à
dix-sept ans ne peuvent être employés plus de huit heures.

Le travail de nuit est interdit aussi bien pour les enfants
de moins de treize ou quatorze ans que pour ceux qui ont
dépassé cet âge.

Les enfants qui entrent à l'atelier sans savoir lire ni
écrire doivent recevoir une instruction primaire et, pour
atteindre ce but, il est enjoint aux chefs d'établissement de
créer et d'entretenir des écoles annexées à leurs usines.

L'hygiène et la sécurité des ouvriers sont confiées aux
soins de commissions locales chargées de veiller à l'application de la loi. De plus, à chaque établissement doivent être
attachés un médecin ou un pharmacien ; du moins, chaque

____

(1) *Ann. lég. étr.* 1874, p. 330.

fabrique doit être régulièrement visitée par un médecin et contenir un dépôt de produits pharmaceutiques et de médicaments. Les patrons doivent installer leurs machines, de façon à éviter les dangers et faire le nécessaire pour ne pas compromettre la santé et la vie de leurs ouvriers.

Toutes ces prescriptions sont sanctionnées par des amendes.

Bien qu'incomplète et laissant beaucoup de points dans l'ombre (notamment en ce qui concerne les femmes, lesquelles, jusqu'à ce jour, n'ont été l'objet d'aucune disposition législative), cette loi n'en constituait pas moins un progrès, puisqu'elle réglementait là où il n'y avait rien auparavant ; malheureusement elle est restée lettre morte.

Elle devait être suivie d'un règlement d'administration publique, chargé de la rendre pratique et de la compléter, et d'organiser le service de la surveillance : il est encore à faire. La loi n'a jamais été appliquée, malgré l'ordre royal de 1884 rappelant aux industriels son existence, malgré les poursuites et les condamnations, d'ailleurs rares (1), survenues à la suite de cet ordre.

Aujourd'hui, à part les mesures relatives à l'instruction (les écoles de fabriques sont nombreuses) et à l'hygiène, les autres dispositions de la loi sont tombées en désuétude : enfants et adultes sont sur le même pied.

Sentant la nécessité d'une réglementation et en présence de l'insouciance de l'administration incapable de faire respecter la loi, les ouvriers de Barcelone ont arrêté en 1881, d'accord avec les patrons, un tarif (2), réglant les

---

(1) Il n'y eut guère qu'à Barcelone que les tribunaux sévirent (V. Rapport cité, p. 7).

(2) Ce tarif a été élaboré par une commission composée de cinq délégués ouvriers et de cinq délégués patrons, sous la présidence du gouverneur de la province. Il avait été établi pour cinq ans, mais il a continué d'être appliqué depuis par accord tacite (V. Rapport cité, p. 22).

salaires pour les adultes et les enfants, ainsi que les conditions du travail et la durée du labeur journalier.

Les auteurs du tarif ont ainsi suppléé à l'absence de
réglementation du travail des enfants, existant par suite de
la non-application de la loi de 1873. Ils ne se sont pas d'ailleurs le moins du monde préoccupés de cette loi et ils ont
établi leur réglement suivant les usages en cours et même
en contradiction avec la loi, comme si elle n'avait jamais
existé. Et ce qu'il y a de plus remarquable, c'est que le
gouverneur, représentant l'administration centrale, et qui
présidait la commission, n'a pas rappelé l'existence de la
loi, nouvelle preuve de son oubli total.

Aux termes de ce tarif, les enfants de moins de neuf ans
ne peuvent être admis dans les manufactures. Les enfants
de neuf à douze ans ne doivent pas être employés à des
travaux exigeant un effort corporel ; ils ne peuvent même
être admis dans l'usine qu'après entente avec les parents ou
tuteurs. Le tarif fixe également le montant des salaires
suivant l'âge des enfants, et la durée du travail par jour
(qui est la même pour les adultes que pour les enfants,
en moyenne neuf heures quarante minutes) suivant l'époque
de l'année.

C'est pour remédier à cet état de chose et pour assurer
aux enfants une protection à laquelle ils ont droit, que le
gouvernement a pris l'initiative d'un projet complétant la
loi de 1873 et la mettant en harmonie avec les progrès
réalisés dans l'industrie depuis cette époque et surtout en
rendant l'application pratique.

Ce projet, déposé sur le bureau des Cortès, le 1er avril 1889,
et qui avait d'ailleurs été précédé d'une proposition dans le
même sens datant du 7 juin 1887, contient les dispositions
suivantes.

Les enfants des deux sexes ne pourront être admis avant
neuf ans dans les usines ou ateliers ; ceux de neuf à treize

ans ne pourront travailler plus de cinq heures par jour, et ceux de treize à dix-sept ans plus de huit heures. Ils ne devront être employés plus de quatre heures consécutives sans repos.

Pour les enfants de moins de treize ans, le travail de nuit et du dimanche est complètement interdit. Pour les enfants de la deuxième catégorie, le travail de nuit et le travail des dimanches et jours fériés pourra être toléré dans les usines à feu continu, mais à la condition qu'ils aient le temps d'assister au service religieux ; une autre condition est exigée : l'autorisation de l'administration. Dans les autres établissements, et quand la nécessité l'exige, le travail est toléré le dimanche matin, en vertu d'autorisation spéciale.

Les enfants de neuf à treize ans sont soumis au régime du demi-temps : aux cinq heures passées à l'usine, il faut ajouter trois heures de présence à l'école. Si les écoles sont trop éloignées, les patrons qui emploient plus de vingt enfants devront créer une école dans l'usine ou en entretenir une à proximité. (Cette disposition est renouvelée de celle de la loi de 1873 ; nous avons vu que c'était la seule qui fût appliquée.)

Des précautions sont prises en vue de la sécurité et de la santé des jeunes travailleurs : il leur est interdit de nettoyer des moteurs et des instruments de transmission en marche, de prendre part dans les mines et carrières à des travaux souterrains, d'être employés dans les fabriques de matières dangereuses ou qui sont actionnées par un moteur mécanique.

L'application de ces dispositions sera assurée par des inspecteurs de fabriques, chargés de veiller à l'état de santé et de propreté des enfants, à leur assistance à l'école, aux conditions d'hygiène des ateliers, de poursuivre les contrevenants passibles d'une amende de vingt-cinq à cinquante francs, et de cent vingt-cinq francs en cas de récidive.

Enfin les patrons sont responsables des accidents arrivés par suite de l'inexécution de la loi.

Tel est, dans ses grandes lignes, le projet du gouvernement. Il a été modifié par la commission de la Chambre, qui a déposé ses nouvelles propositions le 12 mai 1890. Elles portent sur l'âge d'admission qui est reculé de neuf à dix ans pour les garçons et à douze ans pour les filles. Les enfants des deux sexes ne pourront, jusqu'à quatorze ans, travailler plus de la demi-journée des ouvriers adultes, sans qu'elle puisse d'ailleurs dépasser cinq heures. Le travail du dimanche est prohibé jusqu'à quatorze ans (au lieu de treize), ainsi que le travail de nuit jusqu'à seize ans. Enfin, le service de l'inspection est organisé d'une façon détaillée.

De nouveaux amendements ont été proposés, mais, jusqu'à présent, pas plus la proposition que ses modifications n'ont été discutées. En sorte que, jusqu'à ce jour, l'Espagne est réellement dépourvue de législation ouvrière, notamment en ce qui concerne la protection de l'enfance qui est abandonnée à l'initiative privée.

Cependant on pouvait espérer que, par suite du développement du mouvement industriel et sous l'influence d'une élite composée d'économistes, de chefs d'industrie, de sociétés scientifiques et même ouvrières, le mouvement d'opinion en faveur des classes laborieuses allait aboutir à faire voter les lois réclamées, — avant que des préoccupations d'un autre ordre ne vinssent retenir toute l'attention des hommes d'Etat espagnols, pour longtemps encore sans doute.

ETATS-UNIS

La Confédération des Etats du nord de l'Amérique comprend quarante-quatre états autonomes. Chacun d'eux a une législation spéciale et distincte concernant le sort des ouvriers et particulièrement les enfants : il faut donc, pour connaître l'ensemble des mesures protectrices de ce grand pays, passer en revue la législation de chaque état. Nous nous contenterons d'en examiner un certain nombre, les plus importants au point de vue industriel, et nous pourrons ainsi nous faire une idée de ce qu'est la législation ouvrière américaine.

Il est, en effet, remarquable que, contrairement à la plupart des puissances confédérées (Allemagne, Suisse), les Etats-Unis n'aient pas de loi fédérale s'appliquant à toute l'Union. Mais cela tient à la difficulté de réglementer, par une loi unique, l'ensemble de la population ouvrière, étant données la variété infinie des industries, et la différence, suivant les contrées, (différence plus sensible que partout ailleurs,) des mœurs des habitants de l'Union, — le caractère anglo-saxon dominant dans le nord, l'espagnol dans le midi (Texas, Californie), sans compter la divergence qui résulte de l'établissement de nombreuses colonies d'immigrants européens.

D'un autre côté, le pouvoir régulateur, accordé au gouvernement fédéral par la constitution et en vertu duquel il peut édicter des mesures applicables dans tous les états, est très limité par la constitution elle-même : il ne peut guère ordonner des mesures de surveillance ou de protection que pour le commerce maritime ou les industries qui s'étendent à plusieurs États *(inter-state commerce)* (1).

Le gouvernement fédéral a encore d'autres attributions : il gouverne le district de Colombie et les territoires des Etats-Unis, c'est-à-dire les provinces qui ne sont pas élevées au rang d'Etat, ne sont pas autonomes ; il joue, vis-à-vis de ces territoires, le rôle que joue dans chaque état son gouvernement propre, mais il a eu peu à intervenir, de ce chef, la population rurale l'emportant de beaucoup, dans ces contrées, sur la population industrielle.

Le législateur, dans la plupart des états, s'est préoccupé du sort des enfants, de leur protection et surtout de leur instruction, d'où l'obligation d'envoyer les enfants à l'école imposée aux parents, ou aux patrons, selon le lieu.

Les mesures édictées pour la protection diffèrent suivant les états et souvent, dans chaque état, suivant la nature des industries.

Les collections législatives concernant l'enfance sont nombreuses, mais il ne faudrait pas croire qu'en les consultant, on ait une idée exacte de la condition des enfants en Amérique ; car les lois sont loin d'être appliquées telles qu'elles ont été promulguées, et cela pour plusieurs raisons.

D'abord, la jurisprudence a un souverain pouvoir d'appréciation et lorsqu'intervient une loi de protection, il faut voir si elle est compatible avec la liberté individuelle garantie par la constitution : c'est là le rôle du magistrat. S'il appartient à la législation de déterminer les mesures nécessaires à la protection des travailleurs, dit la Cour des appels de New-York, il ne saurait, sous prétexte de surveillance, être porté atteinte aux droits des personnes, ni aux droits de propriété ; et la détermination par le législateur

(1) Rapport adressé au ministre de la République Française à Washington par le marquis de Chambrun, avocat-conseil de la légation de France aux Etats-Unis, 1891, p. 14.

de ce qui constitue l'exercice légal de ce pouvoir n'est pas définitive ; les tribunaux ont le droit de décider la question (1).

Ainsi donc, les lois de protection sont des déclarations de principes, indiquant ce qu'il est meilleur de faire, ce qui doit être fait si les conventions intervenues entre employeurs et employés ne s'y opposent pas, plutôt que des dispositions impératives.

Il est certain que quelques industriels les appliquent, mais là où, par suite de la nature de l'industrie, l'application de la loi est impossible, là où les conventions viennent déroger à la règle imposée par la loi, celle-ci reste lettre morte ; et s'il survient une difficulté, c'est la jurisprudence qui décide.

Il existe une autre cause à cette situation, c'est la difficulté d'application des lois protectrices. En vertu de leur pouvoir d'interprétation, les juges permettent souvent aux patrons d'échapper aux conséquences pénales de la non-exécution de la loi.

Enfin une dernière cause résulte de l'absence de centralisation administrative : la surveillance effective fait défaut. Ainsi, dans la plupart des états européens, le contrôle des lois concernant les enfants est assuré par un corps d'inspecteurs, fonctionnaires rattachés au pouvoir central et sous sa dépendance directe : rien de semblable aux Etats-Unis ; il y a bien un simulacre de cette institution, mais sans autorité et sans force.

Sous le bénéfice de ces remarques, nous allons examiner, dans un certain nombre d'états, la législation qui a trait à la réglementation du travail des enfants.

____

(1) **Affaire Jacobs,** *Court of appels of New-York*, p. 98, *(Rapport cité,* **p. 18).**

ETAT DE NEW-YORK

La législation de l'état de New-York est très complète à notre point de vue.

La base de cette législation est la loi de 1871, (ch. 934), dite *apprentice law* (1). Des lois récentes sont venues l'amender et la modifier, ce sont celle du 18 mai 1886 qui a pour titre : « *An act to regulate the employment of women* « *and children in manufacturing establishments and to pro-* « *vide for the appointment of inspectors to enforce the same* » et celles du 25 mai 1887 et du 29 mai 1888 qui ont étendu les mesures protectrices des enfants.

De l'ensemble de ces lois, il résulte que le travail est interdit aux enfants au-dessous de treize ans ; que les jeunes ouvriers sont divisés en deux catégories : de treize à seize ans, et de seize à dix-huit ans pour les garçons, et à vingt-un ans pour les filles.

La durée du travail, pour ces deux catégories d'ouvriers, est de soixante heures au *maximum* par semaine ; la durée *minimum* du repos est de quarante-cinq minutes au milieu de la journée.

Le travail du dimanche est interdit ; le chômage commence dès le samedi à midi.

Il est également interdit d'employer les enfants de la première classe au nettoyage et au graissage des machines.

Les patrons doivent tenir un registre exact et régulier des enfants qu'ils emploient, et afficher dans les ateliers les heures de travail et de repos.

Le contrôle est confié à des inspecteurs des fabriques, chargés de relever les contraventions et de faire chaque année un rapport à la législature.

(1) Rapport adressé au ministre de France à Washington par le vicomte d'Abzac, consul général de France à New-York, 1891, p. 47.

Les établissements visés par la loi sont toutes les manufactures et ateliers. Ces lois régissent également l'apprentissage.

Une loi du 23 avril 1896 (1) réglemente le travail des enfants et des femmes dans les maisons de commerce. Elle interdit l'emploi des enfants avant l'âge de quatorze ans ; elle fixe, pour les garçons jusqu'à seize ans, et pour les femmes jusqu'à vingt-un ans, la durée maximum du travail à soixante heures par semaine et à dix heures par jour, la journée devant être comprise entre sept heures du matin et dix heures du soir. Elle prescrit des règles d'hygiène sévères avec, comme sanction, des amendes et, en cas de récidive, la prison.

A côté de ces lois de protection existent d'autres lois ayant uniquement trait à l'hygiène : il faut citer notamment la loi du 1er juillet 1882, qui a codifié toutes les lois antérieures relatives à la santé publique. Cette loi est générale et s'applique, même en dehors des manufactures, au service sanitaire de la ville. Pour les établissements industriels, elle prescrit des mesures relatives à la ventilation, à la hauteur des ateliers, à la disposition des water-closets, à l'obligation pour les patrons d'avoir des échelles de sauvetage en cas d'incendie. Elle charge les inspecteurs des fabriques (*factories inspectors*) du soin de la faire appliquer.

Les prescriptions de ces lois sont généralement bien observées.

ILLINOIS

L'Illinois, qui possède cependant un centre industriel considérable, Chicago, a été pendant longtemps un des états où les ouvriers, et en particulier les enfants, étaient le moins bien protégés.

Autant la législation de l'état de New-York est complète

(1) *Ann. lég. étr.*, 1897, p. 760.

à cet égard, autant celle de l'Illinois était défectueuse jusqu'à ces dernières années.

Aussi les revendications des ouvriers ont-elles été plus vives que dans l'Est : elles se manifestent surtout aux approches des élections.

Un programme, adopté à Chicago par l'Assemblée générale des Unions de l'Etat de l'Illinois (1), demandait entre autres, au législateur, le vote des mesures suivantes :

Responsabilité des patrons en cas d'accidents ; bonne loi d'apprentissage ; interdiction du travail des enfants au-dessous de quinze ans dans les ateliers, excepté en matière d'enseignement professionnel ; instruction obligatoire ; meilleure surveillance des mines et plus stricte application des pénalités en cas d'infraction, etc...

Il n'y a que peu de temps qu'il a été, dans une certaine mesure, fait droit à ces demandes : c'est la loi du 9 juin 1897 qui a réglementé le travail des enfants dans l'industrie. Jusqu'à cette date, il n'y avait pas de loi concernant spécialement les enfants.

Les seules dispositions législatives qui avaient trait à la réglementation et à la protection du travail des ouvriers, et qui étaient par conséquent communes aux enfants et aux adultes, étaient la loi du 29 juin 1855 (chap. 35), (2) qui se borne à prescrire des mesures en vue des incendies, et à assurer aux ouvriers des moyens de sauvetage ; la loi du 5 mars 1867 (chap. 48), qui fixe à huit heures la durée du travail journalier, sauf stipulation contraire et exception faite du travail agricole ou domestique ; et enfin les lois du 14 juin 1883 et du 29 juin 1885, relatives aux mines, qui ordonnent des mesures de sécurité, analogues à celles en vigueur au Colorado.

____

(1) Rapport de M. Bruwaërt, consul général de France à Chicago, 1891, p. 59.

(2) Rapport cité, p. 101.

La loi nouvelle (1) interdit tout emploi salarié des enfants de moins de quatorze ans (art. 1). Toute personne qui emploie des mineurs dans les établissements de commerce ou d'industrie doit tenir un registre sur lequel elle doit mentionner les noms, âge, etc., des employés de moins de seize ans (art. 2), et elle doit afficher dans les salles de travail la liste des ouvriers mineurs avec leurs noms et âge (art. 3).

La durée maximum du travail, pour les mineurs de seize ans, est de soixante heures par semaine et de dix heures par jour. Les travaux dangereux, énumérés et définis par la loi, sont interdits aux jeunes ouvriers (art. 6). Toutes ces dispositions sont sanctionnées par des amendes variant de dix à cent dollars (art. 9).

On le voit, ces prescriptions sont analogues à celles de l'état de New-York, et d'ailleurs à la plupart de celles des nations européennes : il faut remarquer, toutefois, que la limite de l'âge d'admission (quatorze ans) est plus élevée que la moyenne.

COLORADO

Il n'y a pas de mesures de protection pour les enfants en dehors du travail des mines, mais, sur cette matière, la législation est très complète : elle est contenue dans les statuts de l'État de 1877 et dans les lois du 24 février 1883 et du 8 avril 1885. (2)

Les enfants de moins de quatorze ans ne peuvent être employés dans les mines sous peine d'une amende, pour le patron, de cent à cinq cents dollars. Ceux de moins de seize

(1) 9 juin 1897 (*Ann. lég. étr.*, 1898, p. 892.)
(2) Rapport de M. Bruwaërt, p. 98.
Les états qui vont être étudiés ci-après, sauf la Louisiane et le Massachussets, font partie de la circonscription du Consul de France à Chicago.

ans ne peuvent être ouvriers mineurs s'ils ne savent lire et écrire.

Des mesures de sécurité nombreuses sont imposées : portes de sûreté au sommet des puits, freins puissants, câbles solides et essayés, maximum de personnes dans les descentes et montées (cinq personnes par tonne de puissance de la machine), largeur suffisante des galeries, refuges, ventilation (cent pieds cubes d'air par minute et par personne), etc.

La surveillance de la mine, au point de vue de la solidité, est assurée par la présence d'un « maître porion » chargé de ce soin.

En cas d'accident, l'inspecteur des mines est immédiatement prévenu.

Comme moyen de contrôle, pour l'application de la loi, les inspecteurs, qui sont choisis par le gouvernement parmi un certain nombre de candidats agréés par un bureau spécial, doivent se faire exhiber par le propriétaire de la mine une carte, donnant les détails de l'exploitation ; ils ont de plus entrée à toute heure dans les mines.

IOWA. — MISSOURI

Ces deux états possèdent une réglementation analogue à celle du Colorado, n'ayant, par conséquent, trait qu'aux mines. Elle est contenue pour l'Iowa dans la loi du 18 mars 1884, et pour l'état de Missouri dans la loi du 23 mars 1881 et dans la loi de 1885.

DAKOTA

Les seules mesures de protection qu'on trouve dans cet état sont renfermées dans l'article 739 du code civil de 1883, aux termes duquel la durée de la journée de travail est fixée à dix heures pour les jeunes garçons de moins de

quatorze ans et les femmes mineures de dix-huit ans, sous
peine d'une amende de dix à cent dollars.

INDIANA

La loi de 1885 (chap. 38) établit les conditions du travail
des enfants. Dans les manufactures de métaux (fer, acier,
etc.), de machines, de tabac, l'âge d'admission est de douze
ans : dans les autres métiers, ils peuvent être employés
avant cet âge, mais pas plus de huit heures par jour. La
durée maximum du travail jusqu'à dix-huit ans, sauf dans
le cas précédent, est de dix heures par jour. Le tout est
sanctionné par des amendes de dix à cent dollars, ou de
cinquante à cent selon les cas.

La législation minière est calquée sur celle du Colorado.

MINNESOTA

La durée du travail est fixée à dix heures par jour pour
les enfants de moins de dix-huit ans et les femmes, sous
peine d'une amende de dix à cent dollars (statuts de 1878,
chap. 24).

C'est la seule disposition protectrice concernant les enfants.

OHIO

L'âge d'admission est de douze ans ; au-dessous de cet
âge, le travail des usines est totalement interdit aux enfants.

La durée du travail est, pour les enfants jusqu'à dix-huit
ans, ainsi que pour les femmes, de dix heures par jour ou
de soixante heures par semaine (loi du 27 avril 1885).

La loi de 1883 édicte certaines mesures en cas d'incendie.
Les lois de 1881, 1883 et 1884 ont établi une réglementation pour les mines, analogue à celle du Colorado.

WISCONSIN

La journée de travail est de huit heures. Les autres mesures sont semblables à celles ci-dessus indiquées.

KANSAS

Cet état possède une législation concernant les apprentis (loi de 1885). Les patrons ne peuvent prendre en apprentissage des enfants de moins de douze ans, en général, et de moins de seize ans, s'ils ne savent lire ni écrire et ne fréquentent l'école trois mois par an. La durée du travail, jusqu'à dix-huit ans, est de dix heures par jour.

Certaines dispositions, touchant le contrat et sa forme, son exécution et sa rupture, sont encore contenues dans la loi, mais, comme l'apprentissage tend de plus en plus à disparaître dans l'industrie (comme en France, d'ailleurs), la plupart d'entre elles sont tombées en désuétude.

Le Kansas possède les mêmes lois minières que le Colorado.

MICHIGAN. — NÉBRASKA

Dans ces états, l'entrée des manufactures est interdite aux enfants au-dessous de dix ans. L'obligation scolaire existe jusqu'à quatorze ans. La durée du travail est, par jour, de dix heures avec une heure de repos ; par semaine, de soixante heures.

Des mesures de sécurité, pour le cas d'incendie, semblables à celles de l'Illinois, existent dans le Michigan.

LOUISIANE

La loi de protection de l'enfance de la Louisiane date du 1er juillet 1886. L'âge d'admission est de douze ans pour les garçons et de quatorze ans pour les filles ; la durée maximum du travail, de dix heures par jour jusqu'à dix-huit ans.

Des inspecteurs visitent les manufactures et ateliers pour veiller à l'observation de ces mesures.

La loi du 14 avril 1880 contient des mesures d'hygiène et de sécurité analogues à celles qui existent au Canada.

MASSACHUSSETS

Il existe une loi sur l'hygiène, de 1877, analogue à celles de la Louisiane et du Canada.

HONGRIE

La Hongrie est moins un pays industriel qu'un pays
agricole. Mais néanmoins, dans ces derniers temps, l'industrie s'y est développée assez pour attirer l'attention du
législateur. Un mouvement assez important s'est fait sentir
dans la Transleithanie en faveur des revendications ouvrières : aussi les hommes d'Etat hongrois n'ont-ils pas
voulu attendre que la question ait revêtu un caractère
aigu pour s'occuper de remédier au sort des travailleurs.

Les conditions du travail des enfants sont réglées par la
loi générale sur l'industrie *(Gewerbe-Gesetz)* du 21 mai
1884 (1), le code industriel de la Hongrie.

Cette loi, qui réglemente également le travail des adultes,
(hommes ou femmes, sans mesures particulières pour celles-
ci), donne des détails minutieux concernant les apprentis
(art. 57 à 79) : elle abroge, par suite, la loi de 1872 qui
avait enlevé aux corporations leur caractère obligatoire et
privilégié. (2)

Nous allons d'abord voir quelles sont les prescriptions
concernant les enfants non apprentis (3).

Ils ne sont admis à être employés dans les fabriques qu'à
partir de dix ans, et encore les enfants de plus de dix ans,
mais de moins de douze, ne peuvent travailler qu'à la double

(1) *Ann. lég. étr.*, 1885, p. 329.
(2) V. Bodeux, *op. cit.*
(3) Rapport de M. Delabarre, consul général de France à Buda-Pesth,
1890-91, p. 69.

condition d'avoir l'autorisation de l'autorité industrielle et
de fréquenter régulièrement une école.

On a classé les enfants de plus de douze ans en deux
catégories, de douze à quatorze ans et de quatorze à seize
ans. Au-dessus de cet âge, ils sont regardés comme adultes.

Dans la première classe, les enfants ne peuvent travailler
plus de huit heures par jour, en y comprenant toutefois
deux heures de repos réparties ainsi : une demi-heure avant
midi, une heure à midi pour le repas, et une demi-heure
l'après-midi.

Le travail de nuit, de neuf heures du soir à cinq heures
du matin, leur est totalement interdit, ainsi que le travail
du dimanche ; mais cependant, le travail peut être autorisé
par exception les dimanches et fêtes, à la condition qu'on
accorde aux enfants le temps nécessaire pour accomplir leurs
devoirs religieux.

Dans la seconde catégorie, de quatorze à seize ans, les
jeunes ouvriers ne peuvent travailler plus de dix heures par
jour ; la durée des repos est de deux heures, réparties comme
pour les enfants de la première classe : une demi-heure le
matin, une demi-heure l'après-midi et une heure à midi.

Le travail de nuit est interdit ; toutefois, il peut être
dérogé à cette prohibition, à condition d'en obtenir l'autorisation, dans les industries dont le travail pourrait subir
des retards par suite de cette interdiction, et encore les
enfants ne peuvent y consacrer que la moitié des heures
fixées pour le travail de jour.

Les mêmes règles concernant le travail du dimanche
pour les enfants s'appliquent également ici.

La loi de 1884 n'édicte aucune mesure spéciale obligatoire de salubrité, d'hygiène, ou relative à la sécurité des
ouvriers. Cette matière a fait l'objet d'une loi spéciale pos-
térieure du 27 décembre 1893 (1). Néanmoins, la loi indus-

(1) *Ann. lég. étr.*, 1894, p. 257.

trielle n'autorisait les enfants à travailler, dans les établissements déclarés dangereux par une ordonnance ministérielle, qu'aux conditions fixées par cette ordonnance.

Le contrôle de l'exécution de la loi est confié à des commissaires de surveillance, chargés de visiter les établissements qui y sont soumis : ce sont tous les établissements
industriels, mais il faut en excepter les entreprises de trans-
port, les ateliers domestiques, les mines et les exploitations
agricoles et forestières.

En ce qui concerne les apprentis, outre les dispositions
qui ont trait au contrat, à son exécution et à sa rupture, la
loi fixe ainsi les conditions du travail : les enfants ne pourront être reçus apprentis qu'à douze ans accomplis ; de
douze à quatorze ans, ils ne pourront travailler que dix
heures par jour, et douze heures de quatorze à seize ans ;
les patrons doivent donner aux apprentis le temps nécessaire pour accomplir les devoirs de *leur* religion.

ITALIE

Comme en Espagne, le développement de l'industrie en
est encore à ses débuts, en Italie : le mouvement industriel
ne fait que commencer et cela tient à la fois aux conditions
économiques et à la situation géographique de ce pays.

C'est ce qui explique que la question ouvrière ait peu
préoccupé les législateurs de la péninsule jusqu'à ce jour.
Néanmoins, le mouvement d'intérêt en faveur de l'ouvrier
se fait de jour en jour sentir davantage. Et c'est à lui qu'est
due la loi du 11 février 1886 (1), qui protège le travail des
enfants. C'est d'ailleurs la première et jusqu'alors la seule
loi de protection des ouvriers en Italie : bien limité encore
puisqu'elle s'occupe uniquement des enfants, à l'exclusion
des femmes qui ne sont l'objet d'aucune mesure législative.

Cette loi a été suivie d'une circulaire ministérielle et d'un
règlement d'administration publique dont l'objet est d'expliquer la loi et d'en assurer l'exécution.

Un rapport sur son application, depuis la promulgation
jusqu'au 30 juin 1890, a été présenté à la Chambre des
députés.

Aux termes de la loi, il est interdit d'admettre les enfants
au travail, avant l'âge de neuf ans, dans les ateliers et
manufactures, voire dans les mines et carrières, lorsqu'ils
ne sont pas occupés à un travail souterrain, car dans ce
dernier cas, la limite d'admission est reportée à dix ans.

Même au-delà de l'âge de neuf ans et jusqu'à quinze ans,
âge auquel ils cessent d'être protégés pour être assimilés

(1) *Ann. lég. étr.*, 1887, p. 326.

aux majeurs, il est défendu de les employer s'ils ne sont pas munis d'un certificat d'aptitude physique, constatant qu'ils peuvent se livrer, sans danger pour leur santé, aux travaux pour lesquels ils sont engagés. De plus, les patrons sont obligés d'avoir un registre contenant la liste des enfants qu'ils emploient, et de faire une déclaration à la Chambre de commerce ou au syndic de la commune.

La durée de la journée de travail est limitée à huit heures, avec un repos d'une heure, mais seulement pour les enfants de neuf à douze ans.

Il faut également, au point de vue du travail de nuit, distinguer deux catégories d'enfants : jusqu'à douze ans, le travail est interdit la nuit, sauf exception, par exemple dans les usines à feu continu, pour lesquels le ministre du Commerce peut accorder des autorisations ; au-dessus de douze ans, il est toléré, mais pour une durée de six heures au plus.

Il est défendu d'employer les enfants protégés, c'est-à-dire les mineurs de quinze ans, à des travaux insalubres ou dangereux, notamment dans vingt-une industries, dont la liste est donnée par le règlement (1).

Enfin, ce sont les ingénieurs des mines, dans les mines et carrières, et les inspecteurs de l'industrie (au nombre de deux), dans les autres établissements, qui sont chargés de veiller à l'exécution de la loi et de surveiller les établissements visés : usines et fabriques où les travaux industriels sont exécutés à l'aide de moteurs, ou qui emploient plus de dix personnes. Les inspecteurs et les ingénieurs constatent les contraventions dans des procès-verbaux qu'ils envoient au préfet pour être remis au parquet ; l'amende est de cinquante à cent francs pour chaque infraction, et du double en cas de récidive.

(1) Lagrésille, *op. cit.*, p. 312.

Telles sont les mesures que le règlement a eu pour but de faire appliquer ; on pourrait croire qu'il a eu, au contraire, pour dessein d'empêcher qu'elles le fussent. En effet, dans la crainte de jeter le trouble dans le fonctionnement des industries (1), on a admis toutes les exceptions et toutes les dérogations susceptibles de tranquilliser les patrons, de telle sorte que la protection des enfants est loin d'être nettement assurée (2). C'est ce qui ressort de la lecture du rapport présenté aux Chambres, rapport qui indique, avec détails et chiffres à l'appui, de quelle façon est appliquée la loi, quelles différences de réglementation se rencontrent suivant les provinces et quels abus règnent dans le sud et la Sicile, malgré la surveillance administrative.

(1) Rapport par M. Billot, ambassadeur de France à Rome, 1890-91, p. 21.
(2) Rapport cité, p. 22.

GRAND-DUCHÉ DE LUXEMBOURG

C'est par la loi du 6 décembre 1876 (1) qu'est réglée, au Luxembourg, la condition du travail industriel des enfants et des femmes.

Cette loi ne renferme que des principes ; les détails de la réglementation sont laissés aux soins de l'administration. (2)

La loi détermine d'abord quels sont les établissements où elle devra être appliquée : ce sont les mines, minières, carrières, ateliers, fabriques, usines et manufactures ; mais, toutefois, il faut excepter de cette nomenclature les ateliers de famille et les exploitations agricoles.

Les enfants de moins de douze ans ne peuvent être admis au travail dans les établissements ci-dessus mentionnés, mais il leur est loisible de se livrer aux travaux industriels dans leurs foyers et sous les ordres du chef de famille, car la loi cesse d'avoir effet au seuil domestique.

Le travail de nuit est interdit complètement aux enfants de moins de seize ans ; pareillement leur sont interdits les travaux souterrains des mines, minières et carrières.

Il est également défendu d'employer aux travaux souterrains, dans les mines, minières et carrières, des filles ou femmes, quel que soit leur âge.

---

(1) *Ann. lég. étr.*, 1878, p. 563.

(2) Rapport adressé au Ministre des Affaires étrangères par M. Louis Legrand, Ministre plénipotentiaire de la République française à La Haye, 1890. — Annexe concernant le Grand-Duché de Luxembourg, p.185.

La loi déclare encore que la surveillance des établissements est confiée aux inspecteurs des fabriques.

Mais là s'arrête son action réglementaire ; aucun détail sur la durée du travail, les précautions à prendre pour éviter les accidents, le mode de surveillance des inspecteurs : tout cela, tous ces détails d'exécution sont confiés au gouvernement.

On a voulu éviter les écueils où sont tombés la plupart des législateurs européens (1). En voulant « prévoir, dans « la loi même, tous les cas spéciaux que renferme la « matière, ici on a fait une loi générale ; là des lois spé- « ciales pour chaque genre d'industrie ; on a établi une « espèce de classement, selon la salubrité des ateliers ; on « a fait une série de distinctions, suivant l'âge des jeunes « ouvriers, suivant les heures et le genre de travail auquel « ils sont employés. Toutes ces dispositions, énumérations « et classifications sont incomplètes, et par la foule de « détails qu'elles prévoient, ces lois sont obscures, les « recherches difficiles et les dispositions souvent inex- « plicables. » (2)

Ces reproches, que le délégué général du Luxembourg à la conférence de Berlin adressait en 1890 aux législations européennes, peuvent, ainsi qu'on l'a vu plus haut (3), s'appliquer à notre réglementation actuelle du travail. Le législateur de 1892 n'a pas su éviter les difficultés qui l'attendaient lorsqu'il a, dans un but louable et pour réaliser un progrès certain, réglé si minutieusement les conditions du travail des enfants.

---

(1) Brochure de M. Brasseur, délégué du Grand-Duché à la conférence de Berlin, sur le *Travail des ouvriers, femmes et enfants dans le Grand-Duché de Luxembourg* (Luxembourg, 1890), p. 5, — cité dans le Rapport, p. 187.

(2) M. Brasseur, *op. cit.*, p. 6.

(3) Voir ci-dessus Chapitre II, (Loi française du 2 novembre 1892).

Et cependant, le délégué du Luxembourg, comparant aux législations du reste de l'Europe la législation luxembourgeoise, constate que celle-ci est des plus complètes et des plus simples, et il fait ainsi l'éloge de la législation française en vigueur à cette époque (loi du 19 mai 1874), sur laquelle est calquée, dit-il, la loi de son pays.

Il eut fallu, en 1892, pour faire œuvre parfaite, tenir compte à la fois de cet éloge et de ces critiques, et l'on eut ainsi complètement justifié l'opinion de M. Lohmann (1) qui s'exprime ainsi, visant toujours la loi de 1874 : « La légis-
« lation française est la seule qui ait su, systématiquement
« et d'une manière logique, éviter ce danger ; elle a fixé,
« il est vrai, dans une loi uniforme, applicable à l'ensemble
« de l'industrie, les restrictions qui doivent être exigées
« en règle générale, mais elle a déterminé en même temps
« sous quelles conditions et dans quelles limites les régle-
« ments pourraient, pour certaines branches de l'industrie
« ou pour certains travaux, atténuer ou au contraire
« augmenter la rigueur des prescriptions générales. »

Il est évident que c'est encore ce principe qui a formé la base de la loi de 1892, mais elle y a dérogé sur certains points, qu'on songe précisément à modifier pour revenir à l'état de choses ancien, les règles nouvelles étant, autant que possible, respectées d'ailleurs.

Ces explications données, voyons quelle est la partie purement réglementaire de la législation luxembourgeoise.

Elle est contenue dans les arrêtés grand-ducaux et règlements que nous allons passer en revue.

Disons d'abord que la loi a laissé au gouvernement le soin

---

(1) Th. Lohmann, *Die Fabrik-Gesetzgebung der Staaten des euro-
paeschen Kontinent*, Introduction, p. 4. (Dans Brasseur, *op. cit.*)

de régler l'organisation de l'inspection du travail des enfants, la durée du travail et l'interdiction de certains travaux.

Les inspecteurs sont chargés de veiller à l'application de la loi et de surveiller les établissements industriels, et pour ce faire, ils ont le droit de pénétrer dans tous les établissements visés.

L'arrêté royal grand-ducal du 24 août 1877 détermine les conditions de travail des enfants de moins de seize ans et fixe le maximum des heures de travail pendant lesquelles on peut les employer : ce maximum est de huit heures par jour pour les enfants de douze à quatorze ans, et de onze heures pour ceux de quatorze à seize ans.

Le même arrêté porte l'interdiction d'employer les enfants à certains travaux dangereux ou trop au-dessus de leurs forces, et, à cet effet, il indique quelles conditions de sécurité et de salubrité doivent présenter les ateliers où les enfants sont admis à travailler. Il défend également leur admission dans les usines ou parties d'usines où leur santé pourrait être compromise par suite de manipulations ou d'émanations dangereuses ; il énumère, dans ce but, les ateliers où la présence des enfants de moins de dix ans ne doit pas être tolérée, et les travaux auxquels ils ne doivent pas être admis. Il indique aussi le maximum de la charge que peuvent porter ou traîner les enfants de douze à quatorze ans et de quatorze à seize ans.

Enfin, il faut ajouter, parmi les mesures destinées à assurer l'application de la loi, l'obligation pour les patrons d'afficher dans les ateliers la loi et les règlements en vigueur.

Ce premier arrêté a été modifié par un second arrêté royal grand-ducal du 23 août 1887 qui permet de proroger la durée du travail journalier des enfants de quatorze à seize ans dans certains ateliers et sous certaines conditions, notamment la production d'un certificat de médecin.

Cette loi et ces règlements ont été bien accueillis par la population luxembourgeoise et les patrons ont fait tous leurs efforts pour se conformer à ces prescriptions dont les bons résultats se sont vite fait et ont continué depuis à se faire sentir.

NORVÈGE

La liberté du travail en Norvège ne date que d'une époque
relativement récente. Le régime des corporations, auquel
avait déjà porté atteinte la loi du 14 avril 1866, autorisant
toute personne à faire le commerce dans les villes, a été
définitivement supprimé en 1869.

Jusqu'à ces dernières années, la Norvège avait joui de la
liberté la plus complète en matière de travail, et ce n'est
guère que depuis 1880 qu'elle a subi la réaction qui se fait
sentir dans toute l'Europe, et que les travailleurs de ce
pays ont réclamé l'intervention de l'Etat dans leurs rapports
avec leurs patrons.

L'effort du législateur s'est d'abord porté sur la réglementation de l'apprentissage qui fait l'objet de la loi du
15 juin 1881. Mais cette loi, d'ailleurs excellente (1), ne
contient que des dispositions relatives au contrat, à sa rupture, aux contestations qui peuvent naître de ce chef entre
patrons et apprentis et à la procédure à suivre devant le
tribunal spécial (*haandvoerksret*), analogue à notre conseil
des prud'hommes, qu'elle institue spécialement dans ce
but : elle n'édicte pas de mesures de protection (2). Elle a,
d'ailleurs, un autre défaut, c'est de n'être pas applicable
dans la grande industrie.

Aussi, les réclamations des ouvriers purement industriels

(1) Rapport de M. René Millet, ministre de France à Stockholm, 1890-
91, p. 37 (annexe II, sur la Suède et la Norvège).
(2) Rapport cité, p. 119.

(ouvriers des grandes usines par opposition aux artisans, aux gens de métier) ont-elles abouti à la constitution, en 1885, d'une commission chargée de l'étude des questions ouvrières.

Après une enquête sérieuse sur la condition des enfants employés dans l'industrie, cette commission a été amenée à proposer un certain nombre de mesures, sous forme d'un projet de loi, qu'elle a déposé sur le bureau du Storthing, le 21 décembre 1887.

A la suite de la conférence de Berlin et pour répondre aux vœux de cette conférence, à laquelle la Norvège s'était fait représenter, le Gouvernement a repris en son nom le projet de 1887 et a déposé une nouvelle proposition le 18 janvier 1890. Jusqu'à ce jour le législateur norvégien n'a pas encore donné suite à ces projets.

Aux termes du projet de 1890 (1), les enfants ne pourront être employés dans les établissements industriels qu'à partir de douze ans et sur la production d'un certificat médical constatant qu'ils peuvent, sans danger, accomplir la tâche qui leur est assignée.

Dans les mines, l'âge d'admission est fixé à quatorze ans pour les garçons et à dix-huit ans pour les filles.

Les enfants de douze à quatorze ans ne pourront travailler plus de six heures et demie par jour ; et ceux de quatorze à dix-huit ans plus de dix heures.

Au-delà de dix-huit ans, ils sont considérés comme adultes.

Les enfants jouissent d'une demi-heure de repos le matin et d'une demi-heure l'après-midi ; et de même les jeunes gens de quatorze à dix-huit ans auront une demi-heure de repos le matin et l'après-midi, après quatre heures et demie de travail ; ces derniers auront en outre une heure à midi.

____

(1) Rapport cité, p. 120.

Le travail est interdit pendant les repos ; il est également défendu aux enfants de se tenir pendant ce temps dans les ateliers, à moins d'autorisation.

Le travail de nuit est interdit aux enfants comme aux jeunes gens : il est compris entre neuf heures du soir et six heures du matin ; le travail du dimanche est également interdit, sauf dans certaines usines (papeteries, verreries), et à la condition de n'y employer que le nombre d'ouvriers strictement nécessaire.

Les enfants qui fréquentent les écoles ne peuvent être employés à l'usine pendant le temps de l'enseignement, ni pendant l'heure qui précède. Les patrons doivent exiger des instituteurs des certificats attestant que les enfants suivent régulièrement les leçons ; enfin, chose remarquable et qui prouve combien on a souci en Norvège de l'instruction, qui est d'ailleurs si développée dans le peuple même, la direction de l'école peut exiger, dans certains cas, que le travail de l'usine soit restreint au profit de l'enseignement.

Le projet ne donne pas une nomenclature des établissements auxquels la loi devrait s'appliquer ; mais il indique que c'est à l'autorité chargée d'octroyer l'autorisation préalable, dont sont tenus de se munir les industriels, de décider si l'établissement sera soumis à la loi.

Le projet, qui confiait le contrôle à une commission de surveillance, prévoyait certaines mesures de salubrité et sécurité vis-à-vis des ouvriers : notamment il décidait que les enfants ne pourraient être employés au nettoyage ou à la manipulation des machines en marche, à l'adaptation de transmissions, à la pose des courroies sur les roues en mouvement.

Mais, depuis le dépôt du projet qui a trait aux enfants, une loi concernant l'hygiène et la sécurité des ateliers a été votée (le 27 juin 1892) (1) ; elle complète les disposi-

(1) *Ann. lég. étr.*, 1893, p. 662.

tions relatives à cette matière contenues dans ledit projet et les développe considérablement ; elle a en outre l'avantage d'être applicable à tous les ouvriers, hommes et femmes, adultes et enfants, et d'organiser un système sérieux de surveillance.

Les principales prescriptions de cette loi ont trait à la propreté, au nettoyage des ateliers, à l'éclairage qui doit être suffisant dans les endroits où les machines peuvent présenter du danger, à la ventilation, au nombre d'ouvriers que peuvent contenir les locaux, au chauffage, à l'isolement des ateliers où l'on manipule des matières toxiques.

Des mesures de sécurité sont prises également : les escaliers doivent être suffisants pour permettre la sortie rapide en cas d'incendie ; on peut même exiger des patrons des appareils de sauvetage ; enfin, la largeur des passages entre les machines doit être suffisante pour éviter le danger.

Des règles spéciales concernent les machines à vapeur.

Le soin de veiller à l'exécution de ces dispositions est confié à des comités d'inspection, composés de membres des comités d'hygiène, et le contrôle est exercé par des inspecteurs des fabriques nommés par le roi, qui peuvent, pour ce faire, visiter tous les établissements industriels, en tout temps, pendant la durée du travail.

Cette loi, dont on voit le caractère bienfaisant, assure déjà dans une certaine mesure, une protection aux enfants, mais celle-ci ne sera complète que lorsque le projet de 1890 aura été voté.

PAYS-BAS

« La question ouvrière, disait, en 1890, le ministre plé-
« nipotentiaire de France à la Haye (1), n'a pas donné lieu
« à des crises aiguës et profondes. De même que l'industrie
« n'était pas protectionniste, l'ouvrier ne semblait pas songer
« à faire appel à l'intervention de l'Etat, qui n'est guère ici
« dans les mœurs. »

Cependant, dès 1869, le gouvernement s'était préoccupé
de la protection des enfants, car, à cette époque, il nomma
une commission chargée d'étudier la condition des enfants
dans l'industrie ; le résultat de ces études fut le vote, un
peu tardif peut-être, de la loi du 19 septembre 1874.

Cette loi, très sommaire, ne contenait que quelques dispositions, sujettes à controverses d'ailleurs. Elle interdisait
d'employer des enfants de moins de douze ans (art. 1), mais
déclarait que cette interdiction ne s'appliquait pas au service domestique ni aux travaux agricoles (art. 2). Etaient
passibles de la contravention, les chefs d'entreprises chez
lesquels on trouvait des enfants en service, mais la responsabilité retombait sur ceux qui avaient enrôlé les enfants,
si ceux-ci avaient été admis à l'insu du chef d'entreprise
ou contrairement à ses ordres (art. 3). Enfin, l'article 4
sanctionnait la contravention d'une amende de trois à vingt-

(1) Rapport adressé au Ministre des Affaires étrangères par M. Louis
Legrand, ministre plénipotentiaire à La Haye, 1890, p. 6.

cinq florins, et d'un emprisonnement facultatif d'un à trois jours.

La récidive dans l'année de la condamnation entraînait la peine de l'emprisonnement obligatoire.

Outre qu'elle était très incomplète, ne visant que les enfants de moins de douze ans, et sujette à difficultés, notamment sur le sens des mots « travail domestique » (pouvait-on employer les enfants à un travail industriel, pourvu que ce fût à domicile ?) (1), cette loi avait le grave inconvénient de ne pas organiser une surveillance sérieuse ; aussi, resta-t-elle à peu près lettre morte.

Cet état de chose ne tarda pas à attirer l'attention de ceux qui se préoccupent du sort de la classe ouvrière ; on en retrouve l'écho dans le *Journal de Rotterdam*, dès 1879 (2).

Ce ne fut que le 23 avril 1882 que le ministre de la Justice présenta un projet de loi dont le but était de compléter la loi de 1874. Une nouvelle proposition, également sans résultat, fut déposée le 12 février 1885.

Sur ces entrefaites, une enquête parlementaire fut ordonnée sur les résultats de la loi de 1874 et le sort des enfants et des femmes dans les fabriques : elle constata les bons effets de la loi, mais en même temps son insuffisance, réclamant l'application de mesures sérieuses, même aux jeunes gens et aux femmes.

La plupart des revendications de la commission furent réunies, sauf en ce qui concerne les femmes qui en étaient totalement exceptées, dans un nouveau projet du 18 décembre 1887, mais qui n'eut pas plus de succès que les précédents.

Enfin, après la revision de la constitution du royaume et le renouvellement des Chambres, fut voté le quatrième projet

(1) Rapport cité, p. 81.
(2) Nᵒˢ des 23, 24 et 25 décembre 1879. (Rapport cité, p. 80.)

dû au ministre de la Justice, M. Ruys van Beerenbroeck, et qui est devenu la loi du 5 mai 1889 (1), que nous allons analyser sommairement.

La loi indique d'abord quel genre de travail et quels établissements elle entend réglementer : ce sont tous les travaux qui se rapportent à l'exercice d'un métier quelconque, ainsi que ceux accomplis dans les fabriques et ateliers.

Il faut entendre par ces expressions, fabriques et ateliers, tous les locaux, ouverts et fermés, dans lesquels on pratique un travail ayant pour but la fabrication, l'arrangement ou l'apprêt d'objets ou de matières destinés à être vendus ou employés, en un mot un travail industriel. Mais on doit excepter de ces établissements les pharmacies, cuisines et restaurants où l'on prépare des mets et boissons pour consommer sur place, qui ne sont pas considérés comme fabriques et ateliers.

Il faut encore faire exception pour les travaux accomplis dans les exploitations agricoles, horticoles, forestières ou de tourbières, ainsi que les travaux de ménage qui ont lieu hors de l'atelier.

Bref, la loi entend viser tous les travaux manuels, exception faite pour le travail agricole, domestique, pharmaceutique et culinaire (2).

Les enfants ne sont admis au travail qu'à l'âge de douze ans et cessent d'être protégés à partir de seize ans.

De douze ans à seize ans, la durée du travail ne peut se prolonger au-delà de onze heures par jour.

Les jeunes ouvriers doivent bénéficier d'un repos d'une heure entre onze heures du matin et trois heures de l'après-

(1) *Staatsblad*, n° 48. (*Ann. lég. étr.*, 1890, p. 555.)
(2) Rapport cité, p. 84.

midi, et ce repos doit être pris en dehors des locaux où a lieu le travail.

Le travail de nuit, c'est-à-dire celui qui a lieu entre sept heures du soir et cinq heures du matin, est interdit. Toutefois, des dérogations peuvent être apportées à cette règle : des dispenses sont accordées, par arrêté royal (1), à certaines industries, sous la réserve que la journée n'excède pas onze heures de travail ; le travail de nuit ne pourra se prolonger au-delà de dix heures du soir et la journée ne pourra commencer avant cinq heures du matin pour les enfants de moins de quatorze ans. Le gouverneur de la province peut autoriser des dérogations temporaires pour six jours et le bourgmestre pour deux.

Le travail du dimanche est prohibé.

Les femmes jouissent aussi de mesures de protection analogues à celles des enfants.

La loi laisse à un arrêté royal le soin de désigner les industries interdites comme insalubres aux enfants de moins de seize ans.

Le contrôle est assuré par les moyens suivants : tout chef d'industrie doit avoir une carte, délivrée par le gouvernement, indiquant les noms des ouvriers de moins de seize ans, avec la date et le lieu de leur naissance, le domicile et le nom du père de famille, et qui doit être présentée à l'inspecteur ; elle doit être retournée au bourgmestre du domicile de l'ouvrier dans les quarante-huit heures de la rupture du contrat de travail.

Les patrons sont également tenus d'afficher dans les ateliers la liste des ouvriers et le règlement du travail conforme à la loi.

Tout ouvrier protégé, trouvé dans une salle de travail, est censé y travailler.

---

(1) Arrêté du 9 décembre 1889. — V. ci-après.

Des inspecteurs, au nombre de trois, créés par la loi, sont chargés de veiller à son application ; ils peuvent pénétrer dans les établissements et exiger des patrons tous renseignements utiles.

Les magistrats à qui est confiée l'application de la loi pénale peuvent, concurremment avec les inspecteurs, constater les contraventions, qui sont punies d'un emprisonnement de quinze jours ou d'une amende de soixante-quinze florins, la première fois, et du double en cas de récidive.

Cette loi a été complétée par un arrêté royal du 9 décembre 1889, qui en a réglé l'application (1). Il avait été prévu, la loi n'ayant fait, sur certais points, que poser des principes, sans s'arrêter aux détails.

C'est ainsi qu'elle avait admis que les heures de travail des jeunes gens et des femmes pourraient être réparties autrement qu'elle ne l'indique ; elle prévoyait des dispenses à l'interdiction du travail de nuit et du dimanche, à l'obligation de l'affichage.

Le règlement du 9 décembre 1889, qui n'a d'ailleurs été élaboré qu'après renseignements pris auprès des intéressés, entre dans les détails les plus minutieux, indiquant pour chaque industrie quelles sont les dispenses accordées, et pour combien de temps et sur quels points portent les dérogations. Les industries qui bénéficient de ces mesures de faveur sont fort nombreuses, mais la plupart des dispositions du règlement sont transitoires ; il a eu pour but, en effet, de préparer les patrons, qui jusque-là avaient joui de la liberté la plus complète, à un régime de réglementation, de leur permettre d'accomplir dans leurs établissements les changements nécessaires, et de diriger leur industrie dans cette voie.

---

(1) Une loi récente, du 20 juillet 1895 (*Staatsblad*, n° 138 ; *Ann. lég. étr.*, 1896, p. 369), a modifié, sur certains points, la loi du 5 mai 1889.

Malgré leur caractère si conciliant, la loi et le règlement n'en ont pas moins été l'objet des plus vives critiques de la part des ennemis de la réglementation (et ils sont nombreux aux Pays-Bas), qui trouvaient excessives les mesures édictées.

D'autres reproches se sont élevés, mais dans un autre sens : certains ont prétendu, au contraire, que la loi avait négligé de réprimer un grand nombre d'abus et que les règles qu'elle donnait seraient inefficaces, parce que trop douces.

Il était difficile au législateur néerlandais de faire plus qu'il n'a fait, et il faut croire qu'il a réussi, car la loi a produit de bons résultats.

Néanmoins, quelques-unes de ces critiques étaient pleinement justifiées, notamment celles qui trouvaient trop restreintes les dispositions concernant l'hygiène et la sécurité des enfants (1) ; le législateur l'a compris, car il a doté depuis le royaume d'une loi complète sur la matière et qui s'applique à tous les ouvriers indistinctement (2).

---

(1) La loi du 5 mai 1889 autorisait simplement le gouvernement à imposer des mesures d'hygiène et de précaution aux patrons à l'égard des femmes et des enfants (art. 4), sans les préciser autrement.

(2) Loi du 20 juillet 1895 *(Ann. lég. étr.*, 1895, p. 471.)

---×---

PORTUGAL

Le Portugal est avant tout un pays agricole (1), aussi, pendant longtemps, l'industrie y a-t-elle été très peu développée. Ce n'est que récemment qu'elle a pris naissance dans ce royaume et encore s'y est-elle concentrée presque uniquement dans deux centres principaux : Porto et Lisbonne. Et ce qui domine surtout, au Portugal, c'est la petite industrie, le travail en famille, au foyer paternel, qui permet à l'artisan d'occuper ses loisirs à la culture de la terre. Les grandes manufactures emploient à peine la moitié des travailleurs. On comprend pourquoi le Portugal, comme l'Espagne, sa voisine, et pour des raisons à peu près identiques, a longtemps été éloigné des revendications ouvrières, qui se sont si vivement manifestées dans l'Europe centrale.

Mais le mouvement l'a gagné dans ces dernières années et le gouvernement ou les Chambres se sont preoccupés de remédier à cette situation nouvelle.

Jusqu'alors, c'était sous l'empire d'une liberté complète que s'étaient réglés les rapports des ouvriers et des patrons : aucune limitation, aucune réglementation concernant l'âge ou le sexe des travailleurs. Aucune loi encore n'est intervenue pour assurer la protection de l'enfance, alors que, dans le reste de l'Europe, c'est par là qu'on a commencé.

Cependant, différentes propositions ont été faites à ce sujet, parmi lesquelles il faut noter le projet déposé, depuis

(1) Rapport par M. Bihourd, ministre de France à Lisbonne, 1890-91, p. 52.

un certain temps déjà (29 juillet 1887), par un membre de la Chambre des députés, M. Emydio Navarro ; mais aucun monument législatif n'est depuis survenu, et le projet en question n'a même encore été l'objet d'aucun rapport (1).

Ce projet, qui soumet à la réglementation tous les établissements industriels, même s'ils ont le caractère d'écoles professionnelles ou d'institutions de bienfaisance, propose l'âge de douze ans comme âge d'admission des enfants au travail industriel. Les enfants cesseraient d'être protégés à partir de seize ans.

L'âge d'admission qui est fixé à douze ans, d'une manière générale et comme règle habituelle, est élevé à quatorze ans pour le travail des mines et peut être abaissé à dix ans, exceptionnellement.

Les règles de protection varient suivant les catégories :

De dix à douze ans, la durée du travail journalier ne peut excéder six heures, et le travail est interdit la nuit et le dimanche.

A partir de douze ans, la durée du travail est de dix heures ; le travail de nuit est autorisé, mais avec cette restriction que la durée totale du travail, y compris le travail de nuit, ne peut aller au-delà de dix heures ; enfin, le travail est interdit, sauf dérogation autorisée, le dimanche.

Dans les mines, le travail est interdit, la nuit, aux mineurs de seize ans.

Le projet confie le soin de surveillance à des inspecteurs des fabriques.

Telles sont les mesures proposées. On voit qu'elles concordent à peu près avec celles en usage, à cette époque, dans la plupart des autres états européens.

Pour suppléer à l'absence de toute règle, et en attendant que la législation ait statué sur cette question, le gouver-

______

(1) Rapport cité.

nement s'est engagé à prescrire, par voie de règlement, un certain nombre de mesures de protection à l'égard des enfants : un décret du 10 février 1890, auquel un vote des Cortés a donné force de loi, a autorisé le gouvernement à réglementer le travail des femmes et des enfants dans les établissements industriels. Après une étude approfondie et des essais faits dans les services soumis à l'administration (notamment la régie des tabacs, où l'âge d'admission est fixé réglementairement à treize ans pour les garçons et à quinze ans pour les filles), le gouvernement ne tardera sans doute pas à prescrire les règles de protection réclamées par les besoins nouveaux de l'industrie, en harmonie avec les conditions propres au climat et aux mœurs du pays.

ROUMANIE

Jusqu'à l'année 1888, la Roumanie n'avait aucune législation concernant la protection du travail des jeunes ouvriers. L'industrie, ayant pris dans ce pays, comme dans tous les états européens ou d'origine européenne, une extension de plus en plus considérable, surtout depuis qu'un gouvernement stable s'est établi sur cette nation, et qu'elle a été complètement soustraite à l'influence ottomane, la nécessité d'une réglementation se fit sentir. En conséquence, un projet de loi fut déposé devant les Chambres en septembre 1888. (1)

Aux termes de ce projet, les enfants ne peuvent être admis dans les établissements industriels qu'à partir de douze ans, et la durée du travail journalier est de six heures, avec un repos d'une heure et demie, non compris dans le temps du travail.

Le travail de nuit est complètement interdit.

La protection ne s'étend pour les jeunes ouvriers que jusqu'à quatorze ans ; au-delà de cet âge, ils cessent d'être protégés.

Le projet, qui s'applique à tous les établissements industriels, laisse néanmoins en dehors de ses prescriptions les mines, les sociétés d'assurances et les chemins de fer.

Ce sont les autorités communales qui sont chargées de veiller à son exécution.

---

(1) Bellom, Tableaux de législation comparée (*Bull. lég. comp.*, 1890-91).

Ce projet de loi, qui n'est qu'une tentative assez timide de réglementation, n'édicte aucune mesure obligatoire touchant la sécurité ou la santé des travailleurs. Il laisse également sans protection les jeunes ouvriers des deux sexes de plus de quatorze ans.

RUSSIE

La législation ouvrière, dans l'empire russe, s'est formée
lentement, progressivement, par périodes d'essais.

La prudence de cette marche s'explique par la crainte de
nuire au développement de l'industrie, par suite du passage
brusque du régime de la liberté à celui de la réglementation. (1)

C'est de la loi du 1er juin 1882 que date le premier essai
de réglementation du travail des enfants dans l'industrie
privée. Il existait cependant déjà un régime de protection
pour les établissements et les mines de la couronne ; la loi
du 8 mars 1861 avait étendu ces mesures protectrices (qui
consistaient presque uniquement dans l'interdiction d'employer les enfants avant douze ans) aux mines appartenant
à des particuliers ; elle avait également stipulé que les enfants de moins de quinze ans ne pourraient être occupés
que pendant huit heures par jour, le travail de nuit et le
travail souterrain étant prohibés.

Dans les ateliers de la marine, de la guerre, des limitations spéciales atteignent l'emploi des enfants : dans la marine, l'âge d'admission varie de douze à quatorze ans, suivant le genre de travail, dont la durée est de sept heures ;
pour la guerre, l'âge est de douze ans, la durée de dix
heures et le jour seulement.

(1) Rapport par M. Pingaud, consul de France, chargé de la chancel-
lerie de l'ambassade, adressé à l'ambassadeur à Pétersbourg, 1890-91, p. 7.

La loi du 1er juin 1882, la première loi réglementaire, n'a été rendue qu'après une longue préparation et de nombreuses consultations. C'est en 1859 que fut nommée la première commission chargée de vérifier les conditions du travail des enfants et d'étudier les moyens de les améliorer. A la suite de son enquête, elle fit un projet qui fixait à douze ans l'âge d'admission des enfants et à douze heures par jour la durée du travail pour les enfants de moins de quatorze ans.

Un autre commission, au ministère des finances, élabora un projet qui, conservant la limite de douze ans, abaissait à dix heures la durée du travail pour les mineurs de seize ans, interdisant en général le travail de nuit, sauf exception, et pour une durée de six heures seulement. Ces projets n'eurent pas de suite.

Une troisième commission, nommée en 1870 par le ministère de l'intérieur, ne fut pas plus heureuse. Ce ne fut que la quatrième commission qui réussit à faire voter la loi par le Conseil de l'empire. Toutefois, ce projet (ou plutôt les trois projets, qui avaient trait au contrat de louage, au travail domestique et à l'apprentissage) avait été trouvé trop vaste et le Conseil avait décidé de ne voter que les mesures les plus urgentes. Aussi, ce ne fut à proprement parler que le cinquième projet, présenté par le ministère des finances, qui est devenu la loi du 1er juin 1882.

Deux autres lois, celle du 12 juin 1884 et celle du 3 juin 1885, vinrent la compléter.

Ces lois comprenaient un assez grand nombre de dispositions transitoires dont les délais d'expiration étaient remis de période en période.

Toutes ces lois ont été codifiées dans la loi du 24 avril-6 mai 1890 (1) par le gouvernement, qui a estimé que le

____

(1) *Ann. lég. étr.*, 1891, p. 693.

temps des expériences avait assez duré et, en conséquence, l'a rendue exécutoire dès sa promulgation.

L'âge d'admission est désormais fixé à douze ans ; l'emploi des enfants qui n'ont pas encore cet âge est interdit d'une façon absolue dans les établissements industriels, c'est-à-dire toutes les usines, fabriques et manufactures.

La durée du travail pour les enfants de moins de quinze ans est de huit heures par jour, sur lesquelles ils ne peuvent être occupés plus de quatre heures consécutives, ou, par exception seulement et quand la nécessité l'exige, six heures de suite. Au-dessus de quinze ans et jusqu'à dix-sept, les jeunes gens sont l'objet de certaines mesures de protection, mais la durée du travail est pour eux la même que celle des adultes.

Le travail de nuit, de neuf heures du soir à cinq heures du matin, est interdit aux enfants mineurs de quinze ans, sauf dans les verreries où il est permis d'employer les enfants pendant six heures sur vingt-quatre, pourvu que chaque période de travail soit séparée de la suivante par un intervalle de repos de douze heures.

Pour les jeunes gens de quinze à dix-sept ans, le travail de nuit n'est interdit que dans certaines industries énumérées par la loi, savoir : les fabriques de colonnade, de toile, les filatures de laine, de lin et les fabriques de tissus mélangés. Dans les autres industries, le travail de nuit est autorisé à la condition que les enfants se reposent ensuite jusqu'à midi.

Deux sortes de dérogations aux règles ci-dessus sont autorisées par la loi.

En vertu de la première, la prohibition du travail de nuit peut être levée, mais temporairement seulement, en cas de chômage, provenant de cas fortuit ou de force majeure, ou à l'époque des foires, et lorsque les enfants et les femmes travaillent avec leurs parents et leurs maris.

La seconde exception prévue a été établie en faveur des établissements où le travail a lieu pendant dix-huit heures consécutives. La disposition qui vise ces usines permet : 1° l'emploi des enfants de douze à quinze ans, pendant neuf heures par jour, sans qu'ils puissent travailler plus de quatre heures de suite ; 2° la réduction du temps pendant lequel le travail est considéré comme nocturne : la durée du travail de nuit se compte de neuf heures à cinq heures ; la loi permet d'employer les enfants, dans les établissements travaillant dix-huit heures, dès quatre heures du matin et jusqu'à dix heures du soir.

Le travail du dimanche est interdit, d'une façon générale. Toutefois, beaucoup d'établissements industriels ne chôment pas les dimanches et fêtes, aucun règlement ne défendant aux adultes de travailler ces jours-là ; or, comme le travail des adultes est très souvent lié à celui des enfants, la loi a dû autoriser ces derniers à travailler les dimanches et fêtes dans les usines qui ne chôment pas et où leur emploi est indispensable. L'autorisation est donnée par l'inspecteur.

Les dispositions de la loi sont sanctionnées par l'article suivant : « Les propriétaires, directeurs et gérants des « usines, fabriques et manufactures ou ateliers, qui contre- « viendront aux lois et aux règlements dûment sanctionnés, « relatifs au travail des enfants, des jeunes gens et des « femmes dans les établissements industriels désignés, « seront passibles d'une détention n'excédant pas un mois « ou d'une amende ne dépassant pas cent roubles. » (1)

Le contrôle est assuré par les inspecteurs des fabriques, créés par la loi du 1ᵉʳ juin 1882. La loi du 12 juin 1884 et une instruction ministérielle ont tracé les devoirs de ces fonctionnaires, qui doivent, outre leur mission de surveil- lance, remplir le rôle de conciliateurs dans les différends

____

(1) Rapport cité, p. 22.

entre ouvriers et patrons, et donner à ceux-ci toutes les explications nécessaires (1). A cet effet, ils ont le droit d'entrée, de jour et de nuit, dans les établissements, et peuvent, en cas de résistance, recourir à la police, avec le concours de laquelle ils rédigent leurs procès-verbaux.

Ils ont rendu de grands services et ont beaucoup contribué à faire exécuter les lois ouvrières, mais cependant un grand nombre d'établissements échappent à leur surveillance ; il n'existe que neuf inspecteurs et neuf sous-inspecteurs pour tout l'empire : c'est notoirement insuffisant. Une autre modification est à désirer sur ce point : ce serait de leur donner le moyen de contrôler exactement l'âge des enfants.

Une lacune importante existe dans la loi du 29 avril 1890 : cette loi ne s'applique pas aux ateliers industriels. Les seuls établissements qu'elle vise sont les usines, fabriques et manufactures, c'est-à-dire la grande industrie. Les ouvriers de la petite industrie, qui est très importante en Russie, sont donc dépourvus, ou à peu près, de protection. Son organisation spéciale, dépendance des municipalités, en rendait la réglementation difficile. Mais cependant, la loi a été étendue à un certain nombre d'ateliers industriels (boulangeries, typographies, etc.), et le droit a été accordé au ministre des finances, dont le département a la connaissance des questions industrielles et commerciales, d'étendre par mesure de transition le bénéfice de la loi à un plus grand nombre d'ouvriers.

Malgré les quelques défectuosités signalées, cette loi est en général bien conçue et a produit de bons résultats. Par suite du caractère transitoire des lois antérieures, les industriels ont eu le temps de se préparer à l'application de

____

(1) Nous avons vu qu'en Angleterre les inspecteurs ont également un rôle conciliateur.

mesures qui sont devenues permanentes. L'inspection, qui
est maintenant conçue d'une manière plus sérieuse qu'au
début, a beaucoup aidé à son exécution.

GRAND-DUCHÉ DE FINLANDE

La Finlande, qui jouit du privilège de se donner des lois,
a eu souci du sort des enfants. Cependant, l'industrie ne
s'est développée dans le Grand-Duché, qui est presque exclusivement agricole, que tout récemment ; il est vrai qu'elle
s'est développée très rapidement.

Deux lois concernant les enfants régissent la Finlande. (1)

La loi du 31 mars 1879 a trait aux apprentis et aux
jeunes ouvriers qui doivent être surveillés par leurs patrons,
au point de vue moral, religieux et scolaire ; les patrons
doivent vérifier si leurs apprentis fréquentent l'église et
l'école.

Il est interdit aux patrons d'employer des enfants de
moins de douze ans; de douze à quinze ans, les enfants ne
peuvent travailler plus de huit heures par jour, repas
compris ; enfin, le travail de nuit, de neuf heures du soir à
cinq heures du matin, est interdit aux mineurs de dix-huit
ans, sauf s'ils ont un certificat médical constatant leur
bonne santé.

La loi du 15 avril 1889, renferme des mesures d'hygiène,
édicte des prescriptions relatives à l'incendie, aux accidents ;
elle défend l'emploi des enfants au-dessous de dix-huit ans
dans les mines et travaux souterrains et oblige les patrons

(1) Rapport de M. de Bouteiller, consul de France à Helsingfors, 1890-
91, p. 140.

à faire donner une instruction primaire à leurs jeunes ouvriers.

Toutes ces mesures, dont l'application est surveillée par des inspecteurs nommés par le gouvernement, sont sanctionnées, en cas de contravention, par des amendes de cinquante à sept cents marks.

SUÈDE

La Norvège, nous l'avons vu, a longtemps été soumise au régime des corporations, dont elle n'a décidé la suppression qu'en 1869. Il en a été de même en Suède, où le mouvement industriel s'est développé parallèlement au mouvement norvégien. Cependant c'est la Suède qui a ouvert la voie, car dès 1810 les corporations suédoises avaient été abolies. C'est elle encore qui a été la première à revenir à un système de réglementation, après un essai de liberté absolue : la Suède, en effet, jouit, depuis longtemps déjà, d'une législation assez complète concernant la protection du travail des enfants, alors que le royaume voisin en est encore aux projets.

La loi du 18 juin 1864 « sur l'extension de la liberté « individuelle » contenait quelques prescriptions relatives aux apprentis et aux jeunes ouvriers, notamment sur la fixation du maximum des heures de travail et sur l'obligation scolaire ; mais cette loi, très incomplète, et qui « porte « évidemment la marque d'une certaine inexpérience » (1), (cela tient à ce fait que l'industrie était, à cette époque, assez peu développée) était à peu près inappliquée, car les sanctions qu'elle édictait restaient lettre morte par suite de l'absence d'organisation de la surveillance.

Son insuffisance, d'ailleurs, était notoire ; aussi le gouvernement a-t-il tenu à compléter les quelques mesures

(1) Rapport par M. René Millet, p. 32 (voir ci-dessus Norvège).

antérieures et à mettre le pays au niveau des nations étrangères en reproduisant la plupart des prescriptions en usage en Europe, tenant compte, toutefois, des mœurs et des besoins nationaux : c'est ce qui fait l'objet de l'ordonnance du 18 novembre 1881, rendue sur la proposition du Risdag. (1)

Le travail industriel est complètement interdit aux enfants avant l'âge de douze ans ; ils doivent, de plus, avoir subi les examens de sortie des écoles primaires, sans quoi les patrons ne peuvent les employer, et être munis d'un certificat médical constatant qu'ils ont la force et la santé nécessaires pour se livrer au travail pour lequel ils sont engagés.

Les enfants cessent d'être protégés à dix-huit ans ; ils sont répartis en deux classes, de douze à quatorze ans et de quatorze à dix-huit ans.

Les enfants de la première classe ne peuvent travailler plus de six heures par jour ; ils doivent bénéficier d'un repos d'au moins une demi-heure.

Les jeunes gens de quatorze à dix-huit ans ne peuvent être employés plus de dix heures, coupées par des repos de deux heures au moins, dont une heure et demie avant trois heures du soir.

Pendant les repos, les jeunes ouvriers ne peuvent rester dans les ateliers de travail.

Le travail du dimanche est interdit ; le travail de nuit, c'est-à-dire de huit heures du soir à six heures du matin, également.

Les enfants de moins de quinze ans doivent aller à l'école à des heures déterminées et remettre tous les mois un certificat à leur patron. Certaines dérogations sont apportées aux règles ci-dessus énoncées : des autorisations peuvent être accordées aux patrons pour quatre semaines au plus.

(1) Rapport cité, p, 71. — *Ann. lég. étr.*, 1882, p. 638.

L'ordonnance contient quelques prescriptions concernant l'hygiène et la sécurité des travailleurs : il est interdit d'employer les enfants à nettoyer les machines en marche ; les enfants de moins de dix-huit ans et les femmes (c'est la seule disposition qui les vise) ne peuvent être occupés au travail souterrain des mines et carrières (1) ; enfin, des dispositions spéciales concernent les industries dangereuses ou fatigantes.

Pour permettre le contrôle, les patrons sont tenus d'avoir des listes contenant l'âge et le domicile des enfants, et de conserver les certificats médicaux et scolaires.

Les établissements visés par la loi, c'est-à-dire toutes les fabriques, manufactures et ateliers, mines et carrières, sont soumis à la surveillance et à la visite du conseil d'hygiène ou du conseil municipal, qui peut déléguer des inspecteurs, lesquels ont, comme lui, droit d'entrer dans tous les établissements et de s'entourer de tous renseignements nécessaires.

Les contraventions sont punies d'amendes de dix à trois cents couronnes par le tribunal de police compétent ; l'amende est applicable autant de fois qu'il y a de faits relevés contre le contrevenant. Les parents qui ont connu le délit peuvent être, comme complices, punis d'une amende de cinq à vingt couronnes (2).

Cette ordonnance, quoique conçue sur un plan assez modéré, a été l'objet de réclamations de la part de certains industriels ; aussi a-t-on bientôt été obligé d'admettre des restrictions aux règles qu'elle édictait.

Ces modifications, portant principalement sur l'emploi des enfants dans les mines, ont été apportées par l'ordonnance

---

(1) Cette disposition, pour ce qui a trait aux enfants, a été abrogée par une ordonnance de 1883. Voir ci-après.

(2) Une pénalité semblable se retrouve en Angleterre et au Danemark.

du 22 juin 1883, relative aux mines et aux industries métallurgiques, qui complète sur ces points la législation protectrice des enfants.

Aux termes de cette ordonnance, il est permis d'employer dans les mines, aux travaux souterrains, les jeunes ouvriers, du sexe masculin seulement, de quatorze à dix-huit ans.

Le temps maximum du travail est de douze heures, au lieu de dix, dans les mines et les industries métallurgiques.

Il est aussi dérogé à l'interdiction du travail de nuit ; les enfants peuvent être occupés pendant la nuit, après huit heures du soir et avant six heures du matin, à la condition qu'ils soient répartis en deux postes, que chaque équipe ne soit admise à travailler qu'une nuit sur deux, et qu'entre deux équipes il y ait un intervalle de repos de huit heures ; pendant le repos, ils peuvent rester dans les salles de travail.

Les quelques prescriptions concernant l'hygiène, contenues dans l'ordonnance de 1881, étaient insuffisantes : elle s'était, sauf sur quelques points, contentée de donner au Conseil d'hygiène le droit de proposer des mesures nécessaires ayant trait aux industries dangereuses.

Une loi du 10 mai 1889 (1) « sur les précautions destinées à prévenir les accidents de travail » est venue compléter la législation ouvrière. Elle ne se contente pas de prescrire des mesures de sécurité, comme on pourrait le croire d'après son titre ; elle prescrit aussi des mesures d'hygiène et organise une surveillance effective.

Nous n'allons pas entrer dans les détails très minutieux de cette loi ; nous nous contenterons de dire qu'au point de vue de la salubrité, elle exige un éclairage et une température suffisants, une aération telle que chaque ouvrier puisse avoir au moins sept mètres cubes d'air, l'expulsion des poussières, gaz et vapeurs et la plus grande propreté dans

____

(1) *Ann. lég. étr.*, 1890, p. 950.

les locaux, ainsi que l'affichage des prescriptions d'hygiène.

Au point de vue de la sécurité, elle prescrit des barrières autour des cuves, bassins, moteurs et transmissions, des mesures relatives aux échafaudages, monte-charges, à l'arrêt instantané, au nettoyage et au graissage des machines en mouvement ; des escaliers et des ouvertures doivent être construits en prévision d'incendie ; les passages entre les machines doivent avoir une certaine largeur ; enfin, les prescriptions de la loi doivent être affichées.

Des inspecteurs industriels, nommés par le roi, ont le soin de surveiller les établissements, d'assurer l'exécution de la loi, et, pour bien montrer les dispositions conciliantes de la législation suédoise, doivent « prêter aux industriels « le concours de leurs conseils et de leurs renseignements « dans la question de la protection des ouvriers. » (1)

Il est évident que cette loi est applicable aussi bien aux enfants qu'aux adultes.

(1 Cité par M. René Millet (Rapport, p. 102 .

SUISSE

La législation ouvrière suisse est en partie fédérale et en
partie cantonale (1).

Les lois concernant le contrat de travail, l'apprentissage,
les conseils de prud'hommes, appartiennent à la législation
cantonale. La législation fédérale, au contraire, renferme
les mesures de protection et d'hygiène des ouvriers.

En effet, tout ce qui n'est pas prévu dans la constitution
rentre dans la compétence du canton. Or, la constitution
fédérale du 29 mai 1874 dispose : « La Confédération a le
« droit de statuer des prescriptions uniformes sur le travail
« des enfants dans les fabriques, sur la durée du travail
« qui pourra y être imposé aux adultes, ainsi que sur la
« protection à accorder aux ouvriers contre l'exercice des
« industries insalubres et dangereuses. »

C'est en vertu de cette disposition de la Constitution
(art. 34) qu'a été élaborée la loi fédérale du 23 mars 1877
sur le travail dans les fabriques (2). Cette loi, qui est un
véritable code ouvrier, contient non seulement des règles de
protection pour les enfants, mais encore des mesures de réglementation concernant les adultes, touchant l'hygiène et
la responsabilité des accidents.

Sans entrer dans tous les détails de cette loi, nous ne

(1) Rapport de M. Emmanuel Arago, ambassadeur de la République
Française à Berne, 1890-91, p. 43.
(2) *Ann. lég. étr.*, 1878, p. 581.

verrons que ce qui a trait à la protection, à la sécurité et à l'hygiène des enfants.

La loi commence, dans son article 1er, par donner une définition des fabriques : ce sont « tous les locaux fermés, « où plus de cinq ouvriers travaillent hors de leurs de- « meures » (1). Toutes les fabriques, ainsi définies, sont soumises à la loi ; mais dans le cas où une contestation viendrait à naître sur le point de savoir si la loi doit s'appliquer à tel établissement, c'est au Conseil fédéral, juge suprême du principe légal, de décider.

Les conditions du travail des jeunes ouvriers mineurs sont contenues dans l'article 16. Aux termes de cet article, l'âge d'admission des enfants dans les fabriques est fixé à quatorze ans. De quatorze à seize ans, le temps du travail et le temps consacré à l'instruction scolaire, réunis, ne doivent pas dépasser un maximum de onze heures. De seize à dix-huit ans, la durée maximum est, comme pour les adultes, de onze heures en temps ordinaire, de dix heures le samedi et la veille des fêtes : le temps du travail doit être coupé par un repos d'une heure au moins.

Le travail de nuit et le travail du dimanche sont interdits aux mineurs de dix-huit ans ; toutefois. le Conseil fédéral peut, par décision spéciale et lorsque la nécessité en a été reconnue, autoriser des dérogations à cette règle.

Une circulaire du Conseil fédéral enjoint aux patrons de n'employer aucun ouvrier de moins de dix-huit ans, à moins qu'il ne justifie qu'il a quatorze ans accomplis, par une pièce officielle, qui est déposée au bureau de la fabrique et doit être présentée aux inspecteurs à toute réquisition.

L'article 2 oblige les chefs d'industrie à prendre toutes les mesures destinées à sauvegarder la santé des ouvriers :

(1) Bellom, *Tableaux de comparaison entre les diverses législations étrangères (Bull. lég. comp.,* 1891, p. 216, Suisse).

à cet effet il prescrit, à titre d'exemple et non pas limitativement, certaines mesures relatives à l'éclairage, l'aérage et l'expulsion des poussières, aux transmissions et aux parties dangereuses des machines.

Pour permettre le contrôle, l'article 6 enjoint aux fabricants d'avoir un état des ouvriers, et l'article 8 d'afficher le règlement de fabrique obligatoire et contenant entre autres les heures d'entrée, de sortie et de repos.

C'est, aux termes de l'article 1er, le gouvernement cantonal qui est chargé d'assurer l'exécution de la loi : c'est à lui qu'on recourt pour demander des autorisations, pour faire les déclarations d'accidents. Cependant il existe des inspecteurs fédéraux des fabriques, chargés de la surveillance et relevant directement du département du commerce : ce sont eux qui constatent les contraventions.

Cette loi, grâce à la bonne surveillance dont elle a été l'objet, a été sérieusement appliquée et n'a produit que d'heureux résultats ; cependant, certaines améliorations ont été réclamées, des réformes ont été proposées. On a demandé à étendre la loi à un plus grand nombre d'ouvriers, à réduire à dix heures la journée de travail pour les adultes et les jeunes gens de seize à dix-huit ans, mais on s'est heurté à la difficulté de légiférer sur des points non prévus par la constitution, qu'il faudrait auparavant reviser : cela a suffi jusqu'à présent pour arrêter les réformateurs.

Disons, avant de terminer, que certains cantons possèdent des lois relatives à l'apprentissage, notamment le canton de Neufchâtel (loi du 21 novembre 1890) (1), celui de Genève (loi du 15 octobre 1892) (2) et celui de Vaud (loi du 21 novembre 1896) (3).

---

(1) *Ann. lég. étr.*, 1891, p. 649.
(2) *Ann. lég. étr.*, 1892, p. 595.
(3) *Ann. lég. étr.*, 1897, p. 602.

CHAPITRE IV

Difficultés d'application de la loi de protection du travail des enfants

« Une expérience qui s'est poursuivie pendant plus de
« six années permet d'affirmer que l'œuvre de protection
« entreprise en faveur de l'enfant et de l'ouvrière peut se
« réaliser sans préjudice pour la production nationale. »
Cette phrase, extraite du rapport de la Commission supérieure du travail sur l'application de la loi du 2 novembre
1892 pendant l'année 1898 (1), prouve que les craintes des
économistes libéraux, qui voulaient repousser toute réglementation, sous prétexte d'atteinte au développement de
l'industrie, n'étaient pas suffisamment fondées ; et la preuve
fournie par l'affirmation de ce rapport est d'autant plus
convaincante que l'on ne peut accuser la Commission supérieure de complaisance pour les partisans de la réglementation, cela résulte de cet autre extrait : « Les résistances
« que ne pouvait manquer de susciter une réforme qui
« constitue, en définitive, *une restriction à la liberté du tra-*
« *vail*, ont aujourd'hui disparu. »

Les autres craintes touchant la concurrence étrangère
n'étaient pas moins vaines. Nous avons vu que presque

(1) Rapport présenté au Président de la République (V. *Bull. Off. du
travail*, octobre 1899, p. 846).

toutes les nations d'Europe, sauf les pays du Sud, moins industriels qu'agricoles, et que la plupart des états de l'Amérique ont une réglementation aussi minutieuse et parfois plus sévère que la nôtre ; que la limite de la journée de travail est souvent, pour le même âge, moins élevée que chez nous ; enfin que l'âge d'admission au travail des enfants est, dans beaucoup d'états, le même que celui que fixe notre loi et que, dans certaines législations, il est reculé jusqu'à quatorze ans. Les pays dont nous avons le plus à craindre la concurrence, l'Angleterre et l'Allemagne, sont précisément ceux où l'enfance est le plus et le mieux protégée. Il faut donc encore repousser cet argument comme n'ayant pas une portée suffisante.

La loi est bonne en définitive ; le principe d'où elle découle est excellent, incontestablement, nous croyons l'avoir démontré. S'il est vrai que la liberté individuelle soit éminemment respectable, il n'est pas moins vrai également que la protection des êtres faibles s'impose : c'est un devoir pour l'Etat de veiller sur eux. La loi de 1892 a concilié, autant que faire se pouvait, ces deux principes opposés, complétant l'œuvre que la loi de 1874 avait déjà commencée, quoique d'une façon imparfaite.

La loi a eu encore un autre effet excellent : encourager l'initiative privée à compléter l'œuvre de protection commencée. En donnant une existence officielle aux comités de patronage, en en faisant une institution légale, elle a indiqué la voie à suivre et donné une recrudescence au mouvement en faveur des enfants, qui avait amené la création de sociétés de ce genre, parmi lesquelles il faut en premier lieu citer la *Société de protection des apprentis*.

Mais si les effets de la loi sont heureux, si les résultats qu'elle a donnés sont bons, comment se fait-il qu'elle ait été accueillie, dès son début, par des protestations ? Comment se fait-il que, dès sa mise en vigueur, cette loi, qui « com-

« blait les lacunes et corrigeait les imperfections de la loi
« de 1874 » (1), ait été en butte aux critiques et aux attaques les plus violentes ; qu'elle ait donné lieu à des grèves
et qu'elle ait fait l'objet des réclamations aussi bien des
ouvriers que des patrons?

Les attaques, les critiques venaient, pour la plupart,
des ennemis de la réglementation, des économistes libéraux
qui considéraient la loi comme une atteinte au principe de la
liberté du travail. Si la loi n'avait jamais été suivie que de
ces protestations, on eût pu répondre à ceux qui les faisaient
qu'avant de crier au danger, il fallait attendre l'application
de la loi pour juger de ses résultats et que seule une
expérience de quelque durée pouvait, mieux que toutes les
dissertations, prouver si l'œuvre du législateur était bonne ou
mauvaise (2). Mais ce qui donnait de la force à ces plaintes,
c'est qu'elles s'appuyaient sur des faits, c'est que, non
seulement les patrons, mais aussi les ouvriers, ceux-là même
que la loi a voulu protéger, ont réclamé et résisté à l'application des nouvelles mesures et que les grèves ont augmenté
dans une notable proportion, dès le lendemain de la mise
en vigueur de la loi (3).

L'ancien rapporteur à la Chambre, M. Waddington, président de la Commission supérieure du travail, celui qui avait
été l'un des promoteurs et l'un des plus ardents défenseurs

---

(1) Pic, *op. cit.* p. 289.

(2) C'est ce qu'a répondu le Ministre du Commerce et de l'Industrie,
M. Terrier, lors de la discussion d'une proposition de M. Félix Martin au
Sénat, tendant à ajouter à la loi du 2 novembre 1892, une disposition
permettant au ministre de suspendre l'application de la loi dans une industrie déterminée et pour un délai d'au plus six mois. Le Sénat
s'est rangé à cet avis et a repoussé la proposition, estimant qu'il ne
pouvait se déjuger avant tout essai d'exécution, la loi n'ayant pas encore
à cette époque été mise en pratique (V. *Revue pratique de droit industriel*,
année 1893, p. 315).

(3) *Bulletin de l'office du travail*, 1894, n° 1, p. 10.

de la loi, constatait, dès 1893, l'importance des difficultés auxquelles donnait lieu la mise en exécution de la loi nouvelle (1). Il les énumérait ainsi : « Certains industriels, pour ne pas se soumettre à la réglementation qui concerne les deux catégories de travailleurs dont il s'agit, renvoient les enfants et les femmes qu'ils employaient ; d'autres refusent de leur payer, pour un travail qui se trouve un peu réduit par la réglementation, les mêmes salaires que ceux qu'ils leur donnaient jusqu'ici : de là ces conflits et ces grèves, dont les journaux nous apportent tous les jours les échos. »

Ces difficultés tenaient certainement en partie à des malentendus, à des préventions que le temps, la réflexion et un peu de bonne volonté de la part des intéressés devaient dissiper ; elles venaient aussi de ce que le délai, laissé aux industriels pour se préparer à l'application de la loi, n'avait pas été assez long ; toutes causes peu durables et qui devaient amener, au bout d'un temps plus ou moins court, une situation moins tendue. Effectivement, après quelques mois d'application, les grèves ont assez rapidement diminué ; c'étaient là des difficultés passagères et qui ne prouvaient pas du tout que la loi fût nuisible ou malfaisante. Aussi, le président de la Commission supérieure avait-il raison de dire que ces difficultés, quoique regrettables, ne l'émouvaient pas outre mesure, car il avait la conviction qu'elles n'étaient que temporaires (2).

Mais il est trop certain également que quelques-unes de ces récriminations, et non des moindres, trouvaient un juste motif dans certaines dispositions de la loi. La principale résidait dans l'inégalité de durée du travail des femmes et

(1) *Les difficultés d'application de la nouvelle loi sur la réorganisation du travail*, appréciées par M. Richard Waddington. *Revue pratique de droit industriel*, 1893, p. 91.

(2) Article de M. Waddington déjà cité. *Rev. prat., dr. ind.* p. 92.

des enfants (nous reviendrons tout à l'heure sur ce point) ;
d'autres, dans les dispositions relatives au travail de nuit,
dans l'organisation des relais. Il faut bien reconnaître, en
effet, avec un député, l'un des auteurs d'une proposition
de modification, que « la loi de 1892 est imparfaite et qu'elle
« doit être modifiée sur un certain nombre de points d'une
« importance capitale. » (1) Et c'est cette imperfection qui
a rendu certaines dispositions de la loi si difficilement applicables jusqu'à ce jour. « C'est seulement lorsqu'on aura
« introduit dans la loi les modifications dont l'expérience
« a démontré la nécessité, que la surveillance pourra rendre
« tous les services qu'on est en droit d'en attendre. » (2)
Tout le monde, en effet, reconnaît qu'il est bien des points
qui ont besoin de remaniements, mais où l'on n'est plus
d'accord, c'est sur la manière dont ces modifications doivent
être faites. Avant d'examiner les propositions qui ont été
déposées et votées à cet égard au Parlement, disons un mot
de la façon dont la loi est appliquée.

« Chaque année qui s'écoule constitue un pas en avant
« dans la voie du progrès et nous rapproche du jour où la
« loi sera intégralement observée. » C'est par ces mots que
commençait l'avant-dernier rapport de la Commission supérieure (3) : ils nous montrent clairement que l'on se soumet
de plus en plus aux prescriptions de la loi. Il est évident
que, sauf sur les points contestés, la loi, grâce au zèle in-
telligent des inspecteurs, est de mieux en mieux observée.
« Si l'application des lois sur le travail soulève des diffi-
« cultés, c'est à la loi qu'il faut s'en prendre et non aux
« fonctionnaires chargés de la faire exécuter. » (4) La Com-

---

(1) Discours de M. Dron, séance du 21 décembre 1899. (*Journ. Off.*,
22 décembre 1899, Chambre, p. 2290.)

(2) Rapport de la Commission supérieure sur l'année 1897, p. IX.

(3) Rapport de la Commission supérieure sur l'année 1897, p. VIII.

(4) Rapport de la Commission supérieure sur l'année 1898 (*Bull. off.
du travail*, 1899, n° 10, p. 865).

mission supérieure constate en effet, que « l'inspection du
« travail est un rouage administratif accepté de tous, que
« beaucoup considèrent comme indispensable et qu'on ne
« discute plus : les travailleurs s'adressent fréquemment aux
« inspecteurs quand il s'agit de veiller à leurs intérêts, et
« c'est certainement là une marque de grande confiance ;
« les industriels viennent consulter les inspecteurs sur les
« moyens de nature à éviter les accidents... Quant aux ins-
« pecteurs du travail, animés de sentiments élevés, forts
« de leur conscience, aussi fermes devant les industriels
« puissants que devant les modestes, ils ne cesseront de
« faire respecter l'œuvre du législateur. »

Si les inspecteurs ont réussi à faire tous les ans davantage observer la loi, c'est plutôt en usant de tolérance,
comme le leur recommandait la circulaire du 19 décembre
1892, qu'en se montrant trop rigoureux ; c'est en considérant les prescriptions édictées comme un moyen préventif
autant que comme des mesures répressives, que les inspecteurs ont obtenu des chefs d'industrie leur application : il a
souvent suffi de menacer l'industriel ou même seulement de
le prévenir pour voir cesser les faits répréhensibles. Ce
n'est que lorsque le patron fait preuve de mauvaise volonté
ou de négligence, quand, après un premier avertissement,
l'inspecteur constate, dans une contre-visite, qu'il n'a pas
été tenu compte de ses prescriptions antérieures qu'il
relève les contraventions constatées.

C'est surtout dans la petite industrie, dans les ateliers
occupant un petit nombre d'ouvriers, que la loi est le moins
bien appliquée et que l'on rencontre le plus de résistance,
non seulement de la part des patrons, mais même des travailleurs. Ainsi, dans les ateliers de couture et de modes, au
moment des périodes d'activité, les veillées, qui ne sont
tolérées que pour un nombre déterminé de jours par année
et sur autorisation de l'inspecteur, ont lieu, en fait, pendant

un temps beaucoup plus long que celui fixé par les règlements, et cela du commun accord des patronnes et des
ouvrières, et, bien entendu, l'inspecteur n'en est point
averti. Le décret du 15 juillet 1893 article 1er, qui a trait
aux veillées, n'est réellement applicable qu'à Paris, où
l'inspecteur, étant toujours sur place, peut être prévenu à
temps de la veillée qui sera faite le soir même. Mais dans les
circonscriptions de province, qui comprennent plusieurs
arrondissements, quelquefois même plusieurs départements,
il est facile de voir que la déclaration parviendra à l'inspecteur quand la veillée sera terminée. Il arrive souvent
qu'on néglige d'adresser aux inspecteurs les demandes d'autorisation concernant la tolérance accordée pour un travail
prolongé. Cependant, le nombre des demandes de ce genre
augmente chaque année à mesure que la loi est mieux
connue.

Les mesures de contrôle qui exigent des industriels l'affichage de la loi et des règlements et la tenue de registres
sont également, dans la plupart des petits ateliers, restées
à l'état de lettre morte : le registre existe cependant, mais
il est mal tenu ou ne l'est pas du tout et il arrive quelquefois que c'est l'inspecteur qui le met à jour. L'affichage
n'a pas lieu le plus souvent ; il est des ateliers où d'ailleurs
cette formalité ne pourrait être remplie utilement : il est
bien évident que dans les forges et chez les maréchaux-
ferrants l'affichage est à peu près illusoire, les affiches
étant, au bout de très peu de temps, noircies par la fumée
au point de devenir complètement illisibles. Toutefois l'application des mesures de contrôle a fait des progrès et
spécialement l'affichage se fait dans le local où a lieu la
paie des ouvriers, quand il ne peut se faire dans l'atelier.

L'application des règles concernant l'hygiène et la sécurité des travailleurs laisse également à désirer ; c'est surtout
la protection insuffisante des machines qu'il faut remarquer ;

elle se produit même dans la grande industrie et elle a fréquemment causé des accidents qui ont été suivis de contraventions et de demandes en dommages-intérêts. Il faut reconnaître néanmoins que des progrès se sont accomplis sur ce point dans ces dernières années, grâce surtout à la loi du 12 juin 1893 qui permet aux inspecteurs de prescrire les mesures nécessaires, et leur donne un appui qu'ils ne trouvaient pas suffisamment dans la loi du 2 novembre 1892. On rencontre encore quelquefois des enfants de moins de treize ans, dans les établissements de la petite industrie, mais ils sont pourvus du certificat d'études. Quant aux certificats médicaux d'aptitude physique, ils font très souvent défaut.

Si l'on considère les établissements de charité, on remarque que, après un peu de résistance au début, surtout de la part des établissements cloîtrés, ils se sont assez vite soumis aux prescriptions de la loi. Mais nous avons vu, en étudiant l'article 1er, qu'il ne faut pas toujours s'en rapporter aux apparences, que certains de ces établissements (la congrégation du Bon-Pasteur et aussi quelques maisons en Bretagne et dans le département de la Mayenne) (1), abusant de la bienveillance des inspecteurs, commettent des infractions à la loi assez graves pour amener des protestations de la part des autorités ecclésiastiques dont elles relèvent. C'est heureusement l'exception. Quelques-uns, au contraire, sont des établissements modèles.

Il n'y a rien de remarquable à signaler touchant l'inspection des ateliers de famille prévue par la loi : elle n'a pas donné lieu à des difficultés sérieuses. Il faut noter cependant que l'emploi des moteurs à pétrole, servant à actionner de

(1) Rapport de la Com. sup., année 1898, p. LXV, LXVI, LXVII.

petits ateliers de bonneterie, tend à augmenter, notamment dans les environs de Falaise (1).

Dans la grande industrie, c'est principalement dans les imprimeries, tuileries, filatures de laine ou moulinage de soie et dans les usines métallurgiques, que les infractions ont été le plus nombreuses. Des enfants sont admis avant l'âge fixé par la loi, et cela tient le plus souvent à la non-exécution de la loi du 28 mars 1882 sur l'instruction obligatoire (2), mais aussi à différentes causes, telles que la présence du père ou de la mère dans l'atelier, à la misère de la famille de l'enfant qu'on prend pour la soulager, à la surprise de la bonne foi du patron. C'est surtout dans les verreries que l'on a constaté cette infraction ; d'ailleurs, le nombre des contraventions relevées de ce chef va toujours en décroissant: il n'est plus que de 303 cette année. La prescription relative au repos hebdomadaire est bien observée ; celle qui a trait au travail de nuit l'est de mieux en mieux, même dans les usines à feu continu. Les mesures de surveillance sont généralement appliquées ; le nombre des enfants munis de livrets augmente, les registres sont plus régulièrement tenus ; les affiches ordinairement apposées. Bien que le nombre des procès-verbaux, dressés pour contraventions aux règles d'hygiène et de sécurité, ait été plus grand l'année dernière que les années précédentes, on peut dire cependant que les progrès accomplis sur ce point sont réels, que les machines sont mieux protégées, la sécurité

(1) Rapport de la Commission Supérieure, 1898. (Bull. Off. du trav., 1899, p. 850).

(2) « C'est à l'inexécution de la loi du 28 mars 1882 qu'on doit attribuer « la cause au moins partielle de l'admission dans les ateliers d'enfants « au-dessous de treize ans dans des conditions irrégulières. On peut « dire que loi de 1892 n'est que par son texte en harmonie avec la loi « de 1882. Si cette dernière loi était sérieusement appliquée, le service « de l'inspection n'en rencontrerait qu'en temps de vacances. » (Rapport de M. Jaraczewski, inspecteur divisionnaire à Lille, 1898, p. 165).

des ouvriers mieux comprise. L'augmentation des infractions prouve toutefois que la protection n'est pas encore complète, et c'est pour arriver à ce résultat que les inspecteurs ont montré une sévérité plus grande à cet égard.

Il nous reste à parler de deux prescriptions qui présentent dans leur application des difficultés particulières : ce sont celles qui ont trait à la durée du travail et à l'organisation des équipes.

Nous avons déjà dit en examinant l'article 3 que, dans la plupart des cas, il était presque impossible aux industriels d'établir une durée de travail quotidien, différente pour les trois catégories d'ouvriers qu'ils emploient : hommes, femmes et enfants. Dès 1893, M. Waddington (1) avait constaté que de graves inconvénients se faisaient sentir à cet égard dans les industries de la filature et du tissage. « Dans les
« filatures, disait-il, tandis que le métier finisseur, c'est-à-
« dire, le métier à filer qui est toujours confié à des adultes,
« peut marcher pendant douze heures, les métiers prépara-
« teurs, qui alimentent ce métier finisseur, étaient géné-
« ralement surveillés par des femmes ou des enfants ne
« pouvant marcher que onze heures au maximum, de sorte
« qu'ils n'arrivent plus à fournir un élément suffisant au
« métier finisseur qui, par suite, chômera... Toutefois,
« cette différence de réglementation avec ses conséquences
« est acceptée par les filateurs et en général par presque
« tous les industriels, qui comprennent bien que les enfants
« et les femmes ne peuvent être astreints à un travail de
« même durée que celui des adultes. Mais ce qu'ils ont
« plus de peine à comprendre et à accepter, c'est la
« distinction en deux catégories des ouvriers auxquels sont
« confiés les métiers de préparation, les femmes pouvant
« travailler onze heures et les enfants de moins de dix-huit
« ans ne pouvant travailler que dix heures... »

(1) Article cité (Rec. prat. dr. ind., 1893, p. 93).

.C'est pour parer aux inconvénients qui résultaient pour eux de cette obligation, que les chefs d'industrie ont établi l'uniformisation de la durée du travail qui n'existe pas dans la loi. Mais la plupart la transgressent en obligeant les enfants à travailler une heure de plus qu'ils ne devraient aux termes de l'article 3 ; car, s'il est quelques industriels qui ont pu se contenter d'une journée de dix heures (1), la plupart sont obligés, pour ne pas subir de perte, d'exiger de tout leur personnel un travail de onze heures.

M. Waddington conseillait aux industriels, pour tourner la difficulté, d'organiser des relais qui permettent de compléter le temps de travail nécessaire au fonctionnement des métiers confiés aux hommes. Mais ce système présente l'inconvénient de confier les métiers préparateurs à des personnes différentes, ce qui peut nuire à leur bon fonctionnement ; il en a un autre, c'est de ne pas faire prendre les repos à tout le personnel en même temps, de telle sorte que, si les enfants ne sont astreints qu'à un travail effectif de dix heures, « ils sont retenus soit à l'atelier, soit dans la « rue, à la disposition du patron, pendant treize, quatorze et « quinze heures. » (2)

Aussi, tous les inspecteurs sont-ils d'accord pour demander la suppression des dispositions de la loi qui avait cru pouvoir introduire artificiellement des différences dans la durée du travail (3) : on a vu que ce système avait été admis par transaction entre les partisans de la journée de dix

---

(1) Dans les fabriques de vins de Champagne, comme dans les industries qui s'y rattachent, la journée a toujours été de dix heures (V. Rapport de M. Chambard, inspecteur divisionnaire à Nancy, 1899).

(2) Déclaration de M. Dubief, rapporteur à la Chambre, séance du 21 décembre 1899. (*Journ. Off.*, 22 décembre 1899, compte-rendu de la séance de la Chambre, p. 2288.)

(3) Rapp. Comm. sup., année 1898 (*Bull. de l'Off. du travail*, 1899, n° 10, p. 853).

heures et ceux de la durée de onze heures. La plupart des inspecteurs constatent que la fixation du travail à onze heures pour tous ne rencontrerait pas de sérieuses difficultés (1) ; il en est même qui déclarent que le vœu des patrons est que le droit d'organiser des équipes volantes soit aboli. (2)

S'inspirant de ces réclamations et de ces desiderata, M. Maxime Lecomte présenta au Sénat un projet de loi dont il fut nommé rapporteur, et son rapport aboutissait à demander que les enfants, les filles et les femmes ne pussent être employés à un travail effectif de plus de onze heures par jour (3). Le texte proposé supprime toutes les distinctions de l'article 3, dont il ne conserve que le paragraphe relatif aux repos (4).

A peu près à la même époque, la Chambre des députés était saisie de deux propositions tendant au même but : unifier la durée du travail des ouvriers protégés par la loi de 1892, mais différant de celle du Sénat sur le moyen d'y parvenir. L'un de ces projets, présenté par M. le baron Piérard (5), proposait de modifier uniquement l'article 3 dans le sens d'une durée uniforme réduite à dix heures ; l'autre, déposé par MM. Louis Ricard, Guieysse, Dron, Cos-

(1) Rapp. de M. Giroud, inspecteur divisionnaire à Nantes ; de M. Despaux, inspecteur divisionnaire à Bourges.

(2) Rapp. de M. Blaise, inspecteur divisionnaire à Rouen.

(3) Séance du 27 février 1893 (*Journ. off.* du 28, annexe Sénat).

(4) La modification proposée se résumait en ces termes :

« Art. 3. — Les jeunes ouvriers et ouvrières jusqu'à l'âge de dix-huit « ans et les femmes ne peuvent être employés à un travail effectif de plus « de onze heures par jour.

« Les heures de travail ci-dessus indiquées seront coupées par un ou « plusieurs repos dont la durée totale ne pourra être inférieure à une « heure et pendant lesquels le travail sera interdit. »

(5) V. *Revue pratique de Dr. ind.* 1893, p. 145.

mao-Dumenez et Maruéjouls, le 23 novembre 1893 (1), remaniait non seulement l'article 3, mais aussi l'article 4 relatif au travail de nuit, et le paragraphe 3 de l'article 11 qui a trait aux relais.

(1) *Journ. off.*, Documents parlementaires, 1893, p. 44.

Voici le texte de ce projet :

« Article unique. — Les articles 3, 4 et 11 de la loi du 2 novembre 1892,
« sur le travail des enfants, des filles mineures et des femmes dans les
« établissements industriels sont modifiés ainsi qu'il suit :

« Art. 3. — Les enfants de l'un et l'autre sexe, âgés de moins de dix-
« huit ans, les filles et les femmes de tout âge ne peuvent être employés
« à un travail effectif de plus de dix heures par jour, coupées par un ou
« plusieurs repos, dont la durée totale ne pourra être inférieure à une heure
« et pendant lesquels le travail sera interdit.

« Dans chaque établissement, sauf dans les usines à feu continu, les
« repos auront lieu aux mêmes heures pour toutes les personnes protégées
« par la présente loi.

« Art. 4. — § 1er. — *Sans modification.*

« § 2. — Tout travail entre neuf heures du soir et cinq heures du matin
« est considéré comme travail de nuit. Toutefois, le travail sera autorisé
» de quatre heures du matin à dix heures du soir, quand il sera réparti
« entre deux postes d'ouvriers ne travaillant pas plus de neuf heures cha-
« cun, y compris un repos d'une heure au moins, pendant lequel le travail
« sera suspendu.

« § 3. — Le travail de chaque équipe sera continu, sauf l'interruption
« pour le repos.

« § 4. — Il sera accordé pour les femmes et les filles âgées de plus de
« dix-huit ans, à certaines industries qui seront déterminées par un règle-
« ment d'administration publique et dans les conditions d'application qui
« seront précisées par ledit règlement, la faculté de prolonger le travail
« jusqu'à onze heures du soir, pendant une durée totale qui ne dépassera
« pas soixante jours par an. En aucun cas, la journée de travail effectif
« ne pourra être prolongée au-delà de douze heures.

« § 5. — *Sans modification.*

« § 6. — *Sans modification.*

« § 7. — Les tolérances prévues aux paragraphes 4, 5 et 6 du présent
« article ne pourront être cumulées pour une même industrie.

« § 8 (ancien § 7 de l'article). — *Sans modification.*

« Art. 11, § 3. — Dans les manufactures et usines autres que les usines
« à feu continu, l'organisation de relais, sauf ce qui est prévu aux para-
« graphes 2 et 3 de l'article 4, est interdite pour les personnes protégées
« par la présente loi. »

Comme le projet du baron Piérard, cette proposition porte une durée unique de dix heures (la Chambre s'était déjà prononcée pour la durée de dix heures pendant la discussion de la loi de 1892), mais elle oblige les chefs d'industrie à établir des repos aux mêmes heures pour toutes les personnes protégées, voulant remédier à une situation qui cause une véritable désorganisation dans la famille, en obligeant chaque membre à prendre ses repas à des heures différentes. Elle interdit aussi complètement, par voie de conséquence, les relais, sauf dans les usines à feu continu et elle modifie dans un sens plus restrictif les prescriptions relatives au travail de nuit.

Nous avons vu que l'article 4 permettait le fonctionnement de deux équiqes travaillant chacune neuf heures, à la condition qu'un repos d'une heure soit accordé à chaque équipe ; mais nous avons dit à quelles difficultés prêtait l'interprétation de cet article et quels abus sa mise en vigueur avaient créés. Le projet, pour y remédier, dispose que le travail de chaque équipe sera continu, sauf l'interruption pour le repos, ce qui empêchera dorénavant le système qui consistait à faire travailler un poste quatre heures le matin et cinq heures le soir, alors que l'autre était employé neuf heures consécutives. Enfin, pour trancher la controverse qui s'était élevée à ce sujet, il déclare que le repos sera compris dans la durée du travail : ce qui réduit la journée, pour chaque équipe, à huit heures.

L'article 4, dans ses différents paragraphes, prévoit un certain nombre de tolérances pour des industries à déterminer par des règlements : ces dérogations ont ainsi rétabli le travail de nuit que le paragraphe 1er avait supprimé. Le projet, en interdisant le cumul des tolérances, apporte remède à cet état de choses.

Cette proposition, renvoyée à la commission du travail de la Chambre, fit l'objet d'un rapport de M. Barthou le

10 février 1894 (1). Mais la commission de la Chambre décida de s'entendre avec la commission du Sénat saisie d'un nouveau projet, conçu presque dans les mêmes termes, de M. Maxime Lecomte, déposé le 14 novembre 1893 (2),

(1) *Journ. Off.*, Doc. parlem., 1894, p. 157.
(2) *Journ. off.*, Doc. parlem, Sénat, 1893, p. 708.
Le texte du projet de M. Maxime Lecomte est le suivant :
« Article 1er. — Les articles 3, 4 et 11 de la loi du 2 novembre 1892 sur
« le travail des enfants, des filles mineures et des femmes dans les
« établissements industriels sont modifiés ainsi qu'il suit :
« Art. 3. — Les jeunes ouvriers et ouvrières jusqu'à l'âge de dix-huit
« ans et les femmes ne peuvent être employés à un travail effectif de plus
« de onze heures par jour, coupées par un ou plusieurs repos, dont la
« durée totale ne pourra être inférieure à une heure et pendant lesquels
« le travail sera interdit.
« Dans chaque établissement, sauf dans les usines à feu continu, les
« repos auront lieu aux mêmes heures, pour toutes les personnes pro-
« tégées par la présente loi.
« Art. 4, § 1er. — *Sans modification.*
« § 2. — Tout travail entre neuf heures du soir et cinq heures du
« matin est considéré comme travail de nuit. Toutefois, le travail sera
« autorisé de quatre heures du matin à dix heures du soir, quand il sera
« réparti entre deux postes d'ouvriers ne travaillant pas plus de neuf
« heures chacun, y compris un repos d'une heure au moins, pendant
« lequel le travail sera suspendu.
« § 4. — Il sera accordé pour les femmes, c'est-à-dire pour les filles et
« femmes âgées de plus de dix-huit ans, à certaines industries qui seront
« déterminées par un règlement d'administration publique et dans les
« conditions d'application qui seront précisées par ledit règlement, la
« faculté de prolonger le travail jusqu'à onze heures du soir, pendant une
« durée totale qui ne dépassera pas soixante jours par an. En aucun cas,
« la journée de travail effectif ne pourra être prolongée au-delà de douze
« heures.
« § 7. — Les tolérances prévues aux paragraphes 4, 5 et 6 du présent
« article ne pourront être cumulées pour une même industrie.
« Art. 11, § 3 — Dans les manufactures et usines autres que les usines
« à feu continu, l'organisation des relais, sauf ce qui est prévu aux para-
« graphes 2 et 3 de l'article 4, est interdite pour les personnes protégées
« par les articles précédents.
« Article 2. — La journée de l'ouvrier, dans les manufactures et usines,
« ne pourra excéder onze heures de travail effectif.
« Le présent article sera applicable à partir du 1er juillet 1895. »
On voit, en comparant ce projet avec celui de MM. Ricard, Dron, etc.,
combien les deux propositions se ressemblent. Les termes en sont presque

qui, cependant, en différait sur la seule question de la durée unique qu'il fixait à onze heures. Ce projet fut adopté par le Sénat en première lecture le 12 juin 1894, et en deuxième lecture le 13 juillet, et renvoyé à la Chambre le 20 juillet de la même année.

La commission du travail de la Chambre, après un long oubli, s'est décidée à adopter (1) le projet voté, mais avec cette différence que la durée de onze heures ne serait que provisoire, et qu'elle serait ramenée à dix heures au bout de six ans.

Enfin la commission, d'accord avec le Gouvernement, a présenté à la Chambre, le 20 décembre dernier (2), un nouveau projet, ou plutôt elle a, comme le dit son président, M. Ch. Ferry, allégé le projet de modification à la loi de 1892, n'en conservant plus que le premier article (qui est l'article 3 remanié) et le dernier, relatif au travail des adultes et modifiant le décret du 9 septembre 1848. Ce projet propose également d'ajouter, au paragraphe concernant les repos, l'obligation pour les patrons de faire prendre ces repos à tout le personnel en même temps, et d'introduire dans l'article 3 une disposition interdisant les relais et équipes tournantes.

Ce n'a pas été sans discussion que ce projet a été adopté. Le ministre du Commerce avait déclaré, dans une circulaire récente, qu'il ferait appliquer la loi dans toute sa rigueur au 1er janvier 1900 ; on a prétendu que le vote de ce projet

identiques : ils ne diffèrent que sur deux points. Le projet de la Chambre fixe à dix heures la durée uniforme du travail pour les ouvriers protégés, celui du Sénat admet aussi l'uniformisation mais pour une journée de onze heures ; en second lieu, le projet Lecomte, allant plus loin que le projet Ricard, atteint le travail des adultes qu'il fixe aussi à onze heures.

(1) 7 décembre 1899.
(2) *Journ. Off.*, 21 décembre 1899, Chambre, p. 2269.

reculerait indéfiniment l'application stricte de la loi, puisqu'il faudrait attendre un nouveau vote du Sénat.

D'un autre côté, les socialistes (1) et les progressistes (2) considéraient comme un recul l'adoption de la journée de onze heures, même avec la réduction à dix heures au bout d'un certain délai ; enfin, les modérés libéraux (3) ne pouvaient se résoudre à voter cette durée de dix heures ; certains députés réclamaient aussi une révision complète de la loi de 1892.

Un amendement de M. Colliard, qui abaissait à quatre ans le délai au bout duquel la journée serait réduite à dix heures, et l'engagement du président de la commission d'examiner avant le 1er mars 1900 tous les amendements qui lui seraient proposés et d'apporter une révision générale de la loi de 1892, décidèrent la majorité à voter le projet qui est ainsi conçu :

ARTICLE 1er. — L'article 3 de la loi du 2 novembre 1892 est ainsi modifié :

Article 3. — Les jeunes ouvriers et ouvrières ne peuvent être employés à un travail effectif de plus de onze heures par jour, coupées par un ou plusieurs repos, dont la durée

---

(1) Discours de M. Vaillant : « Ne nous proposez pas de rétrograder et « d'accabler l'enfant d'un surmenage nouveau et homicide, alors qu'au « contraire il faudrait réduire sa journée de travail de moitié. » *(Journ. Off.* du 21 décembre 1899, p. 2273).

(2) Discours de M. Lemire.

(3) Discours de M. Laniel : « Messieurs, je voterai l'unification de la « journée de travail à onze heures, je la voterai avec un enthousiasme « modéré, parce que je m'honore d'appartenir à cette école libérale à « laquelle M. le rapporteur a consacré les premières lignes légèrement « ironiques de son rapport.....

« Mais, Messieurs, on veut vous entraîner beaucoup plus loin...

« Je voudrais établir devant vous que cette mesure est contraire aux « intérêts économiques généraux du pays..... »

(Journ. Off. 22 décembre 1899, p. 2295.)

totale ne pourra être inférieure à une heure, et pendant lesquels le travail sera interdit.

Dans les mines et minières ils ne pourront être employés à un travail effectif de plus de huit heures.

Au bout de deux ans, à partir de la promulgation de la présente loi, la durée du travail sera réduite à dix heures et demie, et au bout d'une nouvelle période de deux ans à dix heures seulement.

Dans chaque établissement, sauf dans les usines à feu continu, les repos auront lieu aux mêmes heures pour toutes les personnes protégées par la présente loi. Toute organisation par relais ou équipes est interdite.

Article 2. — Il est ajouté à l'article 1er du décret-loi des 9-14 septembre 1848 la disposition suivante : « Toutefois, « dans les établissements de ce genre, qui emploient des « hommes adultes et des personnes visées par la loi du « 2 novembre 1892, la journée ne pourra excéder onze « heures de travail effectif. Au bout de deux ans, à partir de « la promulgation de la présente loi, la durée du travail « sera réduite à dix heures et demie, et au bout d'une nou- « velle période de deux années à dix heures seulement. »

Il est évident que le remaniement de l'article 3 était la mesure la plus urgente et celle qui était depuis longtemps réclamée, aussi bien par les patrons que par les ouvriers ; il est certain qu'il y a un progrès, si l'on ne considère que l'unification de la durée du travail, et que l'adoption de la journée de onze heures, qui est presque partout appliquée, sera acceptée unanimement.

Mais, si l'on ne tient compte que de la protection de l'enfant, il est non moins certain qu'on a fait un pas en arrière en augmentant la durée du travail ; cependant, en fait, les enfants travaillent onze heures et quelquefois davantage, grâce aux relais et aux équipes. Cet inconvénient est largement compensé par l'unification qui est réalisée, par la suppression des relais et l'obligation pour tout le personnel de prendre le repos à la même heure. D'ailleurs, cette mesure n'est que provisoire, puisque la journée doit être finalement réduite à dix heures.

Mais alors, une autre question se pose que nous n'aborderons pas, car elle nous entraînerait trop loin : quel sera le résultat de l'abaissement à dix heures du travail des adultes ? La production ne pourra-t-elle point s'en ressentir trop vivement ? N'est-ce pas une mesure contraire aux intérêts économiques du pays, aux intérêts mêmes des ouvriers, qui vont voir diminuer leurs salaires ? Il est vrai que l'on a affirmé que, les progrès de la science allant toujours croissant et l'outillage se perfectionnant sans cesse, la production ne diminuera pas d'une façon sensible. On a dit également (c'est le président de la commission) que, de différents points du Nord et de l'Est, des renseignements parvenus à la commission démontraient qu'un assez grand nombre d'industriels accepteraient la limite de dix heures, pourvu qu'ils fussent sûrs d'avoir un délai suffisant pour se préparer. Quoi qu'il en soit, la question va être soumise au Sénat, et l'on espère avoir une solution à brève échéance sur ce point, car le ministre du Commerce a fait prévenir les industriels que les tolérances dont ils avaient joui jusqu'alors, à cet égard, cesseraient d'être accordées à partir du 31 mars prochain, époque à laquelle la loi, ainsi modifiée, recevrait son entière application.

Il est bien d'autres points de la loi de 1892 qui auraient besoin d'être remaniés, notamment les dispositions qui ont trait au travail de nuit et aux doubles équipes, et qui étaient prévues dans le projet voté au Sénat.

C'est en tenant compte des résultats donnés par les lois antérieures, des rapports de la Commission supérieure, des remarques des inspecteurs du travail et des vœux des patrons et des ouvriers, qu'on arrivera à faire une loi vérita-

blement protectrice, exempte de déceptions, à établir une
réglementation sage et efficace. Mais il faut se garder de
tomber dans un excès opposé ; il faut toujours se souvenir
que, si les faibles ont besoin de protection, la liberté individuelle doit être respectée et qu'on ne doit pas la tuer sous
prétexte d'en réprimer les abus. Souhaitons que le parlement
arrive promptement à se mettre d'accord sur ces questions
capitales, qui ont une répercussion si grande sur la vie
nationale : il a promis d'y apporter une solution d'ici peu,
il ne faudrait pas qu'il manque à sa parole.

APPENDICE

Pendant que notre étude était sous presse, le projet de loi portant modification de la loi du 2 novembre 1892, adopté par la Chambre des députés et dont nous donnions le texte en terminant (1), a été voté définitivement, avec certains remaniements, par le Sénat, le 26 mars dernier, et la loi nouvelle a été promulguée le 31 du même mois.

Le ministre du Commerce et de l'Industrie, auquel certains députés avaient reproché de vouloir ajourner indéfiniment l'application de la loi du 2 novembre 1892, en soumettant aux Chambres un projet de modification dont ils craignaient que l'adoption ne fût retardée, avait promis que les modifications qu'il réclamait seraient votées avant le 31 mars 1900 et il avait, en conséquence, averti les industriels soumis à cette loi que les tolérances qui leur avaient été accordées seraient levées à cette date. Il a tenu sa promesse : le 31 mars paraissait au *Journal officiel* la loi nouvelle.

La commission du Sénat a modifié, en l'élargissant, le texte qui avait été adopté par la Chambre des députés. Le projet voté à la Chambre ne portait que sur l'article 3, auquel on avait ajouté une disposition relative aux relais ; il contenait aussi une modification du décret-loi du 9 septembre 1848. Le projet de la commission du Sénat a remanié, outre l'article 3, les articles 4 et 11 (conservant

(1) Voir *Supra*, p. 327.

d'ailleurs la disposition visant la loi de 1848) ; reportant à l'article 11 la modification touchant les relais, il ajouta à l'article 4 un paragraphe additionnel destiné à modifier, après un délai de deux ans, les dispositions concernant le travail de nuit.

Après des observations, présentées notamment par MM. Waddington, Sébline, Félix Martin et par le ministre du Commerce, et après différents amendements, l'ensemble du projet fut adopté.

Cette loi, qui semblerait, d'après son titre, n'apporter que des modifications à la loi du 2 novembre 1892, s'applique en réalité au travail en général, puisqu'elle touche au décret de 1848, qui a trait exclusivement au travail des hommes adultes. Elle vise, comme l'a dit un sénateur (1), quatre objectifs principaux : l'unification des heures de travail pour les différentes catégories d'ouvriers employés dans les usines, manufactures et ateliers ; l'interdiction plus ou moins complète des équipes ; la réduction, dans un certain délai, de la durée maximum du travail à dix heures ; enfin, et c'est là la mesure générale de la loi, l'extension des nouvelles mesures relatives à la limitation du travail aux hommes adultes.

La loi nouvelle est ainsi conçue :

Loi du 31 mars 1900 (2)

ARTICLE 1er. — *Les articles 3, 4 et 11 de la loi du 2 novembre 1892 sur le travail des enfants, des filles mineures et des femmes dans les établissements industriels sont modifiés ainsi qu'il suit :*

(1) M. Waddington, Discours, séance du 26 mars 1900. *Journ. Off.*, 27 mars 1900, Sénat, p. 167.
(2) *Journ. Off.* 31 mars 1900, p. 2026.

Art. 3. — *Les jeunes ouvriers et ouvrières, jusqu'à l'âge de dix-huit ans, et les femmes ne peuvent être employés à un travail effectif de plus d'onze heures par jour, coupés par un ou plusieurs repos, dont la durée totale ne pourra être inférieure à une heure et pendant lesquels le travail sera interdit.*

Au bout de deux ans, à partir de la promulgation de la présente loi, la durée du travail sera réduite à dix heures et demie et, au bout d'une nouvelle période de deux années, à dix heures. (1)

Dans chaque établissement, sauf les usines à feu continu et les mines, minières ou carrières, les repos auront lieu aux mêmes heures pour toutes les personnes protégées par la présente loi. (2)

Art. 4, § ADDITIONNEL. — *A l'expiration d'un délai de deux ans à partir de la promulgation de la présente loi, les dispositions exceptionnelles concernant le travail de nuit prévues aux paragraphes 2 et 3 du présent article cesseront d'être en vigueur, sauf pour les travaux souterrains des mines, minières et carrières.* (3)

Art. 11, § 3. — *Dans les établissements visés par la présente loi, autres que les usines à feu continu et les établissements qui seront déterminés par un règlement d'administration publique,* (4) *l'organisation du travail par relais, sauf ce qui est prévu aux paragraphes 2 et 3 de l'article 4, sera interdite pour les personnes protégées par les articles précédents, dans*

---

(1) Le texte de la Chambre portait « à dix heures *seulement.* »

(2) Les mots « et les mines, minières ou carrières » ont été ajoutés par la commission du Sénat.

(3) Les mots « sauf pour les travaux souterrains des mines, minières et « carrières » ont été ajoutés par amendement de M. Monestier, accepté par la commission et adopté par le Sénat. (*Journ. Off.* 27 mars 1900, p. 174).

(4) La commission a adopté cette rédaction pour donner satisfaction aux réclamations de MM. Waddington et Sébline.

un délai de trois mois à partir de la promulgation de la présente loi. (1)

En cas d'organisation du travail par postes ou équipes successives, le travail de chaque équipe sera continu, sauf l'interruption pour le repos. (2)

Article 2. — *Il est ajouté à l'article 1er du décret-loi des 9-14 septembre 1848, la disposition suivante :*

Toutefois, dans les établissements énumérés dans l'article 1er de la loi du 2 novembre 1892, qui emploient dans les mêmes locaux des hommes adultes et des personnes visées par ladite loi, la journée de ces ouvriers ne pourra excéder onze heures de travail effectif.

Dans le cas du paragraphe précédent, au bout de deux ans à partir de la promulgation de la présente loi, la journée sera réduite à dix heures et demie et, au bout d'une nouvelle période de deux ans, à dix heures.

Nous allons examiner brièvement quelles modifications la loi nouvelle apporte à la loi de 1892 et passer en revue les articles remaniés. Nous verrons ainsi quels abus on a voulu réprimer : l'expérience seule pourra dire si les mesures nouvelles l'on fait efficacement. Nous ne dirons qu'un mot de la partie de la loi qui concerne les adultes, cette matière étant en dehors de notre sujet.

Article 3

C'est cet article qui forme la partie capitale de la loi,

(1) Le projet contenait les mots « l'organisation du travail par relais « ou *équipes.* »

Le mot « équipes » fut supprimé sur les observations de M. Félix Martin.

(2) Ce paragraphe, qui avait été supprimé du texte adopté par la Chambre, a été rétabli ici sur les remarques du Ministre du Commerce.

réserve faite en ce qui concerne les hommes (1). Il apporte
à l'ancienne rédaction quatre modifications : il uniformise
la durée du travail pour tous les ouvriers protégés ; il fixe
cette durée, d'abord et transitoirement seulement, à onze
heures ; il indique le délai au bout duquel cette durée sera
réduite à dix heures et les conditions dans lesquelles sera
opérée cette réduction ; en dernier lieu, il prescrit que les
repos auront lieu aux mêmes heures pour tous les protégés.

Le nouvel article, comme l'ancien du reste, bien qu'il le
dise dans des termes un peu différents, s'applique à tous les
travailleurs protégés, c'est-à-dire aux jeunes ouvriers des
deux sexes jusqu'à dix-huit ans et aux femmes de tout âge.
Il conserve aussi la disposition relative aux repos, qu'il
reproduit presque textuellement : les heures de travail seront

---

(1) Pour permettre la comparaison nous donnons en regard les deux
textes, celui de 1892 et le récent.

Ancien article 3. — Les enfants
de l'un et l'autre sexe âgés de moins
de seize ans ne pourront être employés à un travail effectif de plus
de dix heures par jour.

Les jeunes ouvriers et ouvrières
de seize à dix-huit ans ne peuvent
être employés à un travail effectif
de plus de soixante heures par semaine, sans que le travail journalier puisse excéder onze heures.

Les filles au-dessus de dix-huit
ans et les femmes ne peuvent être
employées à un travail effectif de
plus de onze heures par jour.

Les heures de travail ci-dessus
indiquées seront coupées par un ou
plusieurs repos dont la durée totale
ne pourra être inférieure à une
heure et pendant lesquels le travail
sera interdit.

Article 3 nouveau. — *Les jeunes
ouvriers et ouvrières jusqu'à
l'âge de dix-huit ans et les femmes ne peuvent être employés à
un travail effectif de plus de
onze heures par jour, coupés par
un ou plusieurs repos, dont la
durée totale ne pourra être inférieure à une heure et pendant
lesquels le travail sera interdit.*

*Au bout de deux ans, à partir
de la promulgation de la présente
loi, la durée du travail sera réduite à dix heures et demie et, au
bout d'une nouvelle période de
deux années, à dix heures.*

*Dans chaque établissement sauf
les usines à feu continu et les
mines, minières ou carrières,
les repos auront lieu aux mêmes
heures pour toutes les personnes
protégées par la présente loi.*

coupées par des repos d'une durée totale d'au moins une heure et pendant lesquels tout travail est interdit.

Ces prescriptions sont renfermées dans le premier paragraphe qui contient également les deux premières modifications. Le nouveau texte supprime toutes les distinctions qu'avait faites l'ancien article 3 et établit l'uniformisation du travail pour tous les ouvriers protégés. La durée du travail ainsi unifiée est fixée à onze heures pour tout le personnel : femmes, filles et enfants.

Nous avons vu, en étudiant l'article 3, et nous sommes revenus sur ce sujet dans notre chapitre IV (1), quelles étaient les réclamations des industriels à propos de la fixation inégale de la journée de travail des ouvriers protégés, quel mal les inspecteurs avaient à faire appliquer la loi sur ce point et comment on en était arrivé, par transaction, à adopter un *modus vivendi*, qui, quoique illégal, avait été toléré en raison des difficultés de la mise en pratique du système de 1892. Certains industriels cependant, et parmi eux M. Waddington, sénateur et président de la Commission supérieure, ont prétendu que la loi n'était pas inapplicable, qu'ils l'avaient même appliquée pendant un certain temps. Mais eux-mêmes ont reconnu qu'il fallait pour cela de la bonne volonté, qu'en réalité il était à peu près impossible d'en imposer l'application à ceux qui voulaient la tourner et qu'ils avaient peu à peu renoncé à le faire pour se conformer à l'usage général des onze heures de travail, étant données les conditions d'infériorité dans lesquelles ils se mettaient vis-à-vis de leurs concurrents. On a donc eu raison d'imposer à tous une durée unique et de mettre tout le monde sur le même pied. C'est là une mesure excellente et qui facilitera de beaucoup la surveillance.

Mais immédiatement après ce premier paragraphe un

______

(1) V. *Suprà*, ch. ii, section ii, § 2 et ch. iv, p. 320 et s.

second stipule que cette durée de onze heures n'est pas
définitive, qu'elle sera, dans un délai de deux ans, réduite
à dix heures et demie et, au bout d'un nouveau délai de deux
ans, ramenée à dix heures seulement. — Cet abaissement
à dix heures de la durée du travail n'a pas donné lieu, en
ce qui concerne les femmes et les enfants, à beaucoup de
réclamations, lors de la discussion au Sénat (1). On peut
résumer l'opinion de la majorité et les raisons qui ont déterminé le vote de cette mesure dans ces paroles de M.
Waddington :

« Je crois que cette loi, malgré certains inconvénients
« que je ne vous ai point cachés (2), sera, dans son en-
« semble, fertile en résultats pour le pays. Elle aura des
« avantages économiques et sociaux...

« Dans l'intérêt de la classe ouvrière, dans l'intérêt des
« prix de vente, de l'industrie elle-même, il faut, autant
« que possible, régulariser la production et éviter les écarts
« préjudiciables pour les uns et pour les autres. Dans
« maintes usines, cela est possible neuf fois sur dix et ce
« résultat contribuera à la fixation de la journée de dix
« heures ; aussi, malgré le trouble momentané qu'elle
« pourra apporter, je crois la mesure bonne au point de
« vue économique ; reste le point de vue social... (3)

« La marche ordinaire d'une usine textile s'étend de six

(1) Nous avons vu qu'il n'en avait pas été de même à la Chambre, lors
du vote du projet. Des députés avaient, par l'organe de M. Laniel, exposé
les raisons pour lesquels ils s'en tenaient à la durée de onze heures
(V. ci-dessus, p. 327, note 3).

(2) La concurrence étrangère ; car M. Waddington ajoutait, vers la fin
de son discours : « Les mesures que l'on vous propose aujourd'hui nous
« donnent une avance considérable sur toutes les nations européennes,
« en ce qui concerne le personnel féminin et enfantin. » Mais il espérait
la corriger en provoquant une entente internationale, une nouvelle
conférence, analogue à celle tenue à Berlin en 1890.

(3) *Journ. Off.*, 27 mars 1900, Sénat, p. 171.

« heures du matin à sept heures du soir, soit treize heures
« interrompues par deux heures de repos... Cette présence
« de douze heures et demie ou de treize heures à l'usine
« nécessite le départ du foyer une heure d'avance, et alors,
« sur une période complète de vingt-quatre heures, treize
« ou quatorze heures sont absolument enlevées à l'ouvrier.

« Comment voulez-vous que, dans ces conditions, il y
« ait une vie familiale ? Il y a là une raison sociale sur
« laquelle j'attire toute votre attention... »

Enfin la dernière modification est apportée par le paragraphe 3, qui crée une obligation nouvelle, celle de faire
reposer aux mêmes heures toutes les personnes protégées.
Mais le paragraphe contient une exception pour deux sortes
d'établissements : dans les usines à feu continu et dans les
mines, minières ou carrières, le régime ancien continuera
à s'appliquer, c'est-à-dire que les heures de repos pourront
être différentes pour les ouvriers soumis aux lois du 2 novembre 1892 et du 31 mars 1900.

Cette dernière modification fait partie de l'ensemble des
mesures destinées à réprimer les abus de l'organisation des
relais ou équipes et qui sont contenues dans les nouveaux
articles 4 et 11. L'obligation du repos simultané pour tout
le personnel remédie déjà en grande partie au mal, car il
sera très difficile, comme on l'a dit, de faire la fraude et
de continuer le travail en escamotant l'observation des
repos dus au personnel.

ARTICLE 4.

L'article 4 de la loi de 1892 est maintenu intégralement,
mais la loi nouvelle y ajoute un paragraphe additionnel
dont l'effet sera de supprimer les dispositions des paragraphes 2 et 3 de cet article.

Le paragraphe 2, nous l'avons vu, après avoir défini le
travail de nuit, dit que le travail sera autorisé dès quatre
heures du matin et jusqu'à dix heures du soir, quand il sera

réparti entre deux postes d'ouvriers ne travaillant pas plus de neuf heures chacun. Et le paragraphe 3 ajoute que chacun de ces postes devra prendre un repos d'une heure.

Le nouveau paragraphe supprime totalement cette organisation par postes ou équipes, mais seulement au bout d'un délai de deux ans à partir de la promulgation de la loi. Exception est faite pour les travaux souterrains des mines, minières ou carrières, où pourra continuer de fonctionner ce mode de travail.

C'est là la seconde des mesures concernant les équipes. On a voulu remédier à une situation qui permettait de retenir les ouvriers pendant toute la journée à l'usine, par suite de l'entrecroisement des équipes, ou qui les obligeait à un travail de neuf heures consécutives. Cet article avait donné lieu à de nombreuses réclamations de la part des inspecteurs et même des industriels.

Le travail commençant à quatre heures du matin pour finir à dix heures du soir et organisé par équipes sera donc interdit dans deux ans, mais d'ici ce temps cette organisation sera réglementée par un paragraphe qui a été inséré dans l'article 11 et qui aurait plutôt sa place ici (1). Nous allons y revenir tout à l'heure.

ARTICLE 11.

Cet article contenait un paragraphe 3, aux termes duquel les relais étaient autorisés, pourvu qu'ils n'aient pas pour

---

(1) Ce paragraphe est ainsi conçu : « En cas d'organisation du travail « par postes ou équipes successives, le travail de chaque équipe sera « continu, sauf l'interruption pour le repos. »

Il faisait partie du projet de la Chambre, mais le Sénat l'avait rejeté comme inutile par suite de la suppression radicale des équipes. Mais M. Félix Martin ayant fait observer que la suppression ne visait que les équipes empiétant sur le travail de nuit, que rien n'interdisait les équipes de jour, le Ministre du Commerce demanda et obtint du Sénat l'addition de ce paragraphe à l'article 11.

effet de prolonger la journée de l'ouvrier au-delà du temps légal.

Le relai, c'est la disposition qui permet de faire travailler un ouvrier protégé, par exemple, deux heures sur un métier, deux heures sur un autre et ainsi de suite, de telle sorte que le métier peut marcher seize ou dix-huit heures, tandis que l'ouvrier change toutes les deux heures. Si, au bout du compte, l'ouvrier ne travaillait que le temps fixé, il n'y aurait aucun mal à employer ce système, mais on conçoit que le contrôle est excessivement difficile et que le patron peu scrupuleux pourra faire travailler son ouvrier seize ou dix-huit heures en le changeant de métier toutes les deux heures. C'est ce système qu'interdit le nouveau paragraphe 3, mais seulement au bout d'un délai de trois mois.

Toutefois deux exceptions sont prévues. La première autorise l'organisation des relais dans les usines à feu continu et dans certains établissements qui seront déterminés par un règlement d'administration publique. La seconde fait allusion aux dispositions des paragraphes 2 et 3 de l'article 4, qu'elle déclare excepter de la nouvelle interdiction. Nous arrivons ainsi au paragraphe additionnel dont nous avons parlé en terminant l'examen de l'article 4 nouveau.

D'après l'article 11, nouvelle rédaction, l'organisation des *équipes* reste donc permise dans deux cas : d'abord dans les conditions des paragraphes 2 et 3 de l'article 4, c'est-à-dire dans les usines qui travaillent de quatre heures du matin à dix heures du soir, mais pendant deux ans seulement ; ensuite, dans les usines qui ne marchent que le jour (cela résulte des explications de M. Félix Martin et du ministre du Commerce). Dans les deux cas, ce fonctionnement est permis à deux conditions : il faut que ces équipes soient successives ; il faut, en second lieu, que le travail de chaque équipe soit continu, il ne pourra être interrompu que pendant le temps consacré au repos, ce qui interdit l'intermittence des équipes dont on s'était tant plaint.

Telles sont les mesures nouvelles.

Avant de terminer, ajoutons que l'article 2 de la loi du 31 mars 1900 ajoute, à l'article 1er du décret-loi des 9-14 septembre 1848, qui fixait à douze heures la journée des hommes adultes, une disposition aux termes de laquelle les hommes adultes qui travaillent, dans les établissements visés dans la loi de 1892, en même temps que des ouvriers protégés par cette loi, ne pourront être employés plus de onze heures, et dans deux ans plus de dix heures et demie et enfin, dans deux ans encore, plus de dix heures.

Le travail des hommes adultes se trouve donc réduit à dix heures : c'est la première atteinte à la liberté du travail des hommes. Elle n'a pas passé sans protestation, même de la part des sénateurs et des députés qui se disaient partisans de la réglementation du travail et tout disposés à voter les mesures concernant les femmes et les enfants. C'est qu'il n'était peut-être pas nécessaire, comme on l'a prétendu, d'imposer une telle mesure pour faire appliquer la loi à l'égard des ouvriers protégés et que, au contraire, la crainte, très justifiée, de la concurrence étrangère, retenait un grand nombre de membres du Parlement. Aucune nation européenne, en effet, n'est allée aussi loin et il eût peut-être été préférable, avant d'en arriver là, d'obtenir une entente internationale. Quoi qu'il en soit, la loi est votée : le temps seul dira ce qu'elle vaut.

Souhaitons qu'elle soit, comme l'a dit le ministre du Commerce dans une récente circulaire aux préfets, destinée à en expliquer les conditions d'application, une œuvre de moralisation, de solidarité et de pacification sociales. Il est certain que, au point de vue des femmes et des enfants, elle a réalisé un très grand progrès en unifiant leur journée de travail et en supprimant plus ou moins complètement les relais ou équipes. Elle a ainsi fait droit aux vœux de tous les inspecteurs et d'un très grand nombre d'industriels soucieux de leur véritable intérêt et du sort de leurs ouvriers. Il eût peut-être été à désirer qu'elle ait mis, dans les mesures relatives aux équipes, un peu plus de clarté, car il est à craindre que les distinctions qu'elle a faites ne donnent encore lieu à des abus. Néanmoins, telle qu'elle est, elle produira, il faut l'espérer, de bons résultats.

Vu :

Le Professeur, Président de la thèse,
Jules CABOUAT.

Vu :

Le Doyen de la Faculté,
Edmond VILLEY.

Vu et permis d'imprimer :
Le Recteur de l'Université de Caen,
E. ZEVORT.

ERRATA

Pages 28, ligne 9, au lieu de : *de police et sûreté*, lire : *de police et de sûreté.*

— 33, dernière ligne, au lieu de : *occasion*, lire : *accessoire.*

— 42, note 2, au lieu de : *V. Mgʳ Turinaz, évêv. de Nancy, Article de Jean de Bonnefon*, lire : *Mgʳ Turinaz, évêque de Nancy. — V. Article de Jean de Bonnefon.*

— 42, note 3, ligne 12, au lieu de : *trevail*, lire : *travail.*

— 45, note 4, au lieu de : *1896*, lire : *1886.*

— 70, notes, au lieu de : (2) *Rapport Tolain*, lire : (1) *Rapport Tolain ;*

—   au lieu de : (1) *Jules Simon, préface à Lagresille, p. 6*, lire : (2) *Jules Simon, préface à Lagrésille, p. 6.*

TABLE DES MATIÈRES